김정호 연구

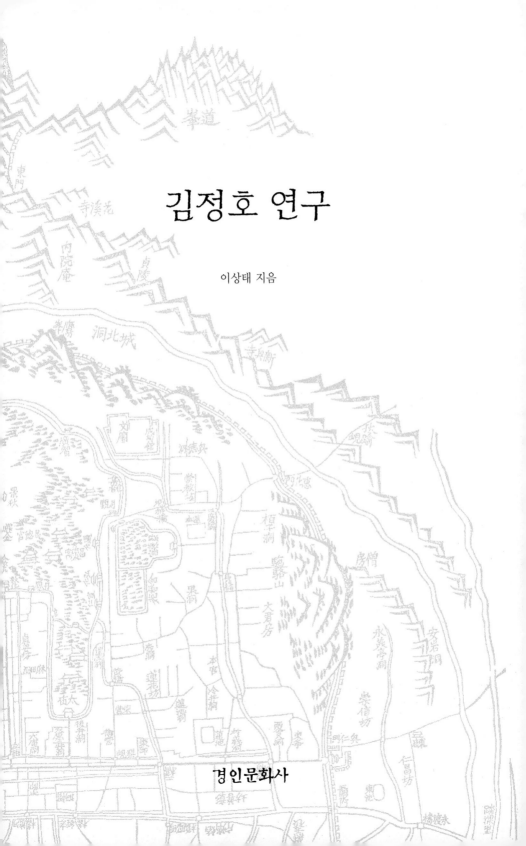

김정호 연구

이상태 지음

경인문화사

고산자 김정호와 『대동여지도』를 모르는 사람은 드물다. 그런데도 김정호의 생애와 『대동여지도』는 어떤 과정을 거쳐 제작되었는지를 아는 사람도 드물다.

이 책에서는 김정호가 생전에는 어떻게 평가되었고, 정말로 옥사했을까? 그러면 현재에는 어떻게 평가하고 있을까? 『대동여지도』는 정말로 전국을 측량하여 제작되었을까? 등을 밝히려고 노력하였다.

김정호는 『동여편고』·『동여도지』1·『동여도지』2·『여도비지』·『대동지지』 등 5종의 지리서를 편찬하였으며 이를 근거로 지도를 제작하였다. 우리가 대부분 『대동여지도』의 위대성만을 강조하는데 김정호가 심혈을 기울이고 오랫동안 고심한 지도는 『청구도』이다. 그는 1834년에 제1차로 『동여도』라는 『청구도』를 제작하였고, 1846부터 1849년 사이에는 『여지도』라는 『청구도』를 제작하였으며, 1849년경에는 『청구요람』이라는 『청구도』를 만들었고, 그 후에 고산자류의 『청구도』를 제작하였다. 이러한 『청구도』는 김정호 이전에 제작된 여러 고지도를 충분히 참고하여 좋은 점만을 따다가 제작한 것이다. 『청구도』 편찬 후에는 두 차례에 걸쳐 『동여도』를 편찬하였고, 그 후에도 필사본 『대동여지도』를 여러 차례 편찬한 후에 이를 바탕으로 목판본 『대동여지도』를 제작하였다. 『대동여지도』를 목판본으로 만드는 작업은 매우 어려운 작업이었을 것이고 혼자 이를 추진하였기 때문에 여러 곳에 오류가 생겼으며, 세보를 거쳐 끊임 없이 수정하였고, 이를 모아 갑자본 『대동여지도』로 완성하였다.

많은 사람이 지금도 잘못 알고 있는 것처럼 김정호가 전국을 측량하여 『대동여지도』를 제작한 것은 아니다. 삼국시대부터 제작해왔던 수많은 고지도를 참고하여 장점을 모아서 『대동여지도』를 편찬한 것이다. 여기에 서양의 과학기술인 확대 축소법을 가미하여 『대동여지도』를 만들었기 때문에 어느 고지도보다 정확한 지도를 만들 수 있었고 분합을 자유롭게 할 수 있었던 것이다.

고지도는 대부분 귀중도서이기 때문에 접근하기가 쉽지 않다. 이러한 어려움 가운데에서도 자료를 접근 할 수 있었던 것은 많은 분들의 도움이 있었다. 서울대학교 규장각의 박숙희 선생님, 국립중앙도서관의 이기봉 선생님, 국립중앙박물관의 장상훈 선생님, 성신여자대학교의 양보경 총장님과 양윤정 교수님, 영남대학교의 송휘영 교수님, 제주대학교의 오상학 교수님, 한국영토학회 최선웅 총무이사님, 고려대학교의 구자훈 과장님, 문화재청의 박수희 선생님, 서울역사박물관의 정명아 과장님의 도움이 컸다.

난삽한 원고를 깔끔하게 편집하여 출판해 주신 한정희 경인문화사 사장님과 박지현 선생님에게 감사의 뜻을 표한다. 그리고 언제나 내 옆에서 따뜻하고 온화하게 나를 도와주는 아내 전은희 님에게도 감사를 드린다.

2021. 08.
학고서재에서 이상태 씀.

【차 례】

머리말 • 4
참고문헌 • 299

제1장 『대동여지도』 이전의 고지도
제1절 삼국·고려시대의 고지도 10
제2절 조선 전기의 고지도 23
제3절 조선 전기를 대표하는 고지도 31

제2장 김정호의 생애
제1절 김정호 생존 시의 평가 54
제2절 김정호 사후의 평가 84
제3절 현재 학계의 김정호 평가 103
제4절 새롭게 조명해 본 김정호의 생애 121

제3장 김정호의 지리지 편찬
제1절 『동여편고』 편찬 137
제2절 『동여도지』1 편찬 142
제3절 『동여도지』2 편찬 155
제4절 『여도비지(輿圖備志)』 편찬 164
제5절 『대동지지(大東地志)』 편찬 183

제4장

『대동여지도』 제작

제1절 정상기의 『동국대지도(東國大地圖)』와
　　　　『팔도분도(八道分圖)』　　　　　　　　　　　194

제2절 조선 후기 『군현지도집(郡縣地圖集)』의 활발한 제작　199

제3절 『해동여지도(海東輿地圖)』 편찬　　　　　　　　206

제4절 『조선도』(朝鮮圖:오사카부립도서관) 편찬　　　　212

제5절 『청구도』의 제작과 발전　　　　　　　　　　219

제6절 『동여도』 제작　　　　　　　　　　　　　248

제7절 『대동여지도(大東輿地圖)』 편찬　　　　　　　267

제1장

『대동여지도』
이전의 고지도

제1절 삼국·고려시대의 고지도

제2절 조선 전기의 고지도

제3절 조선 전기를 대표하는 고지도

제1절 삼국 · 고려시대의 고지도

1) 삼국시대의 고지도

(1) 고대에 제작된 지도

"지도의 역사는 문자보다 오래되었다"라고 말한다. 이 말은 문자를 갖고 있지 못했던 선사시대 사람들도 그림지도를 만들 줄 알았고, 그림지도를 이용했다는 뜻이다.[1]

1932년 런던에서 열린 '선사 및 원사시대 과학 국제회의(ICPPS)'에서 처음 보고되어 알려진 북부 이탈리아의 알프스 산록을 흐르는 카모니카 계곡에서 빙하에 의해 침식된 바위 위에 그려진 선사시대 지도가 발견되었다. 이 지도는 B.C. 1500년경에 새겨진 것으로 추정되는데 직선과 곡선으로 경계를 표시하고, 주위에는 사다리 모양을 한 가옥과 가축까지도 그려져 있다.

우리나라에서도 청동기시대에 접어들면서 많은 암각화가 새겨졌다. 이들 암각화는 선각·면각·기하문 등으로 새·배·호랑이·물고기 등을 새긴 일종의 그림지도인데 울주 대곡리 반구대 바위그림이 대표적이다.

울주 대곡리 반구대 바위그림은 경남 울산시 울주군 언양면 대곡리 태화강 지류인 대곡천변의 절벽에 그려진 그림이다. 반구대 암각화는 여러 가지 동물과 사람들을 주제로 다루고 있는데 가장 지도의 형태에 가까운 암각화이다. 인간의 활동을 담은 그림이 8점, 고래나 물고기·사슴·

---

1 방동인, 2001, 『한국 지도의 역사』, p. 15.

호랑이·멧돼지·곰·토끼·개·늑대·거북이 등의 동물 그림이 120점, 고래 잡이 하는 배와 어부들, 사냥하는 모습 등이 5점을 비롯하여 150여 점의 그림이 바위에 그려져 있다.

이 그림이 언제 그려졌는지는 그림 자체만으로는 판단하기 어려운데 그것은 이 그림들이 한 시기에 그려진 것이 아니라 여러 시기를 두고 그려졌으며, 그림 위에 추가로 포개져 있는 그림도 있기 때문이다. 그림을 그리는 기법이 단단한 돌연모를 사용해 쪼기, 갈기, 긋기 수법 등으로 미루어 볼 때 청동기 후기부터 원삼국기 초까지 그려진 B.C. 300~기원후 100년경의 4세기 동안에 그려졌을 것으로 추정된다. 우리나라 그림지도의 시초라고 할 수 있다.

(2) 삼국시대 제작된 지도

우리나라에서 지도(地圖)를 처음 그리기 시작한 것은 선사시대부터이지만 기록에 확실히 나타나는 것은 삼국시대에 국경이 확정된 후 영토에 대한 관심이 커진 때부터였다.[2]

고구려는 광개토대왕이 영토를 많이 확장하였기 때문에 이 시기부터 지도를 제작하였을 가능성이 크지만 현존하는 기록에 의하면, 『삼국사기』[3]와 『구당서(舊唐書)』에 고구려 영류왕 11년(628)에 당나라에 사신을 보내면서 『봉역도(封域圖)』라는 고구려 지도를 보냈다는 기록이 나온다. 이로 미루어 보아, 고구려에서는 그 이전부터 지도가 제작되었음을 알 수 있다.

실제로 1953년 북한의 평남 순천군에서 발굴된 고구려의 고분에서

---

2   金良善, 1972, 「韓國 古地圖 研究抄」, 『梅山國學散稿』, 崇實大 博物館.

3   『삼국사기』 卷20, 고구려본기 제8, 고구려 영류왕 11년.

요동성시의 그림지도가 발견되었다. 이 벽화지도는 요동성 내외의 지형, 성시의 구조, 도로, 성벽과 그 시설물, 3층 석탑과 건축물들이 그려져 있고, 하천·산·도로 등이 적·청·보라 등을 써서 회화적으로 표현되어 있다. 이러한 기법은 조선시대 여러 성시의 회화적 지도와 매우 비슷하여 그림지도의 형식은 이미 4세기 무렵에 고구려에서 시작되었음을 알 수 있다.

고려말 조선 초기에 활동하였던 이첨(李詹)이 쓴 고구려지도(高句麗地圖) 후기에 의하면 고구려 시대에도 이미 지도를 만들고 사용하였음을 알 수 있다.

> "지리지에 말하기를 한나라 공주를 안장왕이 계백현에서 영접하였다는 기록이 있으므로 현의 명칭을 왕봉현으로 개칭하였는데 지금의 행주(幸州) 이다. 봉화로서 왕을 달성현에서 영접하였기 때문에 고을 명칭을 개칭하여 고봉현이라고 하였다. 또 왕씨 시조가 백제를 치기 위하여 남주군에 주둔하면서 전쟁의 승부를 점쳐 보았는데, 대천을 건너는 것이 이롭다는 징조가 있으므로 고을 명칭을 이천현이라고 하였다. 이런 점으로 미루어 보면 군현의 명칭은 경덕왕때 일제히 개칭한 것 외에 추가로 개칭한 것이 있다. 무릇 군현명칭은 옛 이름을 모두 적고 지금 명칭은 주(註)로서 적었다. 삭정이북과 평양에서는 지리지에 기록되어 있지 아니하였으므로 곧바로 지금 명칭을 적었다."

위의 기록을 참조하면 고구려 군현의 변천이나 지도에 옛 지명과 현 지명을 병기한 지도를 제작하였음을 말해 준다.

백제의 지도와 지리에 대한 관심과 지식은『삼국유사(三國遺事)』의 관련 기사를 통해 알 수 있다.

…그 때 도적(圖籍) 안에 여주(餘州) 2자(字)가 있었다.…… 여주는 지금의 부여군(扶餘郡)이다. 백제지리지(百濟地理志)에 말하기를……[4]

위에서 도적(圖籍)이라 함은 그 내용으로 보아 지도를 뜻하는 것이 분명하다. 그리고 『삼국유사』가 편찬되었던 고려시대에도 백제 지리지가 남아 있었음을 알려 준다.

백제에서 지리지를 편찬하였다는 것은 백제가 국토에 대한 전반적인 파악을 하고 있었음을 알 수 있다. 이러한 백제의 지리지는 중국의 후한서, 북사, 구당서, 신당서 등에도 인용되고 있다.

백제는 일본과 밀접한 문화 교류가 있어 무왕 때에는 관륵 등을 파견하여 일본에 천문·역법·지리 등을 전해 준 기록이 있다. 그리고 일본에는 백제 계통의 승려인 행기(行基)가 그린 행기식 『일본도』가 있다. 이 지도는 8세기부터 13세기까지 일본을 대표하는 지도였다. 이러한 지도 제작 기술이 일본에 전래된 점으로 미루어 백제에서도 지도를 제작하는 기술이 상당히 발달되었으리라고 추측된다.

앞에서 인용한 이첨은 백제에서도 지도를 제작하였음을 백제지도 후기에서 다음과 같이 밝히고 있다.

"백제 시조 온조왕은 졸본부여로부터 한산(漢山)에 이르러 도읍을 위례성에 정하였다가 후에 한산, 웅진, 사비성 등으로 옮겼다. 옛 이름을 새로운 고을에 그대로 사용하고 국호를 남부여라고 고쳤다. 마한 땅에 살기를 원하다가 드디어 마한 땅을 병합하였다. 나라의 수도는 점차 남쪽으로 옮겼

---

4 『三國遺事』卷2, 南扶餘.

으나 침략하고 토벌한 곳은 늘 북방에 있었다."

백제가 도읍을 위례성에 정하였다가 한산, 웅진, 사비 등으로 옮기는 과정과 마한을 병합하고 나라가 발전해 가는 과정을 지도를 통하여 소상히 밝히고 있다.

신라의 경우는 "신라의 영토가 이전과 같지 않다"라는 기록과 "고구려의 주군현(州郡縣) 164곳이 있는데, 신라에서 고친 이름과 지금의 이름이 신라지에 보인다"[5]라는 기록으로부터 지리지의 편찬을 짐작할 수 있다.[6] 또 신라가 삼국을 통일하던 시기에 지도를 이용했다는 다음과 같은 기록이 있다.

(문무왕 10년) 7월에 당나라 사신으로 갔던 김흠순이 돌아와서 (보고하기를) 장차 경계를 구분지어 정하려 했을 때에 지도(地圖)에 의하여 살펴보면 백제의 옛 땅을 모두 (당나라에) 돌려달라는 것이었다.[7]

이 기사는 당나라에 사신으로 갔던 김흠순이 귀국하여 문무왕에게 보고한 내용이다. 그의 보고에 의하면 당나라는 신라에 대하여 점령한 땅의 경계를 정할 것을 요구하였음을 알 수 있다. 이는 백제의 옛 땅을 대부분 당나라에 돌려달라는 내용으로 이러한 경계 획정을 백제의 지도에 의하여 결정하자고 당나라가 요구한 것이다.

---

5 『三國史記』卷34, 雜志3 地理1.

6 『三國史記』卷37, 志6 地理4 高句麗.

7 『三國史記』卷7, 文武王 11年 7月條, "至七月 入朝使金欽純等至 將劃界地 按圖披檢百 濟舊地 摠令割還".

이와 같이 삼국시대에도 지도를 제작하여 군사적으로나 행정적으로 이용했음을 알 수 있다. 그러나 현재 전해지는 삼국시대 지도는 없다.

신라는 삼국을 통일한 후 전국에 9주의 행정구역을 설치했는데 고산자 김정호의 『청구도』 부록에 삽입된 「신라9주군현총도」를 참고해 보면[8] 통일신라에서도 9주의 강역을 나타내는 지도를 만들었을 가능성이 있다.

최치원은 당나라에 유학하였을 때 당에서 제작한 「서주나성도」를 보고 서주 나성(羅城)에 관한 사항을 자세하게 기록하였으며, 신라에 돌아와서 「여지도(輿地圖)」를 보고 "곤륜산이 동쪽으로 달려 5산의 푸르름이 되고 별들은 북쪽으로 흘러 큰 강을 이루었네"라고 시를 지었다. 이로 미루어 보면 신라에서도 지도를 제작하였음을 알 수 있다. 이러한 지도는 고려시대를 거쳐 조선시대까지 전해 온 것 같다. 숙종 20년(1694)에 남구만이 안용복 사건을 논의하면서 「신라도(新羅圖)」를 이용하여 울릉도는 우산국이라는 국명을 가지고 있었고 신라에 복속되었음을 언명하고 있다.

한편 불교가 성행하면서 당나라나 인도에 구법(求法)하는 유학생과 승려들의 왕래가 많아지면서 외국에 대한 지리지식이 확대되어 갔고, 이들을 통하여 지도나 지리서 등이 전래되었을 것이고 이러한 영향을 신라도 많이 받았을 가능성이 있다. 그 중에도 신라의 중 혜초(慧超)가 인도 전역을 여행하고 그 여행기인 「왕오천축국전」을 썼는데 이 여행기는 인도와 중앙아시아에 관한 귀중한 기록으로 평가된다. 「왕오천축국전」에는 이 지역의 정치 정세와 사회상에 대한 것은 물론 음식, 옷, 기후 등에 이르기까지 다방면에 관해서 기록하고 있다.

그 외에도 도교와 불교의 수입과 함께 다신신앙과 어울린 각종 산천

---

8 『靑邱圖』附錄, 「新羅九州郡縣總圖」.

숭배사상이 지도 제작에 반영되었을 것이다. 3산과 5악의 명산대천 숭배
사상과 이들을 국가에서 중시하고 대사(大祀), 중사, 소사로 나누어 제사를
지냈고 이들 지역을 지도에 표시하였을 것이다. 신라 말에는 선종의 9산
이 발달되어 9산의 분포도를 표시한 지도가 제작되었을 가능성이 있다.

특히 경덕왕 때에는 삼국 통일 후에 고구려 백제에서 사용하던 군현
명을 전부 한자식으로 개칭하였기 때문에 이에 맞는 지리지가 편찬되었
을 것이고 그에 맞는 지도가 제작되었을 것이다.

통일신라시대에 지도와 지리지의 발달을 알아 볼 수 있는 또 하나의
사례는 1953년에 일본의 나라현 동대사 정창원에서 발견된 「신라장적(新
羅帳籍)」을 들 수 있다. 이 문서에는 촌락의 명칭과 그 영역, 호구수와 인구
수, 우마수, 토지 면적, 뽕나무와 과실나무의 수까지 자세하게 기록되어
있다. 이러한 상세한 기록은 지도의 존재 가능성을 엿보게 하는 중요한
자료가 된다.

2) 고려시대의 고지도

(1) 풍수지리설과 지도

우리나라에서 지리지와 지도를 논할 때에 풍수지리설(風水地理說)을 빼
놓을 수 없다. 그 이유는 시대에 따라 내용상으로 변질되기도 하였지만
오랫동안 주요 지리사상을 이루었기 때문이다. 조선시대의 기록을 보면
풍수지리가들은 국가의 시험을 통하여 관리가 되고 이들은 지도 제작에
반드시 참여하는 필수요원이었다. 이들을 상지관(相地官)이라고 불렀으며
오늘날에도 지관(地官)이라고 부르는 것은 이들 상지관을 줄여서 부르는
명칭이다.

풍수지리설은 신라말에 도선(道詵)이 중국에서 수입한 사상인데 그는

풍수지리설과 음양도참설(陰陽圖讖說)을 골자로 하는 「도선비기(道詵秘記)」를 지었다. 「도선비기」는 풍수지리설에 불교의 선근공덕사상(善根功德思想)과 음양오행설을 결합한 이론으로 고려의 정치 사회면에 많은 영향을 끼쳤다.

도선의 이론에 의하면 지형(地形)이나 지세(地勢)는 국가나 개인의 길흉과 밀접한 관계를 가지고 있다는 것이다. 그는 지리쇠왕설이나 지리순역설을 주장하였는데 왕처(旺處)나 순처(順處)를 명당이라고 하고 이 명당에 주택이나 분묘를 지으면 국가나 개인이 행복을 누릴 수 있지만 쇠처(衰處)나 역처(逆處)에 주택이나 분묘를 지으면 반드시 화를 입는다고 주장하였다. 이와 같이 도선의 풍수지리설은 산형과 지세가 밀접한 관계를 가지게 되는 것이므로 지도 작성에는 필수적인 요소이었다.

풍수지리학은 우리나라에서 자연지리학의 선구적인 위치를 차지하며 고려시대와 조선시대를 거쳐 오늘날까지도 우리의 일상생활에 깊숙이 연관을 맺고 있다. 조선시대에 제작된 지도에 다른 나라 지도와 달리 산천 내맥(來脈)을 매우 중시한 것은 상지관들이 지도 지도 제작의 필수 요원으로 참여하여 지도를 제작하였기 때문이다.

(2) 「삼국도후서(三國圖後序)」와 「고려도」

고려시대에는 삼국시대에 비해 훨씬 다양하게 많은 지도의 제작이 있었을 것이지만 그 구체적인 기록은 많지 않다. 고려시대 편찬된 삼국유사의 기록을 보면 지도 작성의 기초단위가 되는 「양전장적(量田帳籍)」이 있었다는 기록이 보인다. 「양전장적」이란 논과 밭을 측량한 장부로 이 장부에는 논과 밭의 지번(地番)이나 땅의 생김새, 사방경계, 경작자의 이름 등이 적혀 있다 이는 오늘날의 「지적도(地籍圖)」의 성격을 갖는 문서이며 「신라장적」이 그런 문서이다.

이런 문서는 지도 작성의 기초 자료인데 고려시대 지도 제작 과정을 소상히 설명하는 것은 이첨이 쓴 「삼국도후서」이다.

명(明) 나라가 황통(皇統)을 이룩하자 바로 사해를 차지하여 한 자의 땅이나 한 치의 하늘조차도 모두 판적(版籍)에 들어갔으니, 광대한 여도(輿圖)와 폭원(幅員)에 대해 반드시 그 직책을 맡은 사람이 있을 것이다. 예전 주(周) 나라 때에는 대사도(大司徒)가 천하 토지의 지도를 맡아서 폭원의 수를 골고루 알았는데, 직방씨(職方氏)의 그림이 더욱 자세하였다. 한(漢) 나라가 진(秦) 나라를 쳐서 없앨 무렵에 소하(蕭何)가 먼저 지도를 거두어서 비로소 천하의 요새와 호구의 많고 작은 차이를 다 알게 되었고, 광무황제(光武皇帝)는 「여지도(輿地圖)」를 펴면서 등우(鄧禹)에게 지시하기를, "천하의 군현들이 이와 같이 되어 있는데 지금 비로소 이것을 얻어 보게 되었다" 하였으니 지도의 가치에 대해서는 더 말할 것이 없다.

우리나라의 군현은 지도에 대강만 나타나 있고 자세하지 못하여 상고할 수 없었다. 삼국을 통합한 뒤에 비로소 「고려도(高麗圖)」가 생겼으나, 누가 만든 것인지는 알 수 없다. 그 산맥을 보면 백두산에서 시작하여 구불구불 내려오다가 철령(鐵嶺)에 이르러 별안간 솟아오르며 풍악(楓岳)이 되었고, 거기서 중첩되어 태백산·소백산·죽령·계립(鷄立)·삼하령(三河嶺)·추양산(趨陽山)이 되었고, 중대(中臺)는 운봉(雲峯)으로 뻗쳤는데, 지리와 지축(地軸)이 여기 와서는 다시 바다를 지나 남쪽으로 가지 않고 청숙(淸淑)한 기운이 서려 뭉쳤기 때문에 산이 지극히 높아서 다른 산은 이만큼 크지 못하게 된 것이다.

그 등의 서쪽으로 흐르는 물은 살수(薩水)·패강(浿江)·벽란(碧瀾)·임진(臨津)·한강(漢江)·웅진(熊津)인데 모두 서해로 들어가고, 그 등마루 동쪽으로 흐르는 물중에서 가야진(伽耶津)만이 남쪽으로 흘러갈 뿐이다. 원기(元氣)가 화하여 뭉치고 산이 끝나면 물이 앞을 둘렀으니, 그 풍기(風氣)의 구분된 지역과 군현의 경계를 이 그림만 들추면 모두 볼 수 있다.

저 삼국시대에는 이리 찢고 저리 쪼개서 서로 차지하여 통일한 사람이 없다가, 왕씨(王氏)의 시조가 몸소 갑옷을 입고 싸워서 통합한 공을 이룩하였다. 그 말엽에 가서는 너무 쇠약해져서 그 조상의 구업(舊業)을 제대로 보존하지 못하고 천명과 인심이 다시 돌아가는 데가 있어서, 지금 우리 주상 전하가 총명하고 영웅 같은 자질을 가지고 5백년 만에 성인이 나오는 운수를 만나서 천명을 받고 인심을 따라 비로소 동쪽에 중화(中華)를 창설하고 조선이란 예전 이름을 되찾아서 새로 도읍을 한양에 정했으니, 이 지도를 놓고 가만히 증험해 볼 때가 바로 지금이다.

병자년에 한양에 와 있으면서 「삼국사」를 읽다가 그 내용이 너무 번다하다고 생각하고 외람스럽게 나의 좁은 소견으로 함부로 빼고 보태고 추려서 3권의 책으로 만들고, 또 우리 지도를 조사하여 정리해서 셋으로 만들어서 각각 책 위에 붙였으니, 모든 군현을 모두 예전 이름으로 기재하였고 그 아래에 지금 이름으로 주(註)를 붙였는데, 다만 삭정(朔庭)이북과 평양에서 서쪽의 지지(地志)에 기재가 안 된 것은 바로 지금 이름으로 기재하였다.

지도의 떨어졌다가 합했다 하는 것은 예전부터 말이 있다. 일(一)과 이(二)는 하늘과 땅의 생성(生成)하는 수(數)로 기수(奇數)와 우수(偶數)가 되어 온갖 물건을 화생(化生)하는 것이니, 3도 또한 화생하는 숫자다. 1이 되면 반드시 합하지 못하는 것이요, 3이 되면 떨어지지 않는 것이니, 3이 나오면 통합하기 어려운 것을 알 수 있고, 1이 나오면 지켜나가기 쉽지 않은 것을 알 수 있으니, 지금 3으로 만들어 놓은 것도 왕의 교화에 도움이 없지는 않을 것이다.

위의 기록을 분석해 보면 첫째, 지도는 중국에서도 진·한 이래 명나라 시대까지 매우 중요한 자료이므로 나라를 건국하면 이 지도부터 챙겼고 지도로 전국의 형세를 한 눈에 알 수 있는 통치 자료의 기본이라고 강조하였다.

둘째, 삼국시대에도 지도가 있었지만 지도에 대강만 나타나 있어 크게 참고가 되지 못하였는데 삼국이 통일되고 「고려도」가 제작되면서 비로소 통치 자료로 활용할 수 있다고 하였다.

셋째, 풍수지리가의 영향을 받아 지도를 제작하였기 때문에 백두대간이 강조되었음을 설명하였다. 백두산을 조산(祖山)으로 철령을 거쳐 금강산이 되고, 거기서 다시 뻗어내려 태백산, 소백산, 죽령, 계립령, 삼하령, 추양산이 되고 한 줄기는 전라도 쪽으로 뻗어 운봉의 지리산에 멈추었다고 설명하고 있다.

넷째, 물줄기는 산맥의 등허리를 타고 살수(청천강), 패강(대동강), 벽란, 임진강, 한강, 웅진(금강) 등은 서해로 흘러들어 가고 가야진(낙동강)만이 남해로 들어간다고 설명하였다.

다섯째, 삼국시대 쟁패과정을 거쳐 왕건이 고려를 건국하였고 후에 고려 말의 모순을 극복하고 이성계가 조선을 건국하였는데 이 지도에서 그러한 사실을 증험할 수 있다고 하였다.

여섯째, 삼국사를 정리하여 3권으로 다시 편찬하였고 각 권의 머리에 삼국의 지도를 1장씩 그려 첨부하였다. 삼국지도의 모든 군현을 모두 예전 이름으로 기재하고 그 아래에 지금 이름으로 주(註)를 붙였는데, 다만 삭정(朔庭)이 이북과 평양에서 서쪽의 지지(地志)에 기재가 안 된 것은 바로 지금 이름으로 기재하였다.

실제로 이첨은 '고구려국도'와 '백제국도'의 후기를 기록한 내용이 전해진다.

(3) 불교 세계관의 지도

고려시대에는 불교의 융성과 함께 불교적인 세계관을 바탕으로 하여 작성된 세계지도가 있었다. 인종 11년(1133)에 윤포(尹誧)가 편찬하였다는 「오천축국도(五天竺國圖)」이다.[9]

이 지도는 당나라의 현장이 15년 동안 중앙아시아와 인도를 여행하고 돌아와서 쓴 여행기인 「대당서역기」에 의거하여 만든 지도이다. 「오천축국도」는 현재 우리나라에 전해지는 지도는 없고 다만 일본에 모사본이 있는데 그 지도를 참고하여 대략을 살피면 다음과 같다.

이 지도의 모양새는 부등변 사각형처럼 생긴 남섬부주(南贍部州)라는 대륙이 그려져 있고 대륙 한가운데에 천축국이 자리 잡고 있다. 그리고 북쪽에는 불교에서 신성시 하는 설산(雪山)이 있고, 세계 4대강의 원류라고 부르는 무열뇌지(無熱惱地)가 묘사되어 있다. 남섬부주는 불교에서 말하는 인간이 살고 있는 세계 전체를 말하는 데 이 지도에 나타난 국가를 살펴보면 북쪽으로는 호국, 거란 등이 있고, 동쪽으로는 당토(唐土), 남번, 안식국, 다마리제국과 대륙 밖으로 고려(高麗)가 보인다. 남쪽으로는 대륙 밖으로 집사자국이, 서쪽 밖으로는 서안국이 기록되어 있다. 이러한 형식의 지도는 불교적 세계관이 깃든 지도로 고려 사람들로 하여금 지금까지의 중국 중심 세계관에서 훨씬 시야를 넓혀 인도를 중심으로 중앙아시아까지 시야를 넓히는데 크게 공헌 하였을 것이다.

---

9 尹誧墓誌銘, 『朝鮮金石總攬』(下).

(4) 송에 밀반출 하려던 「고려지도」

고려시대에 접어들면 지도 제작에 대해서 여러 기록이 남아 있다. 『고려사(高麗史)』에 의하면 목종 5년(1002)에 거란에 「고려지도」를 보낸 일이 있었고,[10] 의종 2년(1148)에는 이심·지지용 등이 송나라 사람과 공모하여 「고려지도」를 송의 진회에게 보내려다가 들켜서 처벌당한 일이 있다.[11]

> "이심(李深)과 지지용(智之用)이 송나라 상인 장철(張喆)과 공모하여 이심은 이름을 바꾸어 동방흔(東方昕)이라고 부르고 편지를 송나라의 태사(大師)인 진회(秦檜)에게 밀통하고자하여 … 지용은 그 편지와 류공식(柳公植) 집에 소장하고 있는 「고려지도」를 송나라의 상인인 팽인(彭寅)에게 부쳐 진회에게 바치게 하였다. 이 때 송의 도강(都綱) 임대유(林大有)가 편지와 지도를 가지고 와서 관가에 고발하였기 때문에 장철, 이심, 지지용은 옥에 가두고 국문하여 이들로부터 모두 자백을 받았다. 이심과 지지용은 옥중에서 죽고 장철은 복주(伏誅)하였으며 그 처들은 모두 먼 섬으로 귀양 보냈다."[12]

위의 『고려사』 기록을 검토하면 첫째 고려시대에는 목종 5년(1002)에 지도를 만든 이후에도 국가에서 꾸준히 지도를 제작하였음을 알 수 있고 이러한 지도는 류공식 집에도 소장하고 있었으며 둘째 지도는 외국에 누설하지 못하도록 국가 기밀 사항으로 다루었음을 알 수 있다. 더욱이 이 시기는 송, 고려, 거란 삼국이 세력이 비슷하게 정립되어 있었던 시기이므로 3국은 다투어 다른 나라의 기밀을 탐지하기 위하여 지도를 입수하

---

10 『遼史』卷11, 列傳45 外紀 高麗傳.
11 『高麗史』卷17, 毅宗 2年 10月 丁卯.
12 『高麗史』卷17, 世家17, 毅宗 2年 10月 丁卯.

려고 힘썼던 사실을 발견할 수 있다.

한편, 고려는 삼국을 통일한 후에는 여러 차례에 걸쳐 행정구역을 재 편성하였다. 성종 14년(995)에는 당나라의 행정구역인 10도를 모방하여 전 국을 10도 개편하였다. 현종 때에는 10도를 5도양계로 행정구역을 개편 하고 전국지도를 작성한 듯하다. 이『오도양계도』는 조선 성종 때 양성지 의 상소문에 나타나듯[13] 여러 차례에 걸쳐 작성되어 조선 전기 지도 제작 에 많은 영향을 주었다.

또『청구도』범례에 의하면 고려 말에 유공식의 집에도 지도가 있었 으며, 공민왕 때에는 나홍유가 고려지도를 만들어서 왕께 바쳤다는 기록 이 있다.[14] 고려 말에 제작된 나홍유의『5도양계도』는 조선 태조 5년(1396) 에 이첨이 그린『삼국도(三國圖)』나,[15] 태종 2년(1402)에 이회가 그린『팔도도 (八道圖)』의 기본도가 되었을 것이며 그 모습을「혼일강리역대국도지도(混一 彊理歷代國都之圖)」의 우리나라 지도 부분에서 찾을 수 있을 것이다.

제2절 조선 전기의 고지도

1) 고지도 제작 원칙과 특색

세종은 16년(1434)에 호조(戶曹)에 달라진 조선시대 행정구역의 실정을 충분히 반영한 새로운 지도 제작을 명하였다. 세종은 앞서 태종 때 두 차

---

13 『成宗實錄』卷138, 13年 2月 壬子, (10)298. (10)은 국사편찬위원회에서 발행한 『조선왕조실록』의 영인본 책수, 숫자 298은 해당 쪽을 표시한다. 이하 동일.

14 金正浩,『青邱圖』凡例.

15 李詹,「三國圖後序」,『東文選』卷92下.

례에 걸쳐 제작된 본국지도에 틀린 곳이 많으므로 새롭게 지도를 제작시
킨다[16]고 하였다.

새로이 제작할 지도에 필요한 사항들을 전국 각 주현의 수령들에게
지시하여 보고하도록 명하였다. 첫째 각 군현 경내의 관사 배치, 둘째 산
천의 형세, 셋째 도로의 원근과 이수, 넷째 인접한 군현명을 기록한 군현
지도를 만들어 보고하도록 지시하였다.

이러한 지도 제작의 원칙은 철저하게 잘 지켜졌고 후대의 지도 제작
까지 영향을 미쳤다. 조선 초기부터 군현지도에는 객사와 아사(衙舍) 향교
등 관사 배치가 반드시 표기되었다. 산천의 형세도 철저히 표시하였다.
진산을 꼭 표시하던지 산천내맥을 반드시 기록하였다. 도로는 모든 지도
에 적색으로 표시되었는데 서울까지의 거리를 직접 표시하거나 서울까
지 며칠 걸린다고 기록하였다. 인접한 군현명칭은 지도의 사방에 표기하
여 그 고을의 위치를 확인시켜 주었다.

이렇게 지방 군현의 화사(畫師)들이 그린 군현지도를 수령들은 감사에
보고하고 감사는 이를 취합하여 도별지도를 만들던지 아니면 군현별 지
도를 국가에 보고하였다. 조선은 철저한 중앙집권국가였기 때문에 중앙
에서 한번 지시된 사항은 전국 군현에서 일사불란하게 집행되었다.

세종은 이에 만족하지 않고 전국을 실제로 측량하여 정확한 지도를
만들려고 시도하였다. 특히 새롭게 행정구역이 개편된 평안도와 함경도,
그리고 4군 6진 지역을 자세히 조사시켰다. 세종은 18년(1436)에 정척(鄭陟)
에게 상지관과 화공들을 데리고 함길도·평안도·황해도 등을 자세히 조

---

16 『世宗實錄』卷64, 16年 5月 庚子, (3)567.

사하여 산천 형세를 그리도록 하였다.[17] 이러한 노력으로 비로소 고려의
『오도양계도』의 영역에서 벗어나 압록강과 두만강 등의 유역과 4군 6진
지역이 명확하게 파악된 전국지도가 그려질 수 있었다.

우리나라 고지도에는 제작자나 제작시기가 기록되어 있지 않다. 이
것은 조선시대 지도 제작은 국가가 주도하였으며 한 사람이 아니라 팀을
이루어 제작하였기 때문이다. 수양대군은 단종 2년(1454)에 『팔도도』와 『경
성도(京城圖)』를 만들고자 친히 정척, 강희안, 양성지, 안귀생, 안효례, 박수
미 등을 대동하고 삼각산의 보현봉에 올라가 도성(都城)의 산형수맥을 살
펴서 『경성도』를 만들었다.[18] 이 『경성도』는 조선시대에 수십 차례에 걸쳐
제작되는 『도성도』의 기본이 되었다. 이 때 동행했던 정척은 세종의 명으
로 이북 3도의 산천 형세를 살펴 『동국지도』와 양계의 대도와 소도 등을
제작한 지도전문가였고, 강희안은 그림을 잘 그리는 유명한 화가였으며,
양성지는 지도 제작을 잘했고, 안효례는 상지관으로 풍수지리의 대가였
고, 박수미는 산사(算士)였다. 이처럼 전문 관료, 화공, 상지관, 산사, 사자관
등이 한 팀이 되어서 지도를 제작하였다.

우리나라의 고지도는 서양이나 중국 일본 등의 고지도와 비교할 때
여러 가지 다른 특징이 있다.

첫째, 산맥과 강줄기를 중요시하여 그렸다. 『조선방역도』를 비롯하여
대부분의 고지도들이 백두대간을 비롯하여 산맥과 강줄기를 반드시 그
렸다. 중국의 고지도나 일본의 고지도 등에도 산과 강을 표시하고 있지만
그들 지도에서는 산맥이 아니라 산을 단독적으로 그렸는데 비하여 우리

---

17 『世宗實錄』卷71, 18年 2月 乙丑, (3)667.

18 『端宗實錄』卷11, 2年 4月 戊戌, (6)680.

나라 고지도에서는 산을 연첩하여 산맥으로 표시하였다. 이것은 신라 때 수입된 풍수지리의 영향 때문이며 지도 제작할 때 풍수가인 상지관들이 꼭 참여하였기 때문이다. 세조가 보현봉에 올라가 경성 지도를 그릴 때에도 상지관인 안효례를 데리고 갔으며, 정척과 양성지가 전국을 측량하여 『동국지도』를 만들 때에도 상지관을 대동하였으며, 조선 후기 산성을 쌓고 산성도를 제작할 때에도 상지관이 참여했었다.

둘째, 백두산을 반드시 표기한 점이다. 우리 민족은 백두산을 우리 민족의 발상지로 여겨 신성시 하였으며 마음의 고향으로 여겼다. 이첨이 조선 초기에 『삼국도』를 만들고 쓴 서문에 의하면 "백두산에서 시작하여 구불구불 내려오다가 철령에 이르러 갑자기 솟아오르며 금강산이 되고 거기서 중첩하여 태백산, 소백산, 죽령, 계립령, 추양산이 되고 한 갈래는 운봉으로 뻗어 지리산이 된다"고 하였다. 이러한 생각은 이중환의 『택리지』에서도 동일하게 나타난다.

셋째, 고지도를 제작할 때 화공들이 참여하여 그렸기 때문에 지도라기보다는 한 폭의 동양화를 보는 것과 같은 아름다움이 있다. 세조가 보현봉에 올라가 경성도를 그릴 때 화가 강희안이 참여했으며 정척이 이북 삼도를 양지하여 산천형세를 살필 때에도 화공을 대동했었다.

넷째, 조선시대 선조들은 우리나라를 3천리가 아니라 '만 리의 나라'라고 생각하고 만주까지 포함하는 지도를 그렸다. 당시 지리학의 제일인자였던 양성지는 압록강과 두만강을 우리의 국경선이라고 생각하지 않았다. 그는 우리나라를 "삼면이 바다로 둘러싸여 있고 한쪽이 육지와 연결되어 있지만 그 나라의 크기는 거의 만 리(萬里)이다"라고 하였다. 또 노사신(盧思愼)이 쓴 『동국여지승람』 전문에서도 우리의 국토가 만 리라는 표현을 쓰고 있다. 서거정은 『동국여지승람』 서문에서 "고려는 서북지방은 압록강은 못 넘었지만 동북지방은 선춘령(先春嶺)을 경계로 해서 고구려 지역을 더 넘었다"라고 표현하고 있다. 이와 같이 조선 전기에는 우리나라의 영토가 만주까지 포함하는 만 리라는 영토 의식이 있었다.

2) 양성지 상소문에 등장하는 고지도

양성지(梁誠之)는 정척(鄭陟)과 함께 조선 초기 지도 제작에 크게 공헌한 인물들이다. 양성지는 지도는 관부(官府)에 보관해야 하며, 민간에 흩어져 있게 하여서는 안 되겠다고 건의하였다. 이러한 건의가 적용되어 조선시대에는 국가에서 제작한 지도는 민간인이 소지할 수 없었다. 그가 파악하고 있던 지도는 고려 중엽 이전에는 『오도양계도(五道兩界圖)』가 있었고, 조선에 들어와서는 이회(李薈)의 『팔도도(八道圖)』가 있었으며, 세종조에는 정척(鄭陟)의 『팔도도(八道圖)』와 양계(兩界)의 대도(大圖)·소도(小圖) 등이 있었다.

세조조에는 양성지가 만들어서 진상한 『팔도도(八道圖)』와 여연(閭延)·무창(茂昌)·우예(虞芮)의 『삼읍도(三邑圖)』가 있으며, 그 외에도 『연변성자도(沿邊城子圖)』·『양계연변방수도(兩界沿邊防戍圖)』·『제주삼읍도(濟州三邑圖)』가 있었다. 이러한 지도들은 매우 귀중한 지도들인데 이름만 전해지고 지도는 찾을 수가 없다. 이것은 임진왜란이라는 대전쟁을 겪으면서 대부분 소실되었기 때문이다.

그 외에도 안철손(安哲孫)이 만든 『연해조운도(沿海漕運圖)』가 있었고, 어유소(魚有沼)가 만든 『영안도연변도(永安道沿邊圖)』와 이순숙(李淳叔)이 만든 『평안도연변도(平安道沿邊圖)』가 있었다. 그리고 또 하삼도(下三道)의 감사영(監司營)에도 각기 지도(地圖)가 있었다. 그리고 왜승(倭僧) 도안(道安)이 만든 『일본 유구국도(日本琉球國圖)』와 『대명천하도(大明天下圖)』도 비단과 종이로 만든 족자(簇子)가 각기 하나씩 있었다.

그리고 또 양성지가 만든 지리지 안에는 『팔도주군도(八道州郡圖)』·『팔도산천도(八道山川圖)』·『팔도각일양계도(八道各一兩界圖)』·『요동도(遼東圖)』·『일본도(日本圖)』·『대명도(大明圖)』가 있었다. 위의 것에서 가장 긴요한 것들을 모두 관에서 거두어 홍문관에 비장하도록 하고, 그 나머지도 한결 같이 관에서 거두어 의정부(議政府)에 보관하게 하면 국가에 큰 도움이 된다고 건의하였으며 국가에서 그렇게 하였을 것인데 전란을 겪으면서 전부 소실된 것이다.

3) 지도묘사(地圖描寫) 하는 방법

이익은 『성호사설(星湖僿說)』에서 지도를 그리는 방법을 선비의 학문으로서 몰라서는 안 된다고 하였다. 그리고 다음과 같이 지도를 묘사하는 방법을 제시하고 있다.

"아무리 세밀하여 그리기 어려운 것이라도, 엷은 종이에다 참기름 칠을 하거나 또는 밀랍을 녹여서 발라가지고 투명하게 해 놓고 붓을 대면 된다. 그러나 그것은 먼저 원지도에다 가로와 세로선을 그어서 간격을 그려 구역을 설정해 놓아야 한다. 그다음에 옮기고자 하는 다른 종이에다 간격을 고르게 그려 놓고, 멀고 가까운 거리와 크고 작은 모양을 하나하나 원형대로 그리면 된다. 이렇게 하면 큰 것을 축소시키기도 하며, 작은 것을 확대시킬 수도 있고 서로의 거리도 그 구역에 따라 알아내게 된다"[19]고 설명하고 있다.

우리나라 지도는 한지에 그렸기 때문에 모사(模寫)하는 방법이 그리 힘들지 않았다.

---

19 『星湖僿說』제1권, 天地門 地圖描寫.

4) 조선 전기에 제작된 지방도

조선 전기에는 전국도와 함께 지방도도 여러 차례에 걸쳐 제작되었다. 특히 북방 지역의 지도가 집중적으로 만들어졌다.

세조 1년(1455)에 우참찬인 황수신(黃守身)이『경상도지도』와『웅천현도(熊川縣圖)』를 제작하였다.[20] 성종 12년(1481)에 허종(許琮)이『평안도연변도(平安道沿邊圖)』[21]를 그렸으며 성종 15년(1484)에 이봉(李封)이『아국여지도(我國輿地圖)』를 진상하였고,[22] 성종 19년(1488) 3月에는 성준(成俊)이『영안도연변도(永安道沿邊圖)』를 제작하였다.[23] 같은 해 9月에는 유자광(柳子光)이 의주(義州)·동팔첩(東八站)·요동(遼東)·광영(光寧) 등의 산천과 도로 등을 자세히 조사한『형세도(形勢圖)』를 바쳐 이 지역에 대한 지리적 관심을 증대시켰다.[24] 성종 22년(1491)에는 허종이『서북면연변도(西北面沿邊圖)』를 진상했으며[25] 성종 24년(1493)에는 평안도 체찰사인 한치형(韓致亨)이『의주지도(義州地圖)』를 그려 바쳤다.[26] 연산군 3년(1497)에는 판중추부사 이극균(李克均)이『경상우도도(慶尙右道圖)』를 그렸다.[27] 이 때 그는

경상좌도 지도는 세조 1년(1455)에 우참찬인 황수신(黃守身)이 제작하여 나라에 바쳤고, 성종 때에는 의성 현령이었던 이종준(李宗準)이 그려 바쳤는

---

20 『世祖實錄』卷1, 1年 7月 乙未, (7)72~73.
21 『成宗實錄』卷128, 12年 4月 癸亥, (10)205.
22 『成宗實錄』卷164, 15年 3月 癸卯, (10)580.
23 『成宗實錄』卷214, 19年 3月 辛卯, (11)322.
24 『成宗實錄』卷217, 19年 6月 癸卯, (11)348.
25 『成宗實錄』卷258, 22年 10月 丁巳, (12)101.
26 『成宗實錄』卷281, 24年 8月 庚辰, (12)388.
27 『燕山君日記』卷28, 3年 11月 壬子, (13)295.

데, 이들 지도들은 숭문전(崇文殿)의 화재 때 소실되었으므로 이번에 경상 우도 지도를 제작하여 바치고 이종준이 초본을 소장하고 있으므로 경상 좌도 지도도 고쳐 그려 진상하겠다.[28]

고 하여 이 지도가 나오게 된 배경을 설명하였다. 이극균은 연산군 7년 (1501)에도 『서북지도(西北地圖)』를 만들었다.[29]

중종 8년(1513)에는 순변사였던 황형(黃衡)이 함경도 지도를 조정에 바쳤 다.[30] 중종 18년(1523)에는 평안도절도사 이지방(李之芳)이 여연과 무창의『형 세도(形勢圖)』를 그려 바쳤는데,[31] 이 지도는 의정부에 비치하고 변방사를 의논할 때 참고하도록 하였다. 그 후 명종 17년(1562)에는 김주(金澍), 박충원 (朴忠元) 등이 성천(成川), 안변(安邊), 의주(義州)의 지도를 제작하였다.[32] 이와 같 이 평안도와 함경도 지방은 고려시대의『오도양계도』에서 빠진 부분이었 기 때문에, 그리고 4군 6진을 새로이 개척한 후에는 국경지역이 된 이곳 의 실정을 파악하기 위하여 세종 때 만들어진 정척의『양계도』를 비롯하 여 여러 차례에 걸쳐 변방지도가 만들어졌던 것이다.

---

28 『燕山君日記』卷28, 3年 11月 壬子, (13)295 ; 卷28, 3年 11月 癸丑, (13)296.
29 『燕山君日記』卷40, 7年 7月 甲申, (13)448.
30 『中宗實錄』卷17, 8年 2月 癸卯, (14)640.
31 『中宗實錄』卷48, 18年 5月 癸未, (16)220.
32 『明宗實錄』卷28, 17年 11月 庚寅, (20)632.

제3절 조선 전기를 대표하는 고지도

1) 『조선팔도지도』

(1) 『조선팔도지도』의 제작시기

이 지도의 평안도 지방의 군현을 살펴보면 평양 부근의 강동현이 폐현(廢縣)되어 다른 군현과 달리 명칭만 조그만 하게 기록되어 있는 점이 발견된다. 강동현에서는 세종 17년(1435)에 전소감(前少監)이었던 곽만흥(郭萬興)이 그 아들과 함께 현령을 욕하고 구타한 일이 발생하였다. 조정에서는 곽만흥의 집을 철거하고 그 터에 웅덩이를 팠으며, 그의 고신(告身)을 뺏고 여연군(閭延郡)으로 이사시켰다. 그런데 이러한 엄청난 사건이 일어났는데에도 불구하고 읍리(邑吏)들은 이 광경을 둘러서서 구경만 하고 곽만흥의 행동을 말리지 않았으므로, 조정에서는 강동현을 강등시켜 삼등현(三登縣)의 속현(屬縣)으로 만들었다.[33]

그 후 강동현 주민들은 여러 가지로 불편하여 수차례 조정에 강동현을 다시 설치해달라고 청원하였다. 성종은 11년(1480)에 사헌부 집의인 이덕숭(李德崇)을 강동현에 파견하여 강동현을 다시 설치해야 좋은가의 여부를 조사시켰다. 이덕숭은 강동·삼등이 모두 중국 사신들의 사행로(使行路)이므로 다시 두 고을을 설치하는 것이 좋겠다고 보고하였다. 이 보고를받고 성종은 강동현을 다시 설치하기로 하였다.[34] 강동현은 세종 17년에폐지된 지 46년 만에 다시 복구된 것이다.

이와 같이 강동현은 조선 초기 세종 17년(1435)에 폐지되었다가 성종

---

33 『世宗實錄』卷67, 17年 3月 10日 壬午, (3)618.
34 『成宗實錄』卷126, 12年 2月 8日 壬子, (10)194.

12년(1481)에 복구되었다. 그런데 이 지도에는 강동현이 폐현으로 표시되어 있으므로 이 지도는 세종 17년(1435)부터 성종 12년(1481)까지의 46년 사이에 제작되었다고 추정할 수 있다.

이 시기에는 아직도 군현을 정비하는 과정이었으므로 많은 군현의 변천이 있었다. 특히 4군과 6진의 개척으로 그 곳에 군현들이 집중적으로 설치되었다. 세종 17년(1435)에는 회령·경원·종성·공성현 등의 군현이 처음으로 설치되었고, 세종 19년(1437)에는 경흥군과 덕흥군이 설치되었다. 세종 22년(1440)에는 무창·흥양·온성군이 처음 설치되었고, 세종 25년(1443)에는 위원군과 우예군이 설치되었다. 세종 27년(1445)에는 삼수군이 새로 설치된다. 4군 중에는 여연군·무창군·우예군이 세종 때 새로 설치되어 4군이 전부 설치되었다.

지도에는 이렇게 새롭게 설치한 군현들이 대부분 표시되었는데, 여연군·무창군·우예군은 단종 3년(1454)에 관리의 어려움 때문에 폐지되고, 자성군도 세조 5년(1459)에 관리의 어려움을 들어 폐군(廢郡)된다. 4군은 설치된 지 16년 만에 모두 폐지되고 만다. 이 지도에는 4군이 모두 폐지되고 자성군과 무창군만이 '고(古)'자를 붙여 '고자성(古慈城)' '고무창(古茂昌)'으로 표기되어 있을 뿐이다.

이로 본다면 이 지도는 세조 5년(1459) 이후에 제작되었음을 알 수 있다. 위의 강동현의 치폐(置廢)한 사실과 4군의 설치하고 폐지된 과정을 종합하면 이 지도는 세조 5년(1459)부터 성종 12년(1481)까지의 22년 사이에 제작되었다고 그 제작기간을 좁힐 수 있다.

세조는 즉위한 후 본격적으로 양성지에게 지리지 편찬과 지도 제작

을 재차 명하였다.[35]

양성지는 세조 9년(1463)에 정척과 함께 『동국지도(東國地圖)』를 완성하였다.[36] 이는 양성지가 세조의 지시를 받은 후 10년 만에, 정척이 세종의 명을 받고 산천 형세를 살피기 시작한 지 27년 만에 이룩한 업적이다. 이 『동국지도』는 고려시대의 『오도양계도』, 태종 때 이회의 『팔도도』, 세종 때 정척의 『팔도도』 등을 참고하고 또 정척이 이북 삼도를, 양성지가 하삼도의 산천 형세를 조사한 결과를 종합하여 제작한 조선 전기 지도의 완성편이라고 할 수 있다.

2) 『팔도지도』의 수록 내용

조선시대에는 지도를 제작할 때에는 반드시 뚜렷한 목적을 가지고 제작하였다. 그러므로 지도의 내용을 면밀히 분석해 보면 지도의 제작 목적을 알아 낼 수 있다. 이 지도는 대형 지도이기 때문에 풍부한 내용을 수록하고 있는데 조선 초기의 수군 배치 현황, 도서의 표기, 도로의 연결 등을 중심으로 그 내용을 살펴보고자 한다.

(1) 조선 초기 수군 배치

현대 지도를 그릴 때에는 표시 내용을 간소화하기 위하여 지도표라는 기호를 사용하지만 고지도에는 좀처럼 지도표를 사용하지 않는다. 이 지도는 15세기에 제작되었음에도 불구하고 이러한 지도표를 사용한 점이 주목된다. 즉 수군이 배치되어 있는 만호(萬戶)가 설치되어 있는 포구에

---

35 『世祖實錄』 卷2, 1年 8月 乙卯, (7)79.

36 『世祖實錄』 卷31, 9年 12月 丙寅, (7)593.

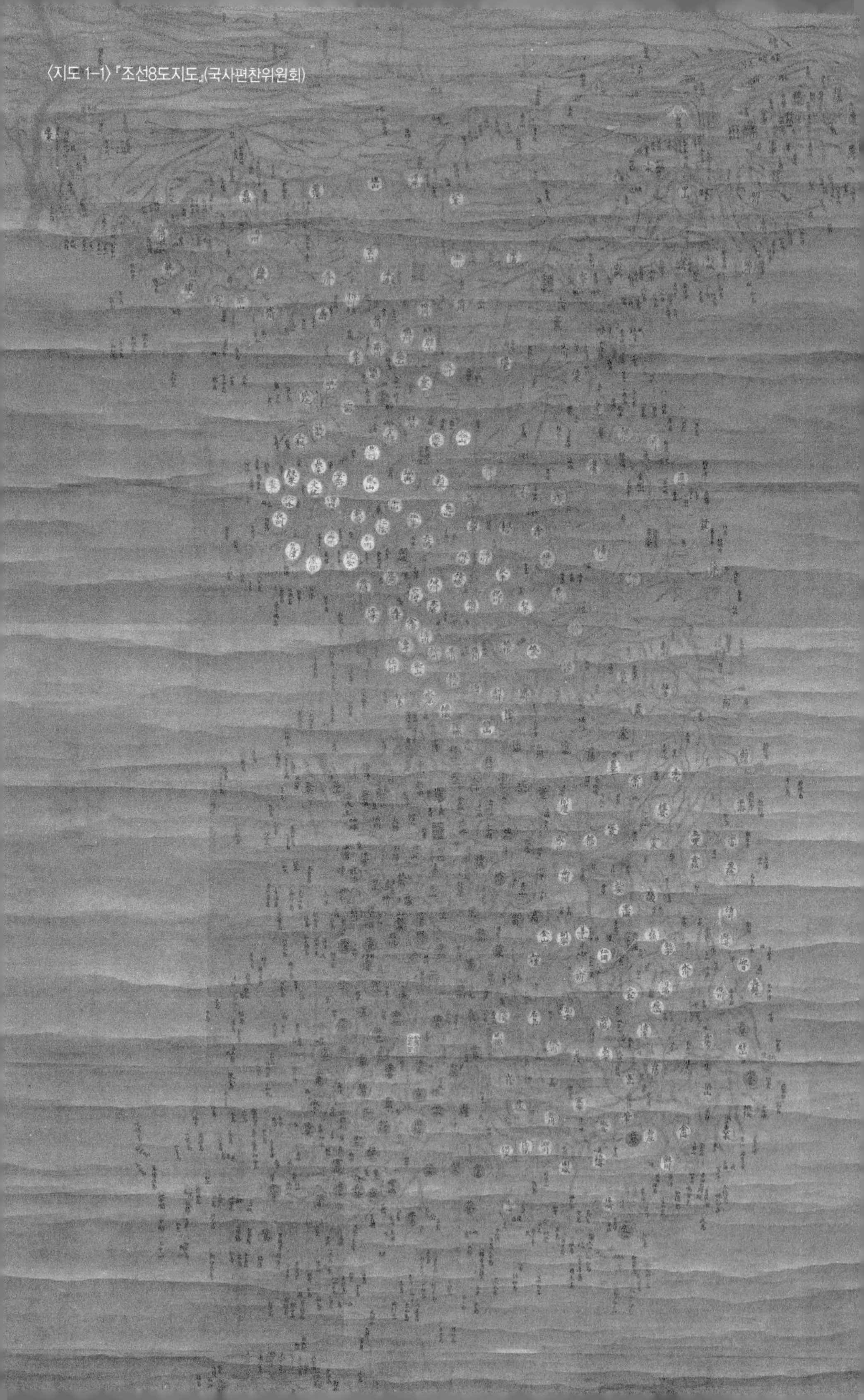

〈지도 1-1〉『조선8도지도』(국사편찬위원회)

는 붉은 색으로 배 모양을 그려 표시하였다.

(2) 조선 초기의 태실(胎室)

조선 초기에 역대 왕들은 태조 때부터 시작하여 태실을 안치하였다. 태조는 완산부(지금의 전주) 진동현에 태실을 안치하였고, 태종은 경산부 조곡산에 태를 봉안하였다.[37] 세종은 진주의 속현 곤명현에 태실을 정하였다.[38] 문종은 태실을 기천의 임내인 은풍현의 땅에 봉안하고 두 현을 합하여 풍기군을 설치하였다.[39] 세조는 성주 선석산에 태실을 봉안하였다.[40] 성종이나 연산군의 태실이 어느 곳에 있는지는 알 수 없다. 중종은 경기 가평현에 태실을 정하고 그 곳을 군으로 격상시켰다.[41] 그러므로 이 지도는 세조 이후에 제작되었음을 알 수 있다.

(3) 조선 초기의 도서(島嶼)

우리나라에는 경상도에 529개, 경기도 220개, 강원 25개, 충청도 258개, 전라도 2,169개 등 도합 3,201개의 섬이 있다. 『동국여지승람』에 표시되어 있는 섬은 경기 16개, 충청 43개, 경상 74개, 전라 278개, 황해 29개, 강원 16개, 함경 30개, 평안 37개 등 도합 568개의 섬이다. 이는 전체 섬의 17.7%이지만 이 중 유인도(有人島)는 517개이므로 『동국여지승람』에 표시된 568개는 유인도를 모두 포괄하고 있음을 알 수 있다.

---

37 『太宗實錄』卷2, 1年 10月 8日 癸亥, (1)214.

38 『世宗實錄』卷1, 卽位年 10月 25日 辛丑, (2)274.

39 『文宗實錄』卷9, 1年 9月 28日 癸亥, (6)441.

40 『世祖實錄』卷13, 4年 7月 8日 癸巳, (7)284.

41 『中宗實錄』卷4, 2年 10月 16日 丙戌, (14)198.

이 지도에는 이들 섬 명들을 모두 기록하고 있지는 않지만 표시는 거의 되었다고 믿어진다. 이는 고려시대부터 조운(漕運)이 국가의 중요한 재정이었으므로 뱃길을 파악하는 것이 무엇보다 중요하였고, 그러한 이유로 연안의 섬들을 거의 파악하고 있었던 듯하다. 지도상에는 이들 섬 이름을 다 적어 넣을 공간이 부족하기 때문에 대강의 섬 이름만을 적었지만 자세히 살펴보면 『동국여지승람』에 나오는 섬들을 거의 표시하였음을 알 수 있다.

조선 초기에 이와 같이 많은 숫자의 섬들을 파악하고 있었다는 것은 놀라운 일이다. 팔도 중에 경상도와 전라도의 섬들을 자세하게 파악하고 있음을 알 수 있다. 두 도(道)의 섬이 우리나라 전체 섬의 절반 이상을 차지하고 있다. 특히 전라도는 제주도 주변의 섬을 포함하여 무려 278개의 섬을 파악하고 있다.

(4) 도리와 식수(息數)의 파악

조선시대의 이수(里數)는 일찍이 태종 때 조정되었다. 태종은 태종 13년(1413)에 본국지도(本國地圖)를 제작하면서 그 지도에 전국의 도리와 식수를 표시하였다.[42] 이 지도에서는 중국에서 사용하는 이수에 맞추어 주척(周尺)으로 6척을 1보(步)를 삼고, 매 3백 60보로 1리를 삼았으며, 3천 600보를 10리로 삼고, 매 30리를 1식(息)으로 정하였다.[43] 1식은 한 참(站)이라고도 한다. 우리가 길을 가다가 한 참 걸었으니 가다가 쉬자는 한 참은 30리를 말한다. 1식도 비슷한 말인데 어느 정도 걸었으니 한번 쉬자는 뜻이 1식인데 역시 30리이다. 1식과 한 참은 같은 거리이다.

---

42 『太宗實錄』卷26, 13年 8月28日 甲戌, (1)685.
43 『太宗實錄』卷28, 14年 10月 17日 丁亥, (2)41.

실제로 조선시대에도 10리의 거리가 일정하지 못해 여러 가지 어려움이 있었다. 도로의 식수(息數)가 멀고 가까운 것이 똑같지 않아서 사람들을 차출하거나 공물을 바칠 때 기한을 미리 정하기가 어려웠다. 이러한 불편을 덜고자 태종 때에 자(尺)로 10리를 재어서 소후(小堠)를 설치하고, 30리에 대후(大堠)를 설치하여 1식으로 삼았다.

그러나 자로써 10리를 잰다는 것이 얼마나 어려운 일이겠는가? 이러한 불편을 덜기 위해 세종 때에는 기리고차(記里鼓車)를 사용하였다.[44] 기리고차는 오늘날의 자동거리계와 같은 것인데 1리를 가게 되면 인형이 스스로 북을 치고, 10리를 갈 때마다 종을 울리게 만들었다. 이 기리고차는 세종이 온양온천에 갈 때 처음으로 사용하였으며, 그 뒤 문종 때에도 사용해 도로의 멀고 가까움을 재도록 하였다.[45]

『팔도지도』에는 붉은 선으로 각 군현간의 도로를 자세하게 표시하였다. 물론 이 지도에는 도리와 식수가 적혀 있지 않지만 이와 비슷한 일본 내각문고 소장의 『팔도지도』에는 군현을 표시한 둥근 원에 도리와 식수를 표시하였다. 그리고 앞서 말한 태종 13년(1413)에 제작한 지도에도 도리와 식수를 표시하였다는 점으로 미루어 이 지도를 제작할 때에도 전국의 도리와 식수를 파악하고 있었을 것이다. 이는 군대를 동원한다거나 공물을 기한 내에 거두기 위하여서는 필연적으로 파악하여야 했기 때문이다. 이 지도에는 전국의 도로망을 한눈에 알아 볼 수 있도록 붉은 선으로 표시한 점이 특이하다.

---

44 『世宗實錄』 卷92, 23年 3月17日 甲寅, (4)337.
    순조 22년(1822)에 변언정(邊彦廷)이 저술한 『주학수용(籌學需用)』 양지(量地)편에 기리고차에 관한 자세한 설명이 있다.
45 『文宗實錄』 卷4, 즉위년 10월 23일 癸巳, (6)308.

3) 국보 248호 『조선방역지도』

⑴『조선방역지도』의 제작시기

이 지도는 상단에 『조선방역지도(朝鮮方域之圖)』라고 횡서(橫書)하고 중심부에 조선전도를 그렸으며 지도 하단에는 제작자의 좌목(座目, 지도 1-2)이 있다. 이러한 양식은 16세기 계회도(契會圖)의 전형적인 제작양식인데[46] 이 지도의 제작자의 좌목을 분석해 보면 이 지도의 제작 관청은 정3품 아문인 제용감(濟用監)에서 전국의 공물 진상을 파악하기 위하여 제작되었던 것으로 추정된다.

이 지도의 제작 시기는 다음 세 가지의 사실로 보아 명종 12년(1557) 8월부터 명종 13년(1558) 2월 사이인 것으로 파악된다.

첫째, 유신현(惟新縣)의 치폐경위이다. 충주목이 유신현으로 강등된 시기는 명종 4년(1549)부터 선조 즉위년(1567)까지의 19년간이다. 충주목이 유신현으로 강등당한 것은 이홍윤(李洪胤)의 옥사 때문이었다. 이 사건으로 충청도가 청홍도(淸洪道)로 개명되며 충주목은 유신현으로 강등 당하였다.[47] 그 후 선조가 즉위한 후 대신들이 "충주는 지역이 넓고 문물이 융성하여 현감이 통치하기에는 벅차다"라고 주청하여 충주목으로 복호되었다.[48]

이와 같이 충주가 유신현으로 불린 기간은 명종 4년(1549)부터 선조 즉위년(1567)까지 19년 동안이다. 이 지도에서 충주가 유신현으로 표기되어 있기 때문에 이 지도는 이 기간 안에 제작되었음을 알 수 있다.

둘째, 『조선방역도』에 경기도 수영이 남양만의 화량진에 표기되어 있다. 그런데 경기수영은 조선 초에 설치되었다가 성종 16년(1485)에 폐지

---

46 安輝濬, 1990, 『朝鮮繪畵史』, 一志社, 143쪽.

47 『明宗實錄』卷9, 4年 5月 壬辰, (19)648.

48 『宣祖實錄』卷1, 卽位年 10月 癸巳, (21)177.

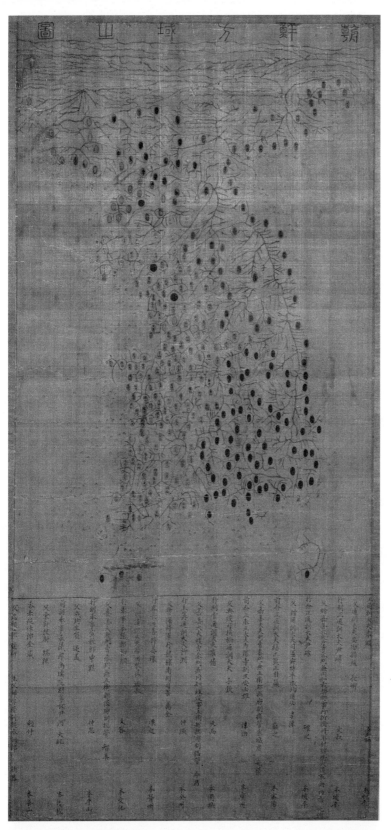

◀ 〈지도 1-2〉
『조선방역지도』
(국사편찬위원회)

된다.[49] 그러나 삼포왜변을 비롯하여 사량진왜변 등 왜구가 다시 창궐하고 해안가를 노략질하자 조정에서는 다시 수군을 강화하고 군진을 보강하였다. 명종 11년(1556)에 경기수영을 남양만의 화량진에 신설하였다.[50]

이는 명종 10년(1555)에 있었던 을묘왜변 이후 취해진 수군 강화책의 일환이었다. 이 지도에 경기수영이 화량진에 표기된 것은 이 지도가 명종 11년(1556) 이후에 제작되었음을 알려주는 증거이다.

셋째, 좌목(座目)에 기록된 관리들의 행적으로 파악할 수 있다. 이 지도의 좌목에 나타난 인물 중 행적이 뚜렷한 인물은 안사웅과 유지선이다. 유지선이 이 좌목에 있는 형조참판으로 있었던 시기는 명종 12년부터 명종 15년까지의 3년이다. 이 시기는 안사웅의 행적으로 더욱 좁힐 수 있다. 좌목에 의하면 안사웅이 봉정대부로 있었던 시기는 명종 11년 5월부터 명종 13년 2월 사이이다. 이 두 가지 사실을 종합하면 이 『조선방역지도』는 명종 12년(1557) 8월부터 명종 13년(1558) 2월 사이에 제작되었음을 확인할 수 있다.

(2) 『조선방역도』의 문화적 가치

지도의 전체의 크기는 가로 63cm이고 세로는 138cm이고, 좌목을 제외한 조선전도 부분만은 가로가 63cm이고 세로는 98.5cm이다. 『경국대전』에 기록된 주척(周尺)이 21.04cm이므로[51] 이 척도(尺度)에 의하면 가로가 3척이고 세로는 4.5척 정도이다. 이 지도는 비단 종이에 채색안료로 그렸다. 평안도 지방은 주현을 표기한 부분의 색이 퇴색되어 그 명칭을 판독할 수 없고 『동국여지승람』을 참고하여 42개 주현명을 알아낼 수 있다.

---

49 『成宗實錄』卷185, 16年 11月 乙亥, (11)78.

50 『明宗實錄』卷20, 11年 正月 甲子, (20)317.

51 朴興秀, 1967, 「李朝尺度에 關한 硏究」, 『大東文化硏究』4, 성균관대학교 대동문화연구원.

이 지도는 8도 주현을 파악하는 것이 첫째 목적이었고 우리나라 전역의 산천 형세를 정확히 파악하는 것이 둘째 목적이었다.

명종 때는 국가적인 지원 하에 대대적으로 지도 제작 사업을 추진한 기록이 없는 점으로 미뤄 이 지도는 양성지와 정척이 함께 만든 『동국지도』를 기초도로 하여 제작된 지도인 듯하다. 다음의 〈지도 1-3〉은 『조선방역도』의 산천형세도이다.[52] 이와 같이 산계(山系)와 수계(水系)가 정확히 파악된 것은 풍수지리사상의 영향이었다.[53]

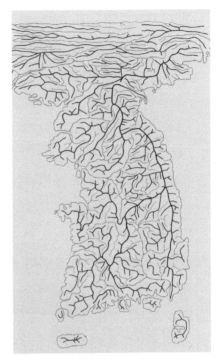

〈지도 1-3〉 『조선방역지도』의 산계와 수계도(국사편찬위원회)

이 지도의 특징은 다음과 같다.

첫째, 『조선방역지도』는 조선 전기에 제작된 지도 중 가장 정확한 지도라는 것이다. 『동람도』는 해악독신과 명산대천 신들에게 제사지내는 34곳의 위치를 정확하게 표기하는 데 중점을 두고 있어 지도의 형태에는 그리 깊은 관심을 기울이지 않았다. 또 『혼일강리도』의 『조선도』는 고려

52 산천형세도는 광우당(匡祐堂) 이우형(李祐炯)씨의 제도(製圖)이다.

53 洪以燮, 1949, 『朝鮮科學史』, 정음사, 180쪽.

시대의 『오도양계도』를 그대로 계승하였기 때문에 북방지역이 소략하다. 이에 비해 『조선방역도』는 해안선이 현재의 해안선과 거의 일치할 정도로 정확성을 기하고 있다.

둘째, 두만강의 위치가 앞서 말한 두 지도보다 위도 상으로 북쪽에 표기되어 현대 지도에 가깝게 그려져 있는 것이다.

셋째, 울릉도와 독도가 표시되지 않았다는 것이다. 해안선 주위의 조그마한 섬들까지도 거의 표기하였는데 왜 울릉도와 독도의 표시가 빠졌는지에 대해서는 현재로서 규명하기 어렵다.

넷째, 『조선방역도』는 8도 주현도이다. 그런데 『동국여지승람』의 행정구역과 비교해 보면 빠진 곳이 있다. 경기도 행정구역 중 수원과 용인이 원 기호로 그려져 있으나 행정구역 명칭은 표기되지 않았다. 경상도는 청도와 울산의 주현 명칭이 표기되지 않았으며 전라도에는 순천과 장흥의 주현 명칭이 보이지 않는다. 다만 흥양현 쪽에 병영이 설치되어 있는데, 이는 명종 10년(1555) 을묘왜변 때 왜적을 방어하기 위하여 임시로 설치되었던 병영인 듯하다.

다섯째, 만주지역과 대마도가 표기되어 있는 것이다. 대마도는 조선 전기까지 우리의 영토라는 의식이 있었다. 단지 바다 멀리 떨어져 있어 관리가 어려워 공도(空島)정책을 써서 비워 두었는데 왜구들이 강점하였다[54]고 여기고 있었던 것이다. 그러므로 우리나라 고지도에는 대마도가 예외 없이 표기되었다.

만주지역까지 포함하여 그린 이유는 만주가 고구려의 구토이기 때문에 우리의 영토라는 영토 의식이 강하게 표출한 것이라고 볼 수 있다. 당

---

54 『世宗實錄』卷4, 元年 6月 壬午, (2)321.

시 지리학의 제일인자였던 양성지는 압록강과 두만강을 우리의 국경선이라고 생각하지 않았다. 그는 우리나라를 '만 리(萬里)의 나라'[55]라고 하였다. 또 노사신(盧思愼)이 쓴 『동국여지승람』 전문(箋文)에서도 우리의 국토가 만 리라는 표현을 쓰고 있다.[56] 또 서거정도 『동국여지승람』 서문에서 고려는 서북지방은 압록강은 못 넘었지만 동북지방은 선춘령(先春嶺)을 경계로 해서 고구려 지역을 더 넘었다[57]고 표현하고 있다. 이와 같이 조선 전기에는 우리나라의 영토가 만주까지 포함하는 만 리라는 의식이 팽배해 있었고 이를 반영한 것이 『조선방역도』인 것이다.

4) 『동람도(東覽圖)』의 제작

『동람도』는 『동국여지승람』의 첫머리에 수록되어 있는 『팔도총도(八道總圖)』와 『팔도주현도(八道州縣圖)』를 가리키는데 지도의 판심(版心)에 '동람도'라고 새겨져 있기 때문에 그렇게 부른다. 이 지도는 판각된 지도로서는 가장 오래된 지도이다(지도 1-4).

이 지도의 정확성이나 정밀성 등은 태종 때 만들어졌다고 전해지는 『혼일강리역대국도지도』의 『조선도』보다 훨씬 뒤떨어진다. 조선 초기에는 여러 차례에 걸쳐 지도가 만들어졌고, 정척과 양성지가 만든 『동국지도(東國地圖)』는 상당한 수준의 지도였는데 『동람도』가 이렇게 소략하게 제작된 것은 무슨 까닭일까? 이는 지도의 제작기술이 후퇴해서 그런 것이

---

55 『高麗史』 卷56, 志10 地理志1, "惟我海東三面 阻海一隅連陸 輯員之廣 幾於萬里"; 『世祖實錄』 卷1, 元年 7月 戊寅, (7)70, "吾東方世居遼水之東 號爲萬里之國……".

56 盧思愼, 『東國輿地勝覽』 箋, "數萬里疆域之分".

57 徐居正, 『東國輿地勝覽』 序, "但西北以鴨綠爲限東北以先春嶺界盖西北不及高句麗 而東北過之".

아니라 김종직의『동국여지승람』의 발문에서 밝혔듯이『동람도』는 국가에서 제사지내는 악독(嶽瀆)과 명산대천 그리고 각 주현의 진산(鎭山)만을 표기할 목적으로 제작되었기 때문이다.[58]

『동람도』의 특징은 첫째,『동람도』는 산천사전제에 의한 중사처와 소사처를 표기하기 위해 제작되었다는 것이다.[59]『팔도총도』에 기재된 내용은 이러한 제사처(祭祀處)를 제외하고 표기된 곳이 없고 단지 백두산만 예외적이다. 이는 풍수지리적인 측면에서 백두산을 우리나라의 조산(祖山)으로 보기 때문에 우리나라 고지도에는 백두산이 반드시 그려져 있다.

둘째,『동람도』에는 제주도가 순천 밑에 판각되어 있다는 점이다. 이는 판각의 공간이 없었기 때문에 우측으로 옮겨 새긴 것이다.

셋째,『동람도』에는 우산도(于山島)가 울릉도의 안쪽으로 표기되어 있다는 점이다. 우산도는 독도를 뜻한다.

넷째,『동람도』는 바다를 파도무늬로 판각하고 있는데 이는 조선 전기 고지도의 독특한 표현양식이기도 하다.

다섯째,『동람도』에는 두만강이 압록강보다 위도 상으로 낮게 표기되어 있는데 이는 '팔도총도'라는 제목의 판각 때문에 낮추어 그렸기 때문이다.

여섯째,『동람도』에는 대마도가 반드시 명기되어 있는데 이는 대마도에 대한 영토의식의 발로이고, 풍수지리사상의 영향이다.

일곱째,『팔도총도』가『혼일강리역대국도지도』의『조선도』나『조선방역도』보다 매우 엉성하게 그려진 까닭도『동람도』의 중요한 특징의 하나이다. 이는 양성지가 성종 13년(1482)에 올린 상소문에 자세히 나타나 있

---

58 金宗直,『東國輿地勝覽』跋文, "卷首總圖則 錄祀典所載嶽瀆泊名山大川 八道各圖則 只錄 州縣之鎭山".

59 『世宗實錄』卷148, 地理志 咸鏡道 永興大都護府 沿革條.

〈지도 1-4〉『신증동국여지승람』의 『팔도총도』(서울대학교 규장각)

다. 그는 예로부터 지도는 국가기밀에 관한 내용이 적혀 있어 한눈에 파
악할 수 있기 때문에 민간인의 소장을 금하고 춘추관사고에 비장하여 유
출되지 못하도록 하여야 한다[60]고 하였다. 그런데도 『동람도』는 간행되어
널리 유포될 것이므로[61] 국가기밀을 지키기 위해 누구나 알 수 있는 정보
인 중사처와 소사처를 표기하는 데 그쳤기 때문이다.

　　『동람도』보다 앞서 만들어진 『혼일강리도』의 『조선도』와 『조선방역
도』, 『팔도지도』를 『동람도』와 비교해 보면 조선 전기의 지도 제작기술이

60　『成宗實錄』 卷138, 13年 2月 壬子, (10)298.

61　『동국여지승람』도 간행되어 관청에서 비치하고 참고할 수는 있었으나 민간인이
　　소장하는 것은 역시 금하였다(『燕山君日記』 卷58, 11年 7月 戊戌, (14)10~11).

상당히 뛰어났음을 알 수 있다. 그런데도『동람도』가 조잡하게 만들어진 것은 국가기밀의 유지 때문이었던 것이다.

5)『혼일강리역대국도지도(混一疆理歷代國都之圖)』

조선 초기에는 두 갈래의 세계지도가 있었다. 하나는 세계의 지리에 관한 자료를 과학적으로 수집하여 편집한『혼일강리역대국도지도』^{〈지도 1-6〉}

〈지도 1-5〉『원형 천하도』(국립중앙도서관)

〈지도 1-6〉『혼일강리역대국도지도』(일본 용곡대학교)

이고, 다른 하나는 중화관에 입각하여 상상적인 세계관을 표현한 중국 중심의 추상적인 『원형 천하도』(지도 1-5)이다.[62]

『혼일강리역대국도지도』는 동양에서 현존하는 가장 오래된 지도로서 조선 초기 태종 때에 제작되었다. 그러나 이 지도는 현재 일본 교토시 류코쿠대학(龍谷大學) 도서관에 소장되어 있고, 이 지도와 같이 지도 하단에 권근(權近)의 발문이 들어 있는 것은 규슈 시마바라(島原)시에 소장되어 있는 혼코지(本光寺) 본뿐이다. 이밖에 이들 지도와 비슷하지만 권근의 발문이 없는 지도가 일본 나라시 덴리 대(天理大)에 소장되어 있고, 우리나라 고려대학교 인촌기념관(仁村記念館)에는 지도명이 『혼일역대국도강리지도(混一歷代國都疆理地圖)』라고 약간 다른 것이 소장되어 있다.

이 지도가 처음 학계에 알려지게 된 것은 1910년 일본의 교토(京都)제국대학의 오가와 타쿠지(小川琢治)가 『지나역사 연구(支那歷史研究)』에서 이 지도를 소개한 뒤부터이다. 『혼일강리역대국도지도』는 류코쿠대학 본이 대표적으로,(지도 1-6) 길이 171cm, 너비 164cm의 큰 지도로 견지에 채색으로 그려졌는데, 선명한 색채가 그대로 살아 있을 정도로 보존 상태가 좋다. 도시는 적색으로 표시하되 수도는 원 기호, 다른 도시는 4각형 기호에 표기되었으며, 하천은 청색으로, 바다는 녹색으로 그려져 있다. 지도의 상단에는 제목이 『混一疆理歷代國都之圖』라고 횡서되고 그 밑에 역대 제왕의 국도(國都)가 종서되어 있다. 지도 하단에는 권근의 발문이 기재되어 있어,[63] 이 지도의 제작과정을 밝혀 주는 중요한 단서가 되고 있다. 그의 발문 내용은 다음과 같다.

62　李燦, 1977, 「韓國 古地圖의 發達」, 『韓國古地圖』, 韓國圖書館學硏究會.
63　李燦, 1977, 앞의 책, 韓國圖書館學硏究會.

천하는 아주 넓다. 안으로는 중국으로부터 밖으로 사해에 이르기까지 몇천 만리인지를 알 수 없다. 이것을 줄여서 수척의 폭원으로 된 지도를 만들면 상세하기는 어렵다. 그러므로 지도를 만들면 대부분 소략해지게 된다. 오직 오문(吳門) 이택민(李澤民)의 『성교광피도(聲敎廣被圖)』가 조금 자세하게 그려졌고, 역대 제왕의 국도 연혁은 천태승 청준(淸濬)의 『혼일강리도』에 자세하게 기록되어 있다. 건문 4년 여름에 좌정승 상락 김공[金士衡]과 우정승 단양 이공[李茂]이 나라를 다스리는 여가에 이들 지도를 참고하여 연구하고, 이를 검상 이회(李薈)에게 명하여 자세한 교정을 가해 이들 지도를 합쳐 일도(一圖)를 만들게 하였다. 그 요수 동쪽과 본국의 강역은 택민의 지도에도 역시 빠지고 소략한 부분이 많으므로 이번에 특히 본국지도를 크게 그려 넣고 일본지도를 첨부하여 정돈하여 새로운 지도를 작성하였다. 정연하고 보기에도 좋아 문 밖을 나가지 않아도 천하를 알 수 있게 되었다. 도적(圖籍)을 보고 지역의 원근을 아는 것은 통치에 도움이 된다. 두 공이 지도에 정성을 다하는 까닭은 그 규모와 국량이 큰 것을 알기 때문이다. 근(近)은 재주가 없고 부족한데도 참찬 벼슬에 있으면서 두 공의 뒷전에서 이 지도가 완성됨을 바라보니 매우 기쁘다. 이미 내가 평일에 방책을 강구하고 회관의 뜻을 다한다. 또한 내가 훗날에 벼슬을 그만두고 좁은 저택에 머물게 되겠지만, 널리 여행 다니는 뜻을 이루게 됨을 기쁘게 여긴다. 그러므로 이 지도의 밑에 서서 말한다. 이 해 가을 8월 양촌 권근(權近)이 적는다.[64]

이 기록에 나타나는 바와 같이 이 지도는 4개의 지도를 합쳐서 만든

---

64 權近,「歷代帝王混一疆理圖誌」,『陽村集』.

지도이다. 즉, 중국의 이택민의『성교광피도』와 천태승 청준의『혼일강리도』를 하나로 합친 후에 우리나라 지도를 특히 크게 그려 넣고, 새로 입수된『일본도(日本圖)』를 첨부하여 제작한 지도였던 것이다.『일본도』는 태종 1년(1401)에 일본에 사신으로 다녀온 박돈지(朴敦之)가 비주수(肥州守) 원상조(源詳助)에게서 얻어온 지도이다. 이『일본도』에는 일기도(壹岐島)와 대마도가 빠져 있었기 때문에 박돈지가 이를 보충하였다.[65](지도 1-6)

『혼일강리역대국도지도』의『조선도(朝鮮圖)』부분은 태종 2년(1402) 5월에 이회가 만든『본국지도』일 것이다. 태종에게『본국지도』를 진상한 것이 5월이고, 3개월 후인 8월에『혼일강리역대국도지도』가 만들어졌기 때문이다. 성종 때 양성지의 상소문에도 이회가 태종 때『팔도도』를 제작하였다고 하였으며, 앞서 본 권근의 발문에도 이회가 이 지도를 제작하였다고 설명하고 있다.

이『조선도』는 고려의『오도양계도』의 전통을 이어 조선시대에 개편된 행정구역을 반영한 지도이다. 지도의 윤곽은 변하지 않았겠지만, 그 안에 주기 내용은 후에 전사할 때 많이 고쳤음을 알 수 있다. 이『조선도』의 특징은 다음과 같다.

첫째, 압록강과 두만강이 하천의 굴곡 없이 동서 방향으로 거의 일직선으로 표기되어 있다는 점이다. 이러한 특징은 조선 전기에 제작된 지도에서 공통적으로 나타나는데, 아마 아직은 두 강에 대한 정확한 지식이 없었기 때문일 것이다.

둘째, 한반도의 전체적인 윤곽을 거의 정확하게 표현하고 있고 동서의 폭과 남북의 길이의 비율이 현재의 지도와 대체로 비슷하다는 점이다.

---

65 『世宗實錄』卷80, 20年 2月 癸酉, (4)131.

셋째, 하천과 산계(山系)의 표시에 중점을 두고 있는 점이다. 이는 『조선방역지도』에도 자세히 나타나는데 우리나라 고지도를 대부분 상지관이 그린 관계로 풍수지리사상의 영향이 작용한 때문으로 추정된다.

넷째, 전국의 주현을 표기하고 있다는 점이다. 주현을 대체로 거의 표기했지만 일부 군현 명칭은 빠져 있다. 그리고 『동국여지승람』에는 기록되어 있지 않은 경기도의 천령현(川寧縣), 함경도의 예원현(預原縣)과 평안도의 수천(隧川) · 어천(魚川) · 벽단현(碧團縣) 등이 표기되어 있고, 또 폐사군(廢四郡)의 명칭이 고무창(古茂昌) · 고여연(古閭延) · 고우예(古虞芮) · 고자성(古慈城) 등으로 표기되어 있다.

이 『혼일강리역대국도지도』는 권근의 발문에 의하면 건문 4년, 즉 태종 2년(1402) 8월에 제작되었다. 그러나 주현명을 살펴보면 태종 13년에 주자(州字)를 띤 주현명 중 계수관(界首官)의 주현명을 제외한 모든 군현을 산자(山字)와 천자(川字)로 바꾼 사실이 나타난다. 이 지도에 표기된 주현명은 과천(果川) · 인천(仁川) 등 개정된 주현 명칭으로 표기되어 있다.[66] 더욱이 4군을 폐지한 것은 세조 때의 일이며 천령현은 세종 능인 영릉이 천봉된 예종(睿宗) 6년(1469)에 여흥군(驪興郡)에 병합되어 없어진다.[67] 이러한 사실들로 미루어 보아 류코쿠 대학본은 예종대에 전사된 사본일 가능성이 높다.

다섯째, 삼각산 · 금강산 · 웅진 등 국가에서 중사(中祀)와 소사(小祀)를 드리는 명산과 대천만을 골라 표기하고 있다는 점이다.

여섯째, 위화도 · 오차포 · 돌산포 · 당포 등 수군만호(水軍萬戶)가 설치된 국방의 중요 지점만을 수록하고 있는 점이다.

---

66 『太宗實錄』卷26, 13年 10月 辛酉, (1)690.

67 『睿宗實錄』卷7, 元年 8月 己未, (8)409.

『혼일강리역대국도지도』는 중국, 일본, 우리나라에서 제작된 여러 지도를 종합하여 조선 전기에 제작한 매우 뛰어난 세계지도이다. 『혼일강리역대국도지도』는 이 시기에 우리나라의 지도 제작 기술이 이미 상당한 수준이었음을 보여주는 동시에 조선시대 사람들의 세계관을 엿볼 수 있는 지도이기도 하다.

제2장

김정호의 생애

제1절 김정호 생존 시의 평가

제2절 김정호 사후의 평가

제3절 현재 학계의 김정호 평가

제4절 새롭게 조명해 본 김정호의 생애

제1절 김정호 생존 시의 평가

고산자 김정호를 모르는 사람은 드물다. 그러나 고산자의 출생지·거주지·생몰년대 등을 정확히 아는 사람도 드물다. 더구나 고산자의 옥사설은 어떻게 시작되었으며『대동여지도』는 어떻게 제작되었고『대동지지』는 또 어떻게 쓰여 졌는지는 더욱 모른다.[1]

『대동여지도』라는 한국 지리학사상 불멸의 업적을 남긴 고산자에 대해서 왜 그렇게 의문사항이 많을까? 이것은 그의 빛나는 업적에 비하여 그에 관한 기록은 거의 없는 상태이기 때문이다. 그러므로 추측과 억측이 계속될 수밖에 없었다.

---

1 金正浩의 생애에 대해서 傳記的으로 살펴 본 글들은 다음과 같다.
　劉在建,「金古山正浩」,『里鄕見聞錄』8.
　鄭寅普,「大東輿地圖」,『薝園國學散稿』2篇.
　李丙燾, 1969,「金正浩」,『人物韓國史』4, 博友社.
　鄭亨愚, 1974,「金正浩」,『韓國의 人間象』3, 新丘文化社.
　文一平, 1941,「金正浩」,『朝鮮名人傳』3, 朝光社.
　그의 著作物에 대한 제한적인 해설은 다음과 같다.
　李丙燾, 1975,「地圖, 地誌의 集大成者로서의 古山子 金正浩」,『내가 본 어제와 오늘』, 博英社.
　洪以燮, 1964,「金正浩와 大東輿地圖」,『思想界』10월호, 思想界社.
　李丙燾, 1971,「靑邱圖 解題文」,『靑邱圖』乾, 民族文化推進委員會.
　全相運, 1979,「韓國科學技術史」,『正音社』, pp. 158~160.
　李　燦, 1977,「韓國古地圖의 發達」,『韓國古地圖』, 韓國圖書館學硏究會, pp. 183~230.
　方東仁, 1985,「韓國의 地圖」, 세종대왕기념사업회, pp. 167~190.
　朴寬燮, 1978,「大東輿地圖의 圖法 및 系譜에 관한 歷史地理學的 硏究」,『朴寬燮頌壽紀念論叢』, pp. 23~61.

1) 이규경(李圭景)과 김정호

(1) 이규경의 생애

고산자 김정호에 대해서 많은 의문을 풀어준 인물이 오주(五洲) 이규경인데 그의 생애도 잘 알려지지 않았다.[2] 그는 정조 12년(1788)에 태어났다. 그러나 그의 몰년(沒年)은 알 수 없다. 그의 본관은 전주(全州)이고, 자는 백규(伯揆)이며, 호는 오주 또는 소운거사(嘯雲居士)라고 불렀다. 할아버지는 주부 이덕무이며, 아버지는 이광규(李光葵)이다. 그가 지은 『오주연문장전산고(五洲衍文長箋散稿)』의 내용 중 「사소절분편각본변증설(士小節分編刻本辨證說)」[3]에 의하면 그의 할아버지 이덕무가 『사소절(士小節)』 3권을 지었는데 이 책은 필사본으로 전해올 뿐 간행되지 못했는데 최성환이 이를 2권으로 나누어 간행한 사실을 밝히고 있다.

그런데도 그는 충주의 덕산 삼전리(森田里)에 외롭게 살기 때문에 이러한 사실도 모르고 지내다가 최한기가 그의 집을 방문하여 이 사실을 알려주고 그 이듬해 간행된 『사소절』 한 질을 보내준 사실이 있다. 이『사소절』을 최성환이 간행한 해가 철종 4년(1853)이고, 오주가 이『사소절』을 받아 보게 된 것은 그 이듬해인 철종 5년(1854)이다. 그리고 그가 자기의 나이를 70살 정도라고 말한 점은 1788년에 태어났기 때문에 실제 나이가 67세였던 사실과 부합된다. 그 이후의 오주 행적에 대해서는 알 수가 없다.

그의 학문은 선대에 연원을 두고 있다. 할아버지 이덕무는 박학다재하여 고금의 제자백가와 기문이서(奇文異書)에까지 통달했고, 문장도 새로

---

2 崔敬淑, 1984, 「五洲 李圭景硏究」, 『東義史學』 창간호, 東義大史學會.
　全相運, 1972, 「李圭景과 그의 博物學」, 『硏究論文集』 4 · 5, 誠信女大 人文科學 硏究所.
　李鉉淙, 1975, 「李圭景의 生涯와 思想」, 『實學論叢』, 全南大 湖南文化硏究所.
3 李圭景, 1959, 「士小節分編刻本辨證說」, 『五洲衍文長箋散稿』 上, 권24, 東國文化社, p. 704.

〈그림 2-1〉 『오주연문장전산고』 표지(서울대학교 규장각)

운 풍을 일으켜 인정(人情)과 물태(物態)를 정확히 그려내었다.

일찍이 정조가 규장각을 열고 명사를 검서관에 등용할 때 유득공·박제가·서이수와 함께 이덕무는 이른바 '4검서(檢書)'라 일컬어졌다. 특히, 정조의 특별한 사랑을 두텁게 받아 규장각에 편서(編書)의 일이 있을 때마다 참여하였다.

이덕무는 일찍이 심염조(沈念祖)의 사행을 따라 연경에 가서 시문과 서화를 일삼는 사람들과 널리 교제하였고, 때로는 답사를 통해 산천·도리·궁실·누대로부터 초목·곤충·조수에 이르기까지 이름을 적어와 귀국해 명성이 더욱 높았다.

아버지 이광규도 할아버지를 이어 검서관에 등용되어 오랫동안 규장각에서 일하였다. 이규경은 이러한 가풍 위에 당시 팽배하던 청조 실학(實學)의 학풍에 영향을 받았다.

그 결과 우리나라와 중국의 고금사물(古今事物)에 대한 수백 종의 서적을 탐독해 천문·역수(曆數)·종족·역사·지리·문학·음운·종교·서화·풍속·야금·병사·초목·어조 등 모든 학문을 고증하고 밝혀내 1,400여 항목을 담아『오주연문장전산고』60권을 집대성하였다.

『오주서종박물고변(五洲書種博物攷辨)』에서는 동서고금의 사물에 폭넓게 통할 수 있도록 신지식을 제시해 혁신적인 신기운을 조성하였다. 그의 이러한 지식과 혁신 사상은 초기의 개화 선각 인사들에게는 진지하고 절실하게 받아들여졌을 것으로 보인다.

그는 일생 동안 벼슬을 하지 않고 할아버지가 이룩한 실학을 계승, 조선 후기 실학을 꽃피운 박물학자로 평가받고 있다. 저서로는『오주연문장전산고』·『오주서종박물고변』·『백운필』등이 있다.[4]

(2) 이규경과 김정호

위에서 살펴본 대로 오주는 고산자와 거의 같은 시기에 활동했음을 알 수 있다. 그러므로 고산자에 대해서 최초로 그리고 비교적 자세한 기록을 남긴 이는 오주이다. 이제 이규경의 기록을 통하여 고산자의 활동을 살펴보자.

『오주연문장전산고』에 실려 있는「지지변증설(地志辨證說)」과「만국경위지구도변증설(萬國經緯地球圖辨證說)」이 고산자에 관한 귀중한 기록이다.

「만국경위지구도변증설」은 청(淸)의 장정부(莊廷粤)가 판각한『지구도(地球圖)』를 최한기가 입수하여 이를 고산자의 도움으로 판각한 내용을 적고 있다. 그 중 일부를 인용하면 다음과 같다.

---

4 유승주,「이규경」,『한국민족문화백과사전』, 정신문화연구원.

地球之爲圖者甚多 而我東无刻本 每從燕京出來 故藏去亦鮮矣 近者(純廟甲午)崔上舍

漢綺家 始爲重刊中原莊廷尃榻本 俾行于世 圖說則未克劃焉 予從他得其說 恐其遺失

鈔辨之. 崔上舍家住京師南村倉洞 甲午以棗木板 模刻晉陵莊廷尃地球榻本 而金正浩

劕厥焉.[5]

땅을 둥글게 그린 지도는 많이 있지만 우리나라에는 판각본 지도는 없다.
매번 중국의 연경에 가는 사람을 통하여 구하려고 했지만 소장 분이 매우
적었다. 최근 순조 갑오년에 최한기가 중국 장정부의 탑본을 중간하여 세
상에 유행하게 되었는데 도설(圖說)은 간행하지 않았다. 내가 그 도설을 다
른 곳에서 입수하였는데 잃어버릴까 두려워 발췌하여 밝힌다. 최한기의
집은 서울 남촌의 창동에 있었고, 갑오년에 대추나무로 장정부의 지구본
탑본을 판각하였는데 김정호가 이를 판각하였다.

위 사료에 밝힌 대로 최한기는 청의 장정부가 간행한『지구도』를 도
설(圖說)은 제외하고『지구도』만 탑본하여 입수하였고 이를 김정호의 도움
을 얻어 중간하였다. 대추나무에 판각된 최한기본은 규장각을 비롯하여
여러 도서관에 소장되어 있다.

지금까지 연구된 대부분의 논문에서는 이 본(本)을 김정호가 간행한
것으로 알려지고 있으며 이『지구도』(지구전후도라고도 한다)의 좌측 하단에 '갑
오 중추 태연재 중간(甲午 仲秋 泰然齋 重刊)'으로 간기된 사실을 들어 태연재가
고산자의 당호(堂號)라고 주장하기도 한다.[6] 그러나 위 사료에 뚜렷이 적혀
있는 것처럼 이『지구도』는 최한기가 중간한 것이며 고산자는 이를 판각

---

5 李圭景,「萬國經緯地球圖辨證說」, 앞의 책 下, 권38, pp. 180~185.

6 盧禎埴,「金正浩 板刻의 地球前後圖에 關한 硏究」,『大邱敎大論文集』8, pp. 257~266.
   朴寬變, 앞의 논문, p. 58.

한 각수(刻手)에 불과하기 때문에 태연재(泰然齋)는 최한기의 당호일 것이다.

오주가 남긴 고산자에 관한 또 하나의 기록은 「지지변증설」이다.

近者有金正浩者 著海東輿地圖二卷 別爲碁盤字號 圻郡邑各作一圖入冊 隨字號取見眉
列掌示 不爲掌錯 其所思遠過前人 精密超凡 復著方輿考二十卷 取輿地勝覽 釐正訛誤
刪袪詩文 補其闕略 亦甚該博 其圖與攷必可傳者也.[7]

최근에 김정호가 『해동여지도(海東輿地圖)』 2권을 저술하였다. 특별히 바둑
판 모양으로 자호(字號)를 만들어 경기와 각 군읍을 한 장의 지도로 만들었
다. 자호를 따라 눈앞에 진열하면 어긋남이 없다. 그 생각하는 바가 이전
사람들과는 달라서 매우 정밀하다. 또 『방여고(方輿考)』 20권을 저술하였는
데 『동국여지승람』을 기본으로 하였지만 그 잘못을 바로 잡고 시문을 빼
버렸다. 그리고 모자라는 부분을 채웠는데 매우 해박하게 하였다. 지도와
지리지는 후세에 반드시 전해질 것이다.

위 사료에 의하면 고산자는 『해동여지도(海東輿地圖)』 2권을 저술했다고
하였다.[8] 이는 『청구도』를 지칭한 듯하다. 왜냐하면 지도의 설명에서 바둑
판 모양으로 만들었다거나 자호(字號)에 따라 볼 수 있도록 하였으며, 정밀
함이 이전에 만든 사람들의 작품보다 훨씬 훌륭하다는 등의 설명이 이를
뒷받침해 준다.

『방여고(方輿考)』 20권을 저술하였는데 『동국여지승람』에서 시문을 제
거하고 궐략을 보충하였다고 하였다. 이 『방여고』는 영남대학교 소장본

---

7 李圭景, 「地球辨證說」, 앞의 책 下, pp. 491~493.
8 『청구도』와 도법이 비슷한 선행지도라고 생각되는 『해동여지도』라는 책명의 지도
   책이 현재 국립도서관에 소장되어 있다(국립古 2107-36).

『동여도지』를 말한다.

오주가 「기하원본변증설(幾何原本辨證說)」에서 언급한 『기하원본』은 당시 지식인들 사이에서는 널리 퍼져 있었고 고산자도 이 책을 구하여 읽고 많은 영향을 받았다. 실제로 『청구도』에서 밝힌 확대 축소법 등은 기하원본에서 영향을 받았다고 밝히고 있다.

오주는 『기하원본』이 두 종류가 있었는데 그 중에 한 종류를 구입해서 전파된 과정을 다음과 같이 밝히고 있다.

> 이 책이 우리나라에 들어 온 것은 혹 상국 약천인 남구만이 들여왔다고 하고 혹은 홍계희가 구입했다고 하는데 자세한 것은 알 수가 없다. 그리고 그 뜻을 확실히 아는 사람이 없다. 서울 시내에 한씨 성을 가진 사람이 있었는데 평소에는 무뢰하였다. 사람들이 노비를 욕하는 것을 보고 분발하여 학문을 닦았는데 한번 보면 알았고 드디어 박학다식해졌다. 그는 홍계희가 이 책을 가지고 있다는 말을 듣고 찾아가서 한번 보기를 간청하였다. 홍계희가 꾸짖어 말하기를 "네가 어떻게 깨달을 수 있겠느냐"하고 빌려주지 않았다. 한씨가 여러 번 간곡히 부탁하여 비로소 빌려서 집으로 돌아왔다. 한 달 동안 읽어보니 오묘한 뜻을 다 알았다. 책을 돌려주니 홍계희와 더불어 얘기하니 참으로 기특하였다. 그 후에 여러 집에서 구득하여 장서하게 되었다.

오주가 『대동여지도』의 출판 과정이나 『여도비지』·『대동지지』에 대해서 전혀 언급이 없는 점으로 미루어 그는 고산자의 이러한 저술을 보지 못하고 죽은 듯하다.

이 두 사료는 고산자에 대해서 언급한 최초의 사료이며 고산자와 같은 시대를 살았던 이규경이 직접 보고들은 바를 적은 귀중한 사료이다.

2) 유재건(劉在建)과 김정호

(1) 유재건의 생애

유재건은 정조 17년(1793)에 태어나서 고종 17년(1880)까지 살았다. 본관은 강릉이며, 자는 덕초(德初)이고, 호는 겸산(兼山)이다. 옥천부원군 유경(劉敬)의 후손이었으나 가세가 몰락되어 서리계급으로 떨어졌다.

주위 사람들로부터 신동이라는 소리를 들었으며, 시문에 능하고 특히 전서(篆書)·해서(楷書)에 뛰어났다. 오랫동안 규장각에 보직되어『열성어제(列聖御製)』를 편찬하는 데 공로가 커서 왕의 은전을 여러 번 받았으며, 고종 때에는 벼슬이 상호군에 이르렀다.

철종 4년(1853)에 최경흠(崔景欽)과 함께 중인층의 모임인 직하시사(稷下詩社)를 조직하여 위항문학의 발달에 크게 기여하였다. 철종 8년(1857)에『풍요삼선(風謠三選)』을 편찬해『풍요속선(風謠續選)』이후 60년간의 위항시(委巷詩)를 정리하였다.

철종 13년(1862)에는 중인층의 전기인『이향견문록(里鄕見聞錄)』을 편술하여 위항인 308명의 전(傳)을 집성하고 성격에 따라 분류함으로써 가장 방대한 위항인의 전기집을 이루어 놓았다.

『이향견문록』에 수록된 인물 중 전대인의 전기에 인물전이 실린 것은 채택하여 편집하고, 인물전이 없는 인물은 스스로 인물전을 지어 실었으므로 인용된 서목이 52종에 달하고 있다.

또한, 그는 당나라 이후의 근체시 가운데 해와 달, 꽃과 새 등의 소재로 지은 명시를 가려『고금영물근체(古今詠物近體)』라는 이름으로 펴내었는데, 7,000수가 넘는 방대한 양의 시를 수록하였다.

이 책에서는 조선시대 시인 613명 중 370명을 위항시인에서 선정하여 위항문학의 융성함을 드러내고자 하였다. 그 밖의 저서로『법어(法語)』와『겸산필기』가 있다.[9]

(2) 유재건과 김정호

겸산 유재건은 조선시대 하층계급 출신으로 각 방면에 뛰어난 인물들의 행적을 모아[10]『이향견문록』을 썼다. 조희룡이 쓴 서문을 보면 유재건이『이향견문록』을 쓴 목적이 분명하다.

저 여항(閭巷)의 사람에 이르러서는 칭찬할만한 경술(經術)도 훈업(勳業)도 없는 것이고, 혹 그 언행에 기록할만한 것이 있으며, 혹 그 시문에 전 할만한 것이 있더라도, 모두 적막하게 초목처럼 시들어 없어지고 만다. 아 슬프도다! 내가『호산외기』를 지은 까닭도 여기에 있다. 친구인 겸산이 나와 같은 심정으로 여러 사람의 문집에서 널리 찾아 모아 이미 입전된 사람 약간 명과, 입전된 것이 없는 사람은 스스로 전(傳)을 지어 모두 280명으로 겨우 책을 만들고 책명을『이향견문록』이라고 하였다.[11]

위의 글에서처럼 유재건은 여항에서 언행이 기록할만하거나, 시문이 전 할만 한 것이 있는 인물들임에도 불구하고 그들의 기록이 초목처럼 시들어 없어지는 사실을 안타까워『이향견문록』을 저술하였다.

그는『이향견문록』제8권「서화항 김고산정호(金古山正浩)」에서

---

9 고경식, 1991,「유재건」,『한국민족문화백과사전』, 한국정신문화연구원.
10 任昌淳, 1974,「里鄕見聞錄」,『里鄕見聞錄』, 亞細亞文化社.
11 劉在建, 1974,「里鄕見聞錄序」,『里鄕見聞錄』, 亞細亞文化社.

金正浩自號古山子 果多巧藝 癖於輿地之學 博
巧廣蒐 嘗作地球圖 又作大東輿地圖 能畫能刻
印布于世 詳細精密古今無比, 予得一本 誠爲
可寶 又輯東國輿地攷十卷 未及脫藁而沒 甚可
惜也[12]

〈그림 2-2〉『이향견문록』 규장각 소장
(서울대학교 규장각)

김정호는 고산자라고 스스로 호를 정하였다. 평소에도 재주가 많았고 특히 여지학(輿地學)에 빠져 있었다. 해박하게 고찰하고 널리 자료를 수집하여 일찍이 『지구도』를 제작하였다. 아주 잘 그렸고 잘 판각하여 세상에 널리 유포되었다. 상세하고 정밀함이 고금에 비할 바가 없다. 나도 한 본을 얻었는데 진실로 보배로 여긴다. 또 「동국여지고(東國輿地攷)」 10권을 편집하였는데 미처 탈고하지 못하고 죽었으니 심히 애석한 일이다.

라 적고 있다. 위 기록을 살펴보면 김정호는 고산자라고 자호(自號)하였음을 알 수 있다. 이는 그에게 호를 지어줄 만한 스승도 친구도 없었음을 의미한다. 또 겸산은 고산자가 일찍이 『지구도』를 만들었다고 하였는데 이는 앞에서 검토한대로 최한기가 중간한 『지구도』를 고산자가 만든 것으로 잘못 알고 있다. 그리고 고산자가 『대동여지도』를 만들기 위하여 여러 지도를 널리 수집하여 참고한 사실을 기록하고 있다.[13]

이는 고산자가 『대동여지도』를 만들기 위하여 전국을 두루 답사하였

---

12 劉在建, 1974, 「金古山正浩」, 『里鄕見聞錄』 권8, 亞細亞文化社.

13 劉在建, 앞의 책, " … 癖於 輿地之學 博攷廣蒐 … ".

다는 항설을 다시 한번 생각하게 하는 기록이다. 그 외에 『동국여지고』 10권을 편집하였는데 마치지 못하고 죽게 되었음을 매우 안타깝게 여기고 있다. 『동국여지고』 10권은 『대동지지』를 지칭한 듯 여겨지며 고산자가 이 지리서를 완성하지 못하고 죽었다는 기록은 사실과 부합된다.

지금까지 대부분의 연구자들이 『대동지지』를 15권 또는 32권의 완성된 지리지로 여기고 있지만, 실제로 고려대 도서관에 소장된 『대동지지』를 면밀히 검토해 보면 평안도편의 일부는 그가 저술하지 않았음을 쉽게 알 수 있다. 『대동지지』 권21과 권22는 「고산자 편」이라고 다른 도(道)의 지리지와 같이 표시하였는데 권23과 권24는 「고산자 편」이라는 표시도 없고 그렇다고 다른 표시도 없다. 여기 권23과 권24부터는 『대동지지』의 다른 지역의 편찬체제와 완전히 달라진다.

지금까지는 대부분의 연구자들이 고려대학교에 소장된 『대동지지』 원본을 검토하지 않고 국립중앙도서관에 소장된 『대동지지』 필사본을 영인 간행한 사본만으로 연구하였기 때문에 빚어진 착오들이다.[14] 유겸산이 지적한대로 『대동지지』는 미완인 채 고산자가 세상을 떠났기 때문에 완성되지 못한 지리서이다.

『이향견문록』은 조희룡(趙熙龍)의 서문에 의하면 철종 13년(1862)에 출판된 책이다. 그런데도 고산자가 몰한 것으로 기록되어 있다. 이 내용대로라면 고산자는 철종 13년(1862) 이전에 사망한 셈이다. 그러나 고산자는 고종 1년(1864)에 분명히 『대동여지도』를 재간하였고, 더구나 『대동지지』의 내용을 살펴볼 때 고종이 민비(閔妃)를 맞아 대혼(大婚)한 사실까지 기록되어 있다. 이는 고산자가 적어도 고종 3년(1866) 3월에 있었던 민비의 대혼 이

---

14 李丙燾, 『靑邱圖 解題』.

후까지 생존해 있었음을 뜻한다.[15]

그러면『이향견문록』과『대동지지』의 어긋나는 부분은 어디서 오는 걸까? 이 문제는 유겸산의『이향견문록』범례를 자세히 음미해 보면 쉽게 풀릴 수 있다.[16] 유겸산은 철종 13년(1862)에『이향견문록』을 일단 완성했지만 그 후에도 특기할 상황이 발생했을 때에는 각 권말에 계속 첨부시키겠다고 밝히고 있기 때문이다. 실제로 고산자의 기록은 제8권 권말에 부기되어 있고, 조희룡이 서문을 쓸 때에는 280여 명이었는데 현존하는『이향견문록』에 의하면 308명으로 28명 정도가 불어난 사실들이 이를 뒷받침 해준다. 이는『이향견문록』이 간행된 책이 아니고 필사본이기 때문에 후에라도 덧붙여 기록할 수 있는 것이다.

3) 최한기(崔漢綺)와 김정호

(1) 최한기의 생애

최한기는 순조 3년(1803)에 태어나서 고종 18년(1879)에 죽었다. 본관은 삭녕이고, 자는 지로(芝老)이며, 호는 혜강(惠岡)·패동(浿東)이고, 명남루(明南樓)·기화당(氣和堂)·태연재(泰然齋) 등의 당호도 있다. 아버지는 최치현(崔致鉉)이며, 어머니는 청주 한씨 한경리(韓敬履)의 딸이다.

여러 대를 개성에서 세거(世居)하여 온 것으로 미루어 최한기의 출생지도 개성인 것 같다. 최한기는 어려서 매우 총명하였다고 하며 어릴 때의 이름은 성득(聖得)이었다.

최한기는 삭녕 최씨이나 최항의 혈손은 아니다. 다만 사회적 지위의

---

15 李相泰, 1988,「金正浩의 三大誌志 研究」,『孫寶基博士 停年退任紀念論文集』, pp. 544~545.

16 劉在建,「里鄕見聞錄義例」앞의 책, " … 嗣後若有所得者 則續載於各篇 … ".

상승을 위하여 최한기의 선대가 최항의 후손으로 입록(入錄)됨에 따라 그는 최항의 양후손(養後孫)이 되었다.

최한기의 가문은 10대조인 최옥(崔玉)부터 묘가 개성에 있는 것으로 미루어 여러 대에 걸쳐 개성에 거주한 것 같다. 최한기의 가문은 고조로부터 12대 조부 최인원에 이르기까지 8대에 걸쳐 문무 합격자는 물론 생원·진사 합격자를 한사람도 배출하지 못한 본래 한미한 양인(良人) 가문이었다.

그러다가 최한기의 가문은 고조부 최문징(崔文徵)대에 이르러 가세(家勢)가 나아졌다. 최문징은 효행과 학행으로 동몽교관(童蒙敎官)에 증직되었다. 그는 슬하에 2남 4녀를 두었는데 장자 최지숭(崔之嵩, 1710~1765)이 최한기의 증조부이고, 그가 무과에 급제함으로써 비로소 최한기 가문은 양반의 반열에 속하게 되었다.[17]

최지숭은 세 번 결혼하였는데, 첫째 부인은 완산 이씨이고, 두 번째가 남양 홍씨이며, 세 번째가 인동 장씨이다. 첫째 부인 이씨 몸에서 최한기의 양조(養祖) 최배관(崔配觀)이 태어났고, 셋째 부인 장씨에게서 최한기의 조부인 최재교(崔載敎)가 태어났다. 최배관은 외아들 최광현을 낳았는데 그는 무과에 합격하였다. 그러나 딸만 있고 아들이 없었으므로 최한기는 최재교의 아들 최치현의 외아들이었지만 출계하여 최지숭의 집으로 양자를 가게 된다.

최한기의 생부 최치현은 1800년에 청주 한씨 한경리의 딸과 혼인하였다. 그는 한경리와 장인과 사위로서의 정 뿐만이 아니라 주야로 서로 의지하여 부자간의 정의로 지냈다. 최치현은 과거에 여러 번 응시하였지

---

17 權五榮, 1999, 『최한기의 학문과 사상 연구』, 집문당, pp 25~47.

만 불합격되었고, 최한기가 10세 되던 해에 27세의 젊은 나이로 죽었다. 최한기는 아버지가 죽기 전에 이미 최광현에게 입양되어 있었다.

최한기의 아버지 최치현으로 볼 때는 최한기의 가문이 양반이라고 할 수 없다. 그렇지만 증조부 최지승이 무과에 급제하여 하층 양반이 되었고, 최한기가 1825년에 생원에 급제하며 아들 최병대(崔柄大)가 1862년에 문과에 급제함으로서 비로소 상층 양반으로 신분 상승을 이룰 수 있었다.

최한기는 김정호와 가장 친하게 지냈고, 이규경·정기원(鄭岐源)과 교유하였다. 최한기와 김정호가 젊은 시절에 만나 각기 천문과 지리에 관한 연구를 하기로 맹세하고 그 목적 달성을 위하여 매진하여, 김정호가 국내 지리를 맡고 최한기가 세계 지리를 맡아 각각 편찬하였을 것이다.

이규경은 최한기를 높이 평가하여 최한기는 "역사·예학과 율력·산수·천문 등에 관한 글을 저술하였고 널리 모으고 분류별로 고증하였으며 기억력이 좋고 두루 배우니 속사(俗士)에 견줄 수 없다"고 하였다.

최한기는 평소 정기원(1809~1886)과 잘 지낸 사이였다. 정기원은 1834년에 무과에 급제하여 진무사·총융사·형조판서·훈련원사·오위도총부 도총관 등을 두루 역임한 무관이었다. 연령으로 보면 최한기가 7년 위였으나 최한기는 생원이 된 뒤 재야학자로 평생을 보냈지만 정기원은 무과에 급제하여 무관의 길을 걸었다. 최한기가 무관과 가깝게 지낸 것은 최한기의 집안이 무과 집안이기 때문에 자연스러운 추세였을 것이다.

정기원은 1871년에 신미양요 때 강화진무사로 있으면서 최한기에게 자주 참모를 보내어 미국 배의 침입을 격퇴할 방책을 자문하였다. 이것은 최한기가 재야학자로 지내고 있지만 그 당시까지도 시사문제에 상당한

식견을 가지고 있었다는 것을 암시해 준다.[18]

최한기의 학문세계는 유교적 전통에서는 극히 드물게 강한 경험주의를 바탕으로 하고 있다. 심지어, 맹자가 인간의 본유적(本有的)인 것이라고 규정한 인의예지조차 경험으로 얻게 되는 습성에 불과하다고 주장한다. 그에 의하면, 인간의 모든 앎이란 선천적이 아니라 후천적 경험을 통하여 배워 얻어지는 것이다. 또, 경험이란 경험의 주체인 인간의 마음과 경험의 대상, 그리고 이들 둘을 맺어주는 감각기관이 있어야 가능한 것으로 보았다.

천지의 만물은 모두 같은 기(氣)를 받아 서로 다른 질에 따라 서로 다른 신기(神氣)를 갖게 된다고 보았다. 사람마다 신기가 서로 다른 점이 있지만 근본적으로는 공통적인 것이기 때문에 사람들은 서로 이해할 수가 있고, 또, 이런 신기의 만남은 인간과 자연 사이에서도 가능하다고 생각하였다. 이때 한 사람의 신기를 다른 사람이나 다른 것에 통해주는 것이 그의 감각기관이다. 즉, 인간은 눈·코·입·귀 등의 감각을 통해 경험을 쌓음으로써 그의 신기를 더욱 밝혀가게 되는 것이라고 생각했다.

이런 경우, 한가지보다는 둘 또는 그 이상의 감각경험을 통하여 확인된 지식일수록 그 확실성이 높아지며, 이들 감각의 감각경험을 그는 이통(耳通)·목통(目通)·구통(口通)·수통(手通) 등으로 부르고, 보강된 경험을 주통(周通)이라 불렀다.

인간은 경험과 그것이 쌓여진 기억을 바탕으로 자기 생각을 확장하여 갈 수 있다. 이 과정이 추측이다. 귀납법과 연역법을 함께 포함하고 있는 그의 추측법에는 다음과 같은 종류가 있다. ① 기를 바탕으로 이를 추

---

18 權五榮, 1999, 『최한기의 학문과 사상 연구』, 집문당, pp. 47~60.

측하는 것[推氣測理], ② 정의 나타남을 미루어 성을 알아내는 것[推情測性], ③ 움직임을 보고 그 정지상태를 알아내는 것[推動測靜], ④ 자기자신을 미루어 남을 알아보는 것[推己測人], ⑤ 물을 바탕으로 일을 짐작하여 아는 것[推物測事] 등이다.

그의 경험론적 방법론이 얼마나 서양의 영향을 받아 성립된 것인지는 아직 분명하지 않다. 그러나 그는 서양의 역산(曆算)과 기학(氣學)을 크게 중요시하면서 서양의 과학기술 도입에 적극적이었다. 그의 학문방법을 설명한 『추측록(推測錄)』·『신기통(神氣通)』이 이미 많은 서양과학의 예를 들어 그의 논지를 펴고 있을 뿐 아니라, 그 뒤의 저술이 모두 서양학문을 소개하려는 노력으로 일관되어 있다.

우선, 1857년의 『지구전요(地球典要)』에서 최한기는 세계 각국의 지리·역사·물산·학문 등을 상세히 소개하고 있는데, 이것은 이미 중국에서 나온 위원(魏源)의 『해국도지(海國圖志)』와 서계모(徐繼畬)의 『영환지략(瀛環志略)』을 바탕으로 요약한 것이다.

지구의 자전과 공전을 내세운 코페르니쿠스의 지동설을 비롯하여 적지 않은 서양과학의 내용도 여기에 포함되어 있다. 서양천문학에 관하여서는 1867년에 간행된 『성기운화(星氣運化)』가 있는데, 이는 영국의 유명한 천문학자 허셸(Herschel, William)이 쓴 중국 번역본 『담천(談天)』을 번안해 놓은 것이다.

그는 특히 서양의학의 소개에 뚜렷한 업적을 남겼다. 1866년에 지은 그의 『신기천험(身機踐驗)』은 인체를 신기가 운화(運化)하는 기계 같은 것으로 보고 서양의학의 대강을 소개한 것이다. 동양의학에 비하여 해부학이 크게 앞서 있고 병리학도 더 발달되어 있다고 지적한 그의 『신기천험』은 영국의 선교사 겸 의사인 홉슨(Benjamin Hobson, 중국 이름 合信)의 서양의학서적을

'편수'하여 만든 것이다.[19]

(2) 최한기와 김정호

혜강 최한기는 고산자와 생장년대가 비슷하였으며[20] 평생의 동지였다. 혜강은 양반 출신이고, 고산자는 중인 출신임에도 불구하고 반상(班常)을 초월하여 친우로서 교류하였다. 더구나 최한기는 이규경·최성환 등과 교류하면서 이들에게 고산자를 소개시켜 준 중개인 역할도 한 듯하다. 그러나 유감스럽게도 최한기의 방대한 저서들이 대부분 상실되었기 때문에 최한기가 고산자에 대해서 직접 언급한 사료는 없고, 다만 『추측록』 제6권 지지학(地志學)[21]을 통하여 혜강의 지리지와 지도에 대한 인식과 고산자가 제작한 『청구도』 서문에 의하여 두 사람의 관계를 짐작할 뿐이다.

최한기는 지리지라는 것은 풍토와 산물 및 고금의 사실을 기록한 것이고 지도라는 것은 군국의 경계와 크고 작은 면적을 본 따서 그린 것이라고 생각하였다. 그러므로 지도와 지리지는 정치·경제·군사 면에 절대 필요하고 수령의 통치할 때나 심지어는 서민이 명승지를 단장하고 전장을 배포하며 산물을 교역하여 유무를 상통하는 것도 지도와 지리지에 있다고 하였다.

그는 인간세상의 이른바 경륜과 사업은 토지를 떠나서 손쓸 곳이 없고 지도와 지리지를 버리고서는 지리를 알 수 없으며 지리지를 읽어 익숙하게 궁구하면 이해의 근원을 증험할 수 있고, 지도를 상고하여 지시하면 심신이 멀리서도 밝게 통찰할 수 있으며 일을 착수할 때의 완급이나

---

19 朴星來, 1991, 「최한기」, 『한국민족문화백과사전』, 한국정신문화연구원.
20 李佑成, 1971, 「明南樓叢書 解題」, 『明南樓叢書』, 景仁文化社.
21 崔漢綺, 「地志學」, 『氣測體義第二輯 推測錄』 권6.

때에 맞는 취사도 모두 지도와 지리지에서 나온다고 생각하였다. 그러므로 지도와 지리지를 잘 만들어 세계가 통할 수 있어야 하는데 실제 견문한 것이 아니며 또 번역하는 사람이 잘못이 있기 때문에 각국의 총명하고 뜻있는 사람이 각각 그 나라의 지도와 지지를 밝히되 허망한 것은 제거하고 실적만을 보존하였다가 후일에 종합하여 대성하기를 기다리면 어찌 아름다운 혜택을 후대에 베푸는 것이 아니겠느냐고 반문하였다.

이와 같이 지도와 지지를 중시하는 혜강은 자신이 『지구전요(地球典要)』라는 세계지리서를 편찬하였으며 중국 청나라 장정부가 제작한 『만국경위지구도』를 고산자의 도움으로 순조 34년(1834)에 판각 중간하기도 하였다.[22] 오주의 기록에 의하면 최한기는 상당한 장서를 갖고 있었으며[23] 특히 중국을 통하여 수입한 서양서적도 많았다. 그렇기 때문에 그는 상당히 시야가 넓었다.

그는 평생 고산자의 후원자였다. 고산자가 순조 34년(1834)에 끝마친 『청구도』에 그는 기꺼이 서문을 써주었다. 반상의 구분이 뚜렷한 봉건사회에서 중인 출신인 고산자에게 친우라는 표현을 쓰면서 서문을 써주는 일은 쉽지 않았을 것이다.

최한기가 쓴 「청구도제」에 의하면,

여지도를 통하여 초야의 선비들이 습득하여서 한 지방을 헤아리고 조정의 관리들이 상고하여 사방을 경영하는데 산천의 험하고 평탄함과 풍토의 다르고 같음이 환하게 눈앞에 드러나게 할 것이니 어찌 단청이 교착하고 산

---

22 주 5와 같음.
23 李圭景, 「中原新出奇書辨證說」 앞의 책 上, p. 576.

천이 은영하여 황홀하게 잠시 마음을 즐겁게 함을 취 하리요. 친우 김정호는 소년시절부터 깊이 도지(圖志)에 뜻을 두고 오랫동안 자료를 찾아서 지도 만드는 모든 방법의 장단을 자세히 살피며 매양 한가한 때에 연구 토론하여 간편한 비람식(比覽式)을 구해 얻어 줄을 그어 그렸으나 … (중략) … 차례로 따라 펴보면 완연한 한 폭의 전도요. 접어서 책을 만들매 문득 팔도의 진상(眞像)이니 이는 실로 배수(裵秀)의 6체가 후대에 있어 더욱 분명하고 양천(楊泉)의 십형(十形)이 어찌 전세(前世)에서만 홀로 아름다우랴.

라고 하여 최한기는 고산자를 친우라고 표현하였으며 고산자가 전국을 두루 섭렵하고 실측에 의하여 『청구도』를 작성한 것이 아니라 오랫동안 여러 지도를 참고하여 간편한 비람식을 찾아내어 배수의 6체에 의해 『청구도』를 그렸음을 밝히고 있다.[24]

최한기는 오주와도 교류하였으며 이규경과 최성환, 최성환과 고산자 등을 연결하는 고리 역할을 하였다고 추정된다.[25]

4) 신헌(申櫶)과 김정호

(1) 신헌의 생애

신헌은 순조 10년(1810)에 태어나서 고종 21년(1884)에 죽었다. 본관은 평산이고, 초명은 관호(觀浩)이며, 자는 국빈(國賓)이고 호는 위당(威堂)·금당(琴堂)·우석(于石) 등이 있다. 훈련대장 신홍주(申鴻周)의 손자이고, 부사 신의직(申義直)의 아들이다. 전형적인 무관가문에서 태어났다.

---

24 崔漢綺, 「靑邱圖 題言」.
25 최한기는 최성환이 편찬 발행한 『士小節』을 이규경에게 보내주는 등 최성환과 이규경이 교류하도록 간접 역할을 하였다.

어려서 당대의 석학이며 실학자인 정약용·김정희 문하에서 다양한 실사구시적인 학문을 수학하였다. 그리하여 무관이면서도 독특한 학문적 소양을 쌓아 유장(儒將)이라 불리기도 하였다. 또 개화파 인물들인 강위(姜瑋)·박규수(朴珪壽) 등과 폭넓게 교유하여 현실에 밝은 식견을 가질 수가 있었다.

정약용의 민간자위전법인 민보방위론을 계승, 발전시켜 『민보집설(民堡輯說)』·『융서촬요(戎書撮要)』 등과 같은 병서를 저술, 자신의 국방론을 집대성시켰다. 김정희로부터 금석학·시도(詩道)·서예 등을 배워 현재에는 전하지는 않지만 『금석원류휘집(金石源流彙集)』이라는 금석학 관계 저술을 남기기도 하였다. 예서(隷書)에 특히 조예가 깊었다.

지리학에도 관심이 높아 김정호의 『대동여지도』 제작에 조력했을 뿐 아니라, 자신이 직접 『유산필기(酉山筆記)』라는 역사지리서를 편찬하기도 하였다. 헌종 9년(1843) 전라도우수사로 재임하던[26] 시절에 해남 대둔사의 초의선사(草衣禪師)와 교유하면서 불교와 다도(茶道)에도 상당한 관심을 두었다. 이 밖에 농법에도 관심을 가져 『농축회통(農蓄會通)』이라는 농서를 저술하기도 하였다.

순조 27년(1827) 할아버지 신홍주의 후광을 업고 별군직(別軍職)에 차출되고, 이듬해 무과에 급제, 훈련원의 주부에 임명되면서 본격적으로 관직 활동을 시작하였다. 이후 순조·헌종·철종·고종조에 걸쳐 중요 무반직을 두루 역임하였다.

헌종 때에는 왕의 신임을 받아 중화부사·전라우도수군절도사·봉산

---

26 『憲宗實錄』卷10, 9年 11月 5日 癸酉, (48)497.

군수·전라도병마절도사[27] 등을 거쳐 헌종 15년(1849)에는 금위대장[28]에 까지 올랐다. 그러나 같은 해 7월 헌종이 급서하고 철종이 등극하자 안동 김씨 일파에게 배척받아 한동안 정계에서 물러나 있었다.

헌종이 위독할 때 사사로이 의원을 데리고 들어가 진찰했다는 죄목으로 철종 즉위년(1849)에 전라도 녹도에 유배되었다.[29] 철종 4년(1853)에 감형되어 무주로 이배(移配)되었다가[30] 철종의 배려로 철종 8년(1857)에 풀려났다.[31]

철종 12년(1861)에는 삼도수군통제사가 되었고,[32] 이어 형조판서[33]·한성부 판윤·공조 판서·우포도 대장 등을 두루 지냈다. 고종 초기에도 대원군의 신임을 받아 형조·병조·공조판서를 역임하였다.

고종 3년(1866)의 병인양요 때에는 총융사(摠戎使)로 강화의 염창(鹽倉)을 수비하였다. 난이 끝난 다음 좌참찬 겸 훈련대장에 임명되고 수뢰포를 제작한 공으로 가자(加資)되어 숭록대부에 올랐다.

그 뒤 어영대장·지행삼군부사(知行三軍府事)·판의금부사 등을 거쳐 고종 11년(1874)에는 진무사(鎭撫使)에 임명되었다. 이 때 강화도의 전략적 중요성을 인식, 연해의 요해지인 광성·덕진·초지 3진(鎭)에 포대를 구축해, 외적의 침입에 대비하였다.

운양호사건 이듬해인 고종 13년(1876)에는 판중추부사로 병중이었음에도 불구하고 전권대관(全權大官)에 임명되어 강화도에서 일본의 전권대신

---

27 『憲宗實錄』卷15, 14年 2月 4日 戊申, 48(529).

28 『憲宗實錄』卷16, 15年 1月 17日 丙戌, 48(535).

29 『哲宗實錄』卷1, 卽位年 7月 15日 庚戌, 48(550).

30 『哲宗實錄』卷6, 5年 1月 9日 己酉, 48(585).

31 『哲宗實錄』卷9, 8年 1月 4日 丁巳, 48(610).

32 『哲宗實錄』卷13, 12年 1月 12日 辛丑, 48(642).

33 『哲宗實錄』卷14, 13年 12月 29日 丙午, 48(658).

인 구로다(黑田淸隆)와 협상을 벌여 강화도 조약을 체결, 조선의 개항에 중요한 임무를 수행하였다. 이때의 협상 전말을 『심행일기(沈行日記)』라는 기록으로 남겼다.

고종 15년(1878)에는 병으로 총융사를 사직하고 한동안 노량진에 있는 은휴정(恩休亭)에서 요양하기도 하였다. 고종 19년(1882)에는 경리통리기무아문사(經理統理機務衙門事)로 역시 전권대관이 되어 미국의 슈펠트(Shufeldt, R.W.)와 조미수호조약을 체결하였다.[34]

(2) 신헌과 김정호

신헌은 대원군 집정시기에 병조판서와 훈련대장 등을 역임하면서 국방력의 강화를 위하여 노력하였던 무관이다.[35] 그는 순조 11년(1811)에 태어났으므로 최한기나 김정호보다는 나이가 적었으나 최성환보다는 2년 먼저 태어났다. 그는 순조 28년(1828) 무과에 급제하여 여러 무관직을 역임한 후 헌종 15년(1849)에 금위대장이 되었다. 그 후 철종 13년(1862)에는 형조판서를 역임하였다.[36]

그의 문집이 『신대장군집(申大將軍集)』인데, 그 안에 금당초고(琴堂初稿)가 있고 그 속에 수록된 『대동방여도』 서문에 의하면 아래와 같이 적고 있다.[37]

이 땅에 지도가 있은 지는 오래 되었다. 풍후가 지도를 받아서 중국 9주에 비로소 반포하였다. 주례에는 대사도 이하 직방·사서·사험들이 지도로

---

34 尹炳奭, 1991, 「신헌」, 『한국민족문화백과사전』, 한국정신문화원.

35 朴贊殖, 1987, 「申櫶의 國防論」, 西江大 碩士學位論文.

36 『哲宗實錄』 권14, 철종 13년 12월 丙午.

37 申櫶, 「大東方輿圖序」((申大將軍集)『琴堂初稿』, 奎古, 3428-339).

서 각지의 명물을 올바로 분별하였으며, 전국시대의 소진·감무의 무리들은 모두 지도에 의해 천하의 험하고 평탄한 것을 말하였다.

소하는 관문에 들어가서 먼저 지도와 서적을 거두었으며 등우·마원 등이 형승을 말하였는데 지도가 없이는 불가능한 것이 분명하다.

나는 일찍이 우리나라 지도에 깊은 관심을 갖고 있었으며 비변사나 규장각에 소장되어 있는 지도나 고가(古家)에 좀 먹다 남은 지도 등을 광범위하게 수집하여 여러 지도를 서로 대조하고 여러 지리지 등을 참고하여 하나의 완벽한 지도를 만들려고 시도하였다. 나는 이 작업을 김군 백원(百源)에게 위촉하여 완성하였다. 손가락으로 가리키고 입으로 전하기를 수 십 년 걸려서 비로소 한부를 완성하였는데 23규(糾)이다. 분합을 마음대로 할 수 있어서 심히 편하다. 산맥이나 강줄기가 의심나는 바가 없다. 명산 줄기의 특치·병치·연치·첩치와 강줄기의 회류·분류·병류·절류를 구분할 수 있다.

군현 방리의 경계나 도리의 거리를 재는 것, 그리고 우역·진보·성첩·창고·사찰·봉수·해관·산고개 등 빠진 것이 없다.

분율로 넓이를 헤아릴 수 있고 준망으로 이곳과 저곳의 멀고 가까움을 바르게 할 수 있다. 도리는 이쪽과 저쪽의 거리를 정하는 것이고, 고하, 방사, 우직을 모두 살필 수 있다.

대저 재상이 나라를 다스리는 데는 변방 요새의 유리하고 불리한 곳과 전쟁에 대한 마땅한 조치가 있어야 한다. 모든 관원과 여러 부서에서는 백성과 사물을 함께 다스리는 데 있어 재물과 세금이 나오는 곳과 국방과 나랏일의 바탕이 여기에 있지 않은가?

방백과 수령은 백성과 사직을 맡았으므로 강역의 반착과 산과 못의 우거지고 숨겨진 곳, 그리고 농사짓고 누에치고, 강물과 지하수, 백성의 실정

과 풍속을 다스리는 것이 여기에 있지 않은가? 백성이 왕래하고 여행하는
데 수로나 육로의 험하고 평탄함에 나아가고 피하는 내용이 여기에 있지
않은가? 이것은 나라를 다스리는 데 반드시 필요한 자산이다.

손자가 말하기를 산과 숲의 험하고 막힌 것과 늪과 못의 형세를 알지 못
하는 사람은 행군을 할 수 없으며, 향도를 쓰지 아니하는 사람은 지세의
이로움을 얻을 수 없다.

만약 그 큰 대강을 판별하지 못하고 그 곁가지를 알아두지 않고서 임시로
향도에게 믿음을 취하고저 하면 어떻게 적이 어리석게 여기는 바가 되지
않겠는가?

그러므로 요새가 되는 곳을 구별할 줄 알고 느리고 급한 기미를 살피며,
기습 공격하는 것과 정면 공격하는 것이 가슴 속에서 결정되고 죽고 사는
것이 손바닥 위에서 변하게 되니 지세의 이로움에 의지하여 임기응변하
는 것이다.

황제 순우는 성인이시지만 일찍이 무기를 사용하였다. 주역에 이르기를
평안한 때 위급함을 잊지 말라는 것은 이미 잘 다스리고 있는 것을 소홀
히 하지 말라는 것이다.

나는 잘 다스려지는 세상의 무인이지만 일생동안 여기에 마음 쓰이고 간
절하다. 나 또한 무엇을 의미 하는가?

신헌은 무관이기 때문에 정확한 지도 제작에 남다른 관심을 갖고 있
었다. 그의 이러한 관심과 지도 제작에 남다른 열정을 갖고 있는 고산자
와의 만남이 어떻게 이루어졌는지는 알 수 없다.

최한기와 정기원의 주선이 있었을 것이다. 그러나 현재에도 규장각

〈그림 2-4〉 『대동방여도』 표지(서울대학교 규장각)

에 상당량 남아 있는 비변사의 지도들,[38] 이 지도들은 방안도법에 의한 경위선식 지도로서 대단히 정확성을 기한 지도들이다.

이 지도들을 고산자에게 열람할 수 있도록 조처해 주고 또 지도 제작을 적극 후원해준 인물이 바로 신헌이다. 고산자의 지도가 정확성을 기할 수 있었던 것은 이와 같이 국가의 기밀지도까지 이용할 수 있었기 때문에 가능하였다. 위 글에서 알 수 있는 또 하나의 사실은 고산자가 팔도를 두루 섭렵한 것이 아니라 여러 가지 지도 등을 광범위하게 수집하여 대조해가면서 완벽한 지도를 제작했음을 알 수 있다.[39]

5) 최성환(崔瑆煥)과 김정호

(1) 최성환의 생애

최성환의 본관은 충주이고, 자는 성옥(星玉)이며 호는 어시재(於是齋)이다. 그는 순조 13년(1813)에 첨지중추부사겸 오위장을 지낸 최광식(崔匡植)과 강릉 최씨 사이에 둘째 아들로 태어나 고종 28년(1891)에 79세로 일생을 마쳤다.

그의 고향은 양주였으나 대부분의 생활을 서울에서 보냈으며, 서울

---

38 奎章閣에는 備邊司印이 찍힌 古地圖와 국가에서 제작한 古地圖가 상당량 소장되어 있으며 거의 대부분이 方眼圖法에 의해서 그려져 있다.

39 申櫶, 앞의 글, "余嘗有意於我東輿圖 如籌司奎閣之藏 古家蟫蠹之餘 廣蒐而證定參互群本 援據諸書 合以裒輯 因謀諸金君百源 屬而成之".

중부 허병문계(지금의 신한은행 본점 부근)에서 살았다. 이곳은 주지하다시피 중인들이 주로 사는 곳이었고 개화의 선구자였던 유대치 등이 살았던 곳이다. 그가 벼슬을 그만 둔 뒤에는 한동안 고향인 양주로 낙향하였으나, 말년에는 현재의 충북 청주시 강내면 다락리로 이주하여 생활하다가 그곳에서 죽었다. 다락리에는 그의 무덤이 남아 있으며, 그의 직계 후손들이 살고 있다.

최성환의 신분은 중인이다. 그것은 그의 형과 동생을 위시하여 가까운 집안에 많은 잡과 급제자가 있다는 사실을 통하여 짐작할 수 있다. 최성환의 조부인 최윤상(崔潤祥)의 자손 중에는 잡과 급제자가 15명이나 된다. 이러한 중인의 전통은 최성환의 7대조인 최예남(崔禮男) 때부터 확립된 것 같다. 그 후에는 잡과 합격자보다 무과 합격자가 더 많았다. 6대조인 최준걸(崔俊傑)과 5대조인 최무백(崔茂栢)이 모두 무과 급제자이다.

조상들의 이러한 배경을 바탕으로 최성환의 조부 최윤상은 동지중추부사라는 높은 무관직에 오를 수 있었으며, 아버지 최광식도 무과에 급제한 후 첨지중추부사의 무관직을 지닐 수 있었다. 최성환 자신도 형과 동생이 잡과에 급제한 것과는 달리 무과에 급제하여 무관직만을 역임한 무인(武人)이다.[40]

최성환은 헌종 4년(1838)에 그의 나이 26세에 무과에 급제하였다. 그러나 그는 곧바로 관직에 임명되지 못했고, 무과에 급제한지 5년이 지난 헌종 9년(1843)에야 정9품인 효력부위수문장에 초임(初任)되었다. 그 후 2년 뒤인 헌종 11년(1845)에는 선략장군겸선전관에 임명되었다. 이는 2년 만에 품계에서는 정9품에서 종4품으로, 보직에서는 수문장에서 선전관으로

---

40 白賢淑, 1984, 「崔瑆煥의 顧問備略 解題」 『顧問備略』, 西江大 人文科學硏究所.

승진하였다. 그 후 품계는 더 이상 오르지 못하고 보직만 훈련원 주부·판관·중추부 도사 등을 맡았다. 중추부 도사에 임명된 지 2년 후인 철종 5년(1854)에 벼슬을 그만 두고 물러나게 된다. 이것은 그가 관계에 들어간 지 꼭 12년만의 일로 그의 나이 42세이었다. 그 후 그는 많은 편저서(編著書)를 남기게 된다. 그의 저작물은 시집류로는 『성령집』·『동국아집』·『하원시초』가 있고, 교화서로는 『사소절』·『효경대의』가 있으며, 지리서로는 김정호와 같이 편찬한 『여도비지』가 있고, 그의 사상을 잘 알 수 있는 저서가 경세서인 『고문비략(顧問備略)』이 있다.

(2) 최성환과 김정호

최성환과 김정호의 관계를 알 수 있는 기록은 별로 없다. 그러나 두 사람이 공동으로 편찬한 『여도비지』[41]를 통하여 살펴 볼 때 두 사람은 상당한 교분관계를 가졌을 것으로 추측된다.

『여도비지』를 살펴보면 편자가 '예성 최성환 성옥보 휘집(蘂城 崔瑆煥 星玉甫 彙輯), 오산 김정호 백원보 도편(鰲山 金正浩 伯元甫 圖編)'이라고 표시되어 있다. 이는 최성환이 충주 최씨이고, 김정호가 청도 김씨라고 밝혀주는 귀중한 기록이다. 아마도 김정호가 편찬했던 『동여도지』2를 근거로 최성환이 편집하고 김정호가 지도를 첨부하여 편찬한 듯하다.

『여도비지』는 20책으로 1책이 1권씩 20권으로 되어 있으며 『동여도지』에는 평안도편이 빠져 있는데 비해 『여도비지』에는 모두 갖추어져 있다. 『여도비지』의 편찬은 최성환의 물심양면에 걸친 후원이 있었고 김정호가 『청구도』를 완성한 후 계속 보완해 온 『동여도지』2의 보완 부분을

---

41 金正浩·崔瑆煥, 『輿圖備志』(國立, 古 0233-3).

정서(整書)한 지지일 것이다.[42]

이 지지의 편찬 시기는 『여도비지』
제1책 경도 묘전(廟典)조의 헌종을 종묘
에 모신 기록[43]과 동 궁묘조의 은언군묘
와 전계대원군묘를 '주상전하가 기유년
에 세우다(主上殿下 己酉建)'[44]라는 기록에서 찾
을 수 있다. 헌종은 철종 2년(1851)에 종묘
에 부묘되었고,[45] 은언군은 철종의 조부
이고 전계대원군은 철종의 생부이다. 그
러므로 이 기사에서 말하는 주상은 철종
을 가리키며 기유년은 철종 즉위년(1849)

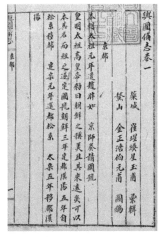

〈그림 2-5〉 『여도비지』 1권 (국립중앙도
서관)

에 해당된다. 이러한 사실로 미루어볼 때 『여도비지』는 철종의 재위 년인
1849~1864년 사이에 편찬되었다고 추정할 수 있다.

이 책의 내용을 좀 더 구체적으로 검토하면 순조의 묘호를 모두 순
종(純宗)으로 표기하고 있는데 이 묘호는 철종 8년(1857) 지돈녕 이학수의 상
소에 따라 조공종덕(祖功宗德)의 원칙에 입각하여 순조(純祖)로 바뀌게 된다.[46]
그러므로 『여도비지』의 편찬시기는 철종 8년(1857)을 넘지 않을 것이다.
또 하나의 중요한 단서는 순조능인 인릉의 천봉(遷奉) 기사이다. 인릉은 처
음 교하현에 봉안되었다가 철종 7년(1856) 2월에 양주 헌릉 우측으로 천봉

---

42 『東輿圖志』에는 欄外에 添記한 내용들이 『輿圖備志』에는 本文으로 整書되어 있다.

43 『輿圖備志』권1, 京都 廟典.

44 『輿圖備志』권1, 京都 宮廟.

45 『哲宗實錄』권3, 철종 2년 4월 庚申, (48)561.

46 『哲宗實錄』권9, 철종 8년 8월 丁巳, (48)615.

이 결정되었고, 그 해 9월에 천봉이 시작되어 10월에 완료되었다.[47] 그런데 『여도비지』에는 인릉의 위치를 교하현으로 표기하고 있다. 이로 볼 때 『여도비지』의 편찬 하한선은 철종 7년(1856)을 넘지 않을 것으로 보인다.

편찬 상한선을 살펴보면 헌종을 종묘에 부묘하고 그의 어진(御眞)을 태묘전과 선원전에 각각 봉안한 것이 철종 2년(1851)인데 이 기사들이 『여도비지』에 기록되어 있으므로[48] 상한선은 이 해를 올라가지 않을 것이다. 그렇다면 『여도비지』의 편찬시기는 철종 2년(1851)부터 철종 7년(1856)까지의 6년 사이에 편찬되었다고 생각된다.

그러나 『여도비지』가 『동여도지』2를 저본으로 김정호의 보완 내용을 정서한 것이므로 6년이란 긴 세월이 소요되었으리라고는 생각되지 않는다. 현재 국립도서관에 소장되어 있는 『여도비지』는 이를 반영하듯 『동여도지』와는 달리 매우 깨끗하게 정서된 점이 이 사실을 뒷받침해 준다. 그러나 현재까지는 더 이상 『여도비지』의 편찬시기를 좁힐 수 없다.

『여도비지』는 경도(京都) 및 팔도에 관한 지리지인데, 최성환이 휘집하고 김정호가 도편하였다.[49] 이 책은 총 20책으로 구성되어 있는데 5책이 결본이고 현재는 15책만 국립중앙도서관에 필사본으로 전해 온다.

『여도비지』의 편목을 살펴보면 『동여도지』와 마찬가지로 먼저 각 도의 첫머리에는 도세(道勢)를 자세하고 일목요연하게 도표를 첨부하여 소개하고 있다. 즉, 각 도의 건치연혁·순영·진관·병영·방영·호구·전부·강역표·극고표·방위표·군전적표·도리표 등을 상세히 기록하고 있다. 이는 『동여도지』 42개 문목보다 훨씬 적은 12개의 문목이지만 내용은 훨씬

---

47 『仁陵遷奉時禮房謄錄』(奎 12939).

48 『哲宗實錄』 권3, 철종 2년 4월 庚申, (48)561.

49 『輿圖備志』 每卷頭에 '蕙城 崔瑆煥 彙輯, 鰲山 金正浩 圖編'이라고 倂記되어 있다.

풍부하고 또 12개의 문목이 모두 철저하게 지도 제작에 필요하도록 작성된 점이 특이하다. 이 중에도 강역표, 극고표, 방위표, 도리표 등은 전적으로 지도 제작을 위하여 작성된 항목인 셈이다. 이런 점들로 미루어 보아 김정호는 이 『여도비지』를 『동여도』의 시방서로 편찬한 것으로 추정할 수 있다.

각 주현의 편목은 건치연혁·궁실·방면·고읍·산천·형승·풍속·토산·제언·창고·장시·성지·전략·역도·영로·교량·진도·원점·사전·재용·목장·봉수 등 20여 개의 항목으로 되어 있다. 그러나 각 도의 첫머리에서 도내의 호구·전부(田賦)·강역·극고(極高)·방위·양전(量田)·도리(道里) 등을 도표로 처리하고 있으므로 『여도비지』의 편목은 『동여도지』의 편목과 큰 차이가 없는 셈이다. 다만 지도 제작을 위한 시방서로서 좀 더 치밀하게 편찬되었다는 점을 차이로 들 수 있다.

또 『여도비지』에서는 『신증동국여지승람』과 마찬가지로 유사 항목은 통합하여 한 항목으로 묶었다. 즉 건치 항에는 연혁·읍호·관원·방면을, 산천 항에는 산류·수류·도서·형승을, 식화 항에는 토산·수리·재용·창고·장시를, 무비 항에는 성지·고성·영아·진보·고수·전략을, 도리 항에는 역도·영로·진도·원점을, 사전 항에는 단유·묘전·사원·서원 등을 통합 표기하고 있다. 인물·풍속항 등 지도 제작에 불필요한 항목들은 철저하게 생략하였다. 이렇게 유사항목들을 한 항목으로 묶은 것은 최성환의 영향 때문이었을 것으로 짐작된다. 그는 여러 종류의 책을 편찬한 경험이 풍부하기 때문에 편찬체제를 짜는 데 영향을 미쳤을 것이다.[50]

50 白賢淑, 앞의 글.

제2절 김정호 사후의 평가

1)《동아일보》에 게재된 김정호

《동아일보》에는 1925년 10월 8일과 10월 9일 이틀 사이에 집필자를 알 수 없지만 '고산자를 생각함'이라는 기사가 있고 1931년 3월 9일과 3월 16일에는 '고산자의 대동여지도'라는 정인보의 조선고전해제의 글이 있다. 또 1936년 1월 3일 부록에는 '고산자의 지도'라는 이병도의 기사가 있다. 이 중 정인보의 기사는《담원국학산고》에 실려 있는 내용이고 이병도의 기사도 그의 여러 글에서 주장한 고산자론이기 때문에 큰 참고가 안 된다. 그러나 1925년 기사는 고산자에 대한 가장 빠른 기사이며 그 내용이 많은 참고가 된다.

一

'고산자를 생각함'

아직 알리지 아니 하였지마는 알리기만 하면 조선 특히 요즈막 조선에도 그러한 초인초업(超人超業)이 있느냐고 세계가 놀라고 감탄으로 대할 자는 고산자 김정호선생과 및 그『대동여지도』의 대성공이다. 그렇다. 그는 대성공이다. 누구에게든지 보일만하고 언제까지든지 내려갈 위대한 업적이다. 그는 세간에 알려지지 않은 불우한 사람이다. 그러나 김정호 및『대동여지도』는 조선의 국보이다.

二

김정호선생은 고산자란 이름으로 혹시 세상에 알린『대동여지도』의 제작자, 판각자, 또 그에 대한 순사자(殉死者)이니 진정한 의미로의 국보적 인물이다.

혹 황해도라는 밖에 족보도 분명치 아니한 그는 태어나고 죽은 사실과 기타의 전기적 자료가 거의 다 소망(消亡)의 성(城)으로 돌아갔다. 다만 아무것이 다 없어지더라도 그것 하나만 남아 있고 그것이 그의 손끝에서 나온 것 한 가지만 알려졌으면 그로 하여금 조선에서는 물론이요, 필경 세계에까지 영원한 생명의 소유자이기에 넉넉한 『대동여지도』만은 다행히 온전하게 남아있다. 이것은 그의 인격과 정신의 전적 표현이고 이것이 있는 곳에 김정호의 생명은 한결같은 약동으로 만인의 마음을 고동치게 하며 그 위대한 조선심(朝鮮心)은 우리에게 큰 활기를 불러 넣어 준다.

三

그는 그 때 사람들이 꿈도 꾸지 못하는 일을 해냈다. 그는 밀려드는 세계의 풍조 앞에서 조국을 지켜야 한다는 신념으로 자기가 스스로 지도를 작성하리라는 큰 뜻을 세웠다.

그는 정확한 정황을 알기 위하여 팔도의 산천을 샅샅이 답사함을 사양하지 아니 하였으며 진실한 역사를 찾기 위해서는 오랜 세월 동안에 쌓인 서적을 낱낱이 조사하기를 어려워하지 않았다. 이를 위하여 백두산만을 일곱 번 올라갔으며 이를 위하여 수십 년 나그네 질을 하였다. 그만하면 삼천리 산하 형승이 불획(不劃)의 그림으로 눈앞에 널리게 되었을 때에 어떠한 점으로든지 당시의 식견 및 기술의 극치를 보인 조선에서는 전례가 없는 정확한 지도가 한 폭 한 폭씩 그의 손끝으로 조성되어 나왔다. 말하자면 객관적 존재일 따름이던 조선의 국토가 그의 이 작업으로 말미암아 가장 깨끗하고 명확한 모습으로 조선인의 주관적 영유로 바뀌는 것이었다. 그러나 조선은 이를 몰랐으며 조선인은 이를 깨닫지 못하였다. 이 때문에 그의 배가 곯고 옷이 몸에 걸치지 아니하고 생기는 것은 멀쩡한 미친놈이라는 매도뿐이었건 만은 나라를 빛낼 대 사명을 스스로 맡은 그의 뜨거운 손을 걸잡을 것은 아무 것도 있을 수 없었다. 인간의 모든 것, 소유와 욕망 그리고 사랑하는 아내까지를 이 속에 빼앗겼으나 아무것도 아까운 것이 있지 아니 하였다. 오직 하나 남은 혼기를 놓친 딸을 상대로 하여 아는 것은 그림으로, 그런 것은 판각(板刻)으로 차례차례 한 손 끝에서 알파와 오메가를 이루어 나갔다. 북풍설한의 수 십 년이 지나서 마침내『대동여지도』란 위대한 보물이 철종 신유년에 조선의 소반 위에 덩그러니 얹히게 되었다.

四

조선에 지도가 있은 지도 오래고 또 그 발달도 자못 볼만하지만 그러나 과학적 방법으로 측험(測驗)된 지도는『대동여지도』가 효시이다. 이러한 대업을 이룩한 고산자에게 조선인들은 어떻게 대했던가? 재주는 있는데 과거 공부는 안하는 어리석은 놈이라고 욕하던지 가정을 돌보지 아니하고 먹을 것 생기지 않는 일에 골몰하는 미친놈이라고 욕하였다.

심지어 저 재주가 암만해도 서양인에게서 나왔겠다는 혐의는 필경 국가의 중요 정보를 외국인에게 알릴 주동자가 되겠다는 죄목으로 얽어매서 반평생의 정성과 한 집안의 희생으로서 고심하여 만들어졌던 조선에서 특별하고 뛰어나게 만들어진 보배탑인『대동여지도』는 그만 몰이해한 관헌에게 그 판본을 몰수당하고 옥(玉)을 품고 있는 그 작자는 인간의 가장 비참한 운명으로써 그 뜨거운 마음의 불을 끄지 아니치 못하게 되었다.

그러나『대동여지도』만은 그 값을 할 수 밖에 없었다. 그 중에서도 갑오년 일·청의 전쟁이 시작되매 시방 같은 육지측량부의 제도를 가지지 못한 일·청양군은 다 같이 이 지도로서 군용지도로서 사용하니 이 때문에 그 정밀한 구성과 위대한 가치가 비로소 드러나게 되었다. 행인지 불행인지 모르겠지만 작자의 본의가 아닌 외국인의 이용물이 되어 도리어 탈 잡던 그 해의 관헌의 뛰어난 견해를 들어 낸듯함이 이 무슨 패러독스인지 비극이 아닐 수 없다.

五

사람이 혹 고산자를 일본의 이능충경(伊能忠敬)에 비교할지 모른다. 그러나 이능충경은 근대 일본의 위대한 과학자 중이 한 사람임에는 틀림없다. 그렇지만 그는 국가의 정치적·경제적 후원 하에 『일본여지전도』를 만들었지만 고산자는 홀로 그 위대한 『대동여지도』를 만들었으며 전혀 남의 도움이 없었다. 고산자는 생전에는 비참함만 있었을 뿐이요. 사후에도 오히려 외롭고 쓸쓸함이 걷히지 아니하니 아무 것 보다 먼저 동일한 진리의 용사로의 그 민족적 만나고 못 만남에 대하여 한 가지 한탄을 금하지 못할 것이다. 이 사람에 관한 사항이 죄다 없어지니 전도(前途)가 있는가? 없는가?

六

과거에 조선광문회가 조선의 지도에 『대동여지도』가 있음을 알고 애쓴 결과로 그 제작자가 김정호임과 김정호의 비참한 사건의 자취를 약간 조사하여 그 유업을 더욱 빛나게 하는 의미로 22첩 수 백 폭의 도판을 번각 발행하고 남대문 밖 약현(藥峴)의 그 유허에 기념비를 건립하기 위하여 여러 방면으로 힘썼으나 아직 완성을 보지 못하고 있음은 실상 조선인의 민족적 수치이다. 그러나 국경 없는 학술은 조선인에게 푸대접 받은 고산자의 업적이 차차 세계적으로 알아주게 하는 단서를 지으니 최근 우리에게 보내 온 한 외국인 친구의 논저 중에 이것을 논평하여 "22책으로 만들어진 이 대지도를 볼 때에 참으로 뛰어난 기술자의 놀라운 솜씨에 접하는 듯한 마음이 있음은 아마 나 한 사람뿐이 아니리라"한 것은 오래지 아니하여 세계의 정론(定論)일 것을 상상하게 하는 말이다. 저 5일 경성에 개설된 고지도전람회가 마치 『대동여지도』인 이 지도를 의기양양하게 하기 위하여 짐짓 여러 지도를 모아 놓은 듯한 것을 보고 아직도 잘 알려지 아니하였지마는 마침내 아무 보람도 더 들어나게 될 이 잠룡적 위인에게 대한 우러러 사모함이 새로워짐을 스스로 깨닫지 못하노니 조선이 은인 구박의 잘못을 몹시 후회하고 책임을 물을 날이 과연 언제나 오려나? 어허.[51]

이 기사는 고산자를 세상에 널리 알린 최초의 기사이다. 이 이전에도 풍설로서 고산자에 대해서 알려졌겠지만 이렇게 글로서 대중에게 널리 알려지기는 처음일 것이다. 이는 경성제대에서 실시한 고지도 전람회에 『대동여지도』가 전시된 것이 계기가 되었을 것이다.[52]

이 기사에 의하면 김정호는 황해도 출신이라고만 소개하고 족보도 불분명하며 모든 기록이 유실되었다고 한다. 그리고 고산자가 전국을 두루 돌아다녔으며 백두산을 7회나 등정하였고, 이 지도 제작과정에 아내도 잃게 되며 단지 과년한 딸의 도움만으로 이 사업을 홀로 완성하였다고도 하였다. 그리고 이 지도는 과학적 방법으로 측량된 지도이며 이 지도를 제작하자 사람들은 그에게 모멸만을 안겨 주었고 이 재주가 서양인

---

51 『東亞日報』 1925년 10월 8일자와 10월 9일자 兩日間에 '古山子를 懷함'이라는 기사로 실려 있음.
52 『古圖書展觀目錄』(京城帝國大學附屬圖書館).

에게서 나왔다고 의심하면서 결국은 국가에서도 국가의 중요한 방어처를 외국에 알릴 가능성이 있다고 판본은 압수당하고 그 죄목으로 비참한 최후를 마쳤다고 하였다. 이렇게 만들어진 지도는 일·청전쟁 때 양군에게 유용하게 쓰이었다고 하였다. 그리고 조선광문회에서 『대동여지도』를 출판하려고 시도하고 있으며 남대문 밖 약현의 고산자 유허에 기념비를 세우려고 추진 중이나 아직도 완성하지 못함을 한탄하고 있다.

이 글은 조선심·조선광문회 등이 등장하는 점으로 미루어 문일평이나 최남선의 글로 짐작이 되는데, 조선광문회의 내용을 잘 아는 점으로 미루어 최남선의 기사일 가능성이 더 높다. 그러나 이 기사에도 김정호가 전국을 답사했다거나 백두산을 7회 등정했다는 등의 기사는 김정호를 너무 추앙한 나머지의 과장이다. 그리고 『대동여지도』의 판목이 압수당했다는 내용이나 고산자가 이 죄목으로 비참한 최후를 마쳤다는 내용도 지나친 비약이다. 이 글을 통해서 고산자의 유허가 남대문 밖 약현이라고 밝혀진 점은 다행이다. 약현은 현재 서울역 서부역이 있는 지점으로[53] 고산자가 남대문 밖 만리재에 살았다는 내용과도 합치되기 때문이다. 이 부분은 정인보의 고산자론하고도 매우 합치되는 점이다. 서대문 밖 공덕리에 살았다는 이야기는 잘못이다. 『수선전도』를 보면 만리현을 넘어 있는 동네가 공덕리이기 때문에 서대문 밖 하고는 매우 거리가 멀다. 최한기가 남촌의 창동에 살았기 때문에 고산자는 그와 가까운 남대문 밖 약현에 살았음이 매우 합당한 지적이다.

---

53 현재 행정구역은 中林洞이며 1891년에 건립된 藥峴天主堂이 남아있어 당시의 地名을 고증해준다.

2) 정인보의 김정호에 대한 인식

정인보는『조선고서해제』'대동여지도'조에서 고산자에 대해서 비교적 생생하게 당시의 정황을 적고 있다.

> 고산자의 처지로 말하면 혹 광주리장사의 남편이라고도 하고 혹 군교(軍校) 다니는 집이라고도 하여 분명하지 아니하나 그 당시 미천하였던 것은 더 물을 것이 없으며 그의 거주하던 곳이 서쪽 교외의 공덕리라고도 하고 남문 밖 만리재라고도 하는데 이왕『대동지지』원본을 가졌던 한진창(韓鎭昌)의 말을 들으면 "자기가 어릴 적에 만리재에 살았는데 고산자가 가까운 곳에 살고 있어서 자기의 아버지하고는 알고 지내는 사이였다"고 하였다.
> 또 한세진(韓世鎭)의 말을 들으면 고산자의 얼굴을 본 적이 있었는데 "성은 김이요, 자는 백원(伯元)이라 하고 사는 곳은 만리재라 하더라." 한다.
> 일설에는 그가 외동딸 밖에 없었다 하나 한진창은 말하되 "『대동지지』가 달리 내게 온 것이 아니라 고산자의 아들이 전당포에 맡긴 것을 우리 아버지가 찾아온 것이라"한다.
> 대개 고산자는 빈천 속에 매몰한 사람이라 악착하게 가문을 따지던 이때에 더욱이 속인으로서 돌보지도 아니할 이 노릇을 함이 애초에 내 이름을 알리자는 일이 아니다.
> 전하되 고산자가『대동여지도』를 자세하게 조사하여 정하기 위하여 백두산을 왕래한 것이 전후 7차라 한다. 혹 보탬이 없지 아니할듯하나 그의 평생 동안 마음 씀이 이 일에 관하여 일체의 두려움과 어려움을 무릅쓰고 수행했음은 의심의 여지가 없다.[54]

---

54 鄭寅普, 1955,『大東輿地圖』(『朝鮮古書解題』;『薝園國學散稿』제2편).

이로 본다면 고산자는 남대문 밖의 만리재에 살았으며[55] 그에게는 아들이 있었음을 알 수 있다. 이는 고산자와 실제 얼굴을 본 적이 있었던 한진창과 한세진의 증언이기 때문에 가장 신빙성이 있다. 그리고 백두산 왕래 기록은 믿을 수 없다고 하였다. 그러나 고산자의 생몰연대나 옥사설 등에 대해서는 언급하지 않았음은 유감이다.

3) 『조선사』의 고산자 인식

『조선사』는 조선총독부가 식민사관을 확립하고 그들의 식민통치를 합리화시키려고 편찬한 역사서이다. 이 역사서는 소화 11년(1936)에 편찬되었다. 『조선사』 제3권 제6편 p. 621에 의하면 아래와 같다.

> 이 해에(철종 12년, 1861을 지칭함) 김정호는 『대동여지도』를 교간(校刊)하였다. 김정호의 자는 백온(佰溫)이고 스스로 고산자라고 자호하였다. 여지학에 깊은 뜻을 갖고 있었다. 그리하여 전국 팔도를 몸소 섭렵하고 여러 가지 지도법을 참고하여 『청구도』를 만들었다. 그 후 다시 수십 년을 연구한 끝에 이 『대동여지도』를 손수 그려서 판각하였다. 상세 정밀함이 매우 지극하였다. 철종 14년(1863)에 『대동지지』 32권을 지었는데 『동국여지승람』에서 시문을 빼고 잘못된 곳을 바로 잡았으며 나머지는 보충하였다. 또 일찍이 『지구도』를 제작하였다.[56]

이 내용은 대부분 유재건의 『이향견문록』 내용을 참조했음을 알 수

---

55 『東亞日報』 기사에 의하면 南門外 藥峴으로 표기함.
56 『朝鮮史』 3권 6편.

있다. 여기서 필자가 주목하는 점은 고산자의 생애나 옥사설, 전국 답사설 등에 대해서는 전혀 언급하지 않고 있다는 점이다. 『대동지지』를 철종 14년(1863)에 간행하였다는 점이 주목된다.

4) 『조선어독본』의 고산자 항목

이 『조선어독본』은 소화 9년(1934)에 초판을 발행하고 소화 12년(1937)에 재판을 발행하였다. 이 책 제5권 제4과에 김정호 단원이 실려 있다. 좀 장황하지만 논지의 전개상 중요하기 때문에 전문을 옮긴다.

> 지금으로부터 100년 전 쯤 일이다. 황해도 어느 두메 다 쓰러져가는 초가집 뜰에 황혼을 띠고 서있는 한 소년이 있었다. 연기에 쌓인 산봉우리들이 서로 이어져 있는 저편을 아득히 바라다보며 무엇을 골똘히 생각하다가 저근 듯 하야 의문이 가득한 얼굴로 혼자 중얼거리기를 '대체 저 산 줄기가 어디서 일어나서 어디 가서 그치는지 그림 그린 것이라도 있었으면 앉아서 알 도리가 있으련마는 우리들 배우는 책에는 도무지 그런 것이 없으니 어쩌면 좋을까?'
> 이 소년의 성은 김이요, 이름은 정호다. 가난한 집에 태어났으나 학문하기에 돈독하야 한번 마음에 생긴 의문은 이것을 풀지 않고는 그대로 내버려두는 성미가 아니었다. 그러므로 그날 밤에도 정호는 서당에 가자 곧 스승에게 산에 대한 여러 가지 이야기를 물어보았다. 그러나 스승은 '그런 것은 알아 무엇 할 것이냐?'하며 다시는 대꾸도 하여 주지 않았다. 하는 수 없이 그 자리에서는 그대로 넘겼으나 궁금한 마음은 좀처럼 사라지지 않았다.
> 그 후 몇 해가 지나서 친한 벗으로부터 읍도 한 장을 얻었는데 펴본즉 산

도 있고 내도 있고 향리의 모양이 손금 보듯이 소상하였다. 그는 뛸 듯이 기뻐하며 자기가 몸소 이것을 가지고 동네마다 돌아다니며 일일이 맞추어 보았더니 생각하던 바와는 아주 딴판으로 틀리고 빠진 것이 많고 부합되는 것은 극히 드물었다.

너무나도 실망한 그는 그 후 또 경성에 정확한 지도가 있다는 말을 듣고 곧 상경하여 여기저기 부탁하여 궁중 규장각에 있는 『조선팔도지도』한 벌을 얻었다. 그러나 그 지도도 그가 다시 황해도로 가서 실지로 조사한 결과 그 거칠고 엉성함은 역시 먼저 읍도와 하등의 다름이 없음을 알았다. "이거 원 지도가 있다하나 이같이 틀림이 많아서야 해만되지 이로움이 없을 것이다" 하며 탄식한 그는 이에 자기 손으로 정확한 지도를 만드는 방법 밖에는 다른 도리가 없는 것을 깨달았다.

원체 지도를 만드는 일이 기차, 기선 할 것 없이 모든 교통기관이 완비한 오늘날에도 오히려 많은 돈과 인력을 요하는 매우 어려운 사실이어든 다만 한 사람의 미약한 힘으로 더구나 교통이 불편한 그 당시에 이것을 강행하려는 그의 결심이야말로 참으로 장렬하다 아니 할 수 없는 일이다.

그리하여 춘풍추우(春風秋雨) 10여 성상, 그의 천신만고의 긴 여행은 시작되었던 것이다. 본시 노자(路資)의 예비도 없는 여행이고 보니까 어느 때는 들 위에서 쉬고, 어느 때는 나무 밑에서 잠을 잤다. 찌는 듯한 삼복더위에 땀이 비 오듯 흐른 때도 많았고 살을 에이는듯 한 추위에 손발이 언 것도 한 두 번이 아니었다. 광막한 벌판에서 굶주렸으나 며칠씩 밥을 못 먹은 때도 있었고 깊은 산중에서 병들었으나 물 한 모금 얻어 마실 도리도 없이 신음한 일도 있었다. 그러나 어디까지 의지가 굳센 그는 온갖 어려움이 앞에 닥칠 때마다 용기를 더욱더 내어 이 군에서 저 군으로 이 도에서 저 도로 10여 년 후에 마침내 유명한 『대동여지도』의 원고를 완성하였다. 그

동안 8도를 돌아다닌 것이 세 번, 백두산에 오른 것이 여덟 차례라 한다. 이리하여 22첩의 『대동여지도』의 원고는 되었으나 본시 이것은 자기 자신을 위하여 만든 것이 아니고 널리 세상 사람들에게 알리려고 만든 것이니까 다시 이것을 인쇄하지 않을 수 없을 것이다. 인쇄를 하려고 하면 판을 만들어야 한다. 원래 돈 없이 하는 일이고 보니 그 어찌 용이하랴마는 철석과 같은 그가 이런 것을 구애하랴. 즉시 경성 서대문 밖에 집을 잡고 소설을 지어 얻은 돈으로 근근이 일가의 생계를 삼아가는 한편 하나 둘씩 판목을 사 모아서 틈틈이 그의 딸과 함께 지도판을 새겼다. 그리하여 다시 10여 년의 세월이 걸려서 이것도 완성하였음으로 비로소 인쇄하여 몇 벌은 친한 친구에게 나누어 주고 한 벌은 자기가 간수하여 두었다.

그런지 얼마 아니 되어 병인양요가 일어나므로 자기가 간수하였던 것을 어느 대장에게 주었더니 그 대장은 뛸 듯이 기뻐하시며 곧 이것을 대원군에게 바쳤었다. 그러나 대원군은 다 아는 바와 같이 배외심이 강한 어른이시라 이것을 보시고 크게 노하시어 "함부로 이런 것을 만들어서 나라의 비밀이 다른 나라에 누설되면 큰 일이 아니냐?"하시고 그 지도판을 압수하시는 동시에 곧 김정호 부녀를 잡아 옥에 가두었으니 부녀는 그 후 얼마 아니 가서 옥중의 고생을 견디지 못하였는지 통한을 품은 채 전후(前後)하여 사라지고 말았다.

아아 비통한지고 때를 만나지 못한 정호…

그 신고와 공로의 큼에 반하여 생전의 보수가 그 같이도 참혹할 것인가? 비록 그러하나 옥이 어찌 영영 진흙에 묻혀 버리고 말 것이랴 명치 37년에 일·러전쟁이 시작되자 『대동여지도』는 우리 군사에게(일본군 지칭) 지대한 공헌이 되었을 뿐 아니라 그 후 총독부에서 토지조사사업에 착수할 때에도 둘도 없는 좋은 자료로 그 상세하고도 정확함은 보는 사람으로 하여

금 경탄하게 하였다 한다.

아 정호와 간고(艱苦)은 비로소 이에 뚜렷한 빛을 나타내었다 하리로다.[57]

위 인용문에 의하면 김정호는 황해도 출신이며 서당에도 다녔고 읍도와 규장각의 『조선팔도』 등을 얻어 보았으나 사실과 다른 점이 많아 자기가 정확한 지도 만들기를 결심하고 전국 팔도를 세 번 돌아보고 백두산을 8회나 등정하였다는 것이다.

이렇게 10여 년을 노력한 끝에 『대동여지도』를 그렸고 이를 다시 판각하는데 10여 년이 걸렸으며 그 중 한 벌을 대원군에게 바쳤다가 국가 기밀을 누설할 우려가 있다고 옥에 갇히고 부녀가 옥고를 견디지 못하여 옥사한 것으로 표현하고 있다.

그러나 1904년 러·일전쟁이 일어났을 때 일본군에게 군사지도로 요긴하게 사용되었으며[58] 그 후 조선총독부에서는 토지조사사업에 더 할 수 없는 좋은 자료로 이용했다는 것이다.

위와 같은 내용은 일제강점기부터 현재까지 대부분의 사람들이 알고 있은 고산자 김정호에 대한 지식이다.

그러나 황해도 출생설은 대체로 인정되는 바이나 전국을 세 번 순회하고 백두산을 여덟 번 등정했다거나 『대동여지도』를 대원군에게 바쳤다가 국가 기밀을 누설할 가능성이 있다는 이유로 감옥에 갇히고 옥고를 견디지 못하여 옥사했다는 설 등은 터무니없는 주장이다.

---

57 『朝鮮語讀本』 5 (朝鮮總督府, 1934).

58 1925. 10. 8과 10. 9일자 『東亞日報』에는 古山子가 백두산을 8회가 아니라 7회 등정했다고 하였으며 또 러·일전쟁이 아니라 日·淸戰爭때 兩軍이 공히 『대동여지도』를 군사용 지도로 이용했다고 한다.

이는 대원군을 세계정세에 어두운 우매한 정치 지도자로 부각시키고 그 대신 일본군은 러·일전쟁에 이용했다거나 조선총독부의 토지조사사업에 이용했다는 등 일제의 식민지 통치를 합리화시키기 위해서 철저히 날조했음을 알 수 있다. 이렇게 날조된 사실은 초등학교 5학년 정도의 어린 시절에 무비판적으로 전수되었기 때문에 그 후 상당히 많은 국민들이 이러한 오도된 식민지 사관에 의하여 고산자에 대한 잘못된 인식을 떨쳐 버리지 못하게 된다.

필자는 고산자의 옥사설이나 백두산 8회 등정설 등을 규명하기 위하여 가능한 노력을 다하여 사료를 찾아보았으나 우리나라의 어떠한 역사서에도 이러한 기록을 찾을 수 없었고, 『고종실록』·『승정원일기』·『추국안』 기타 문집류 등 어디에도 이러한 고산자에 대한 오도된 기록을 찾을 수 없었다. 고산자가 만든 『대동여지도』를 비롯하여 『대동지지』·『청구도』·『동여도지』·『여도비지』·『동여도』 등 어느 것도 압수 수색당하여 몰수당하거나 태워진 흔적을 찾을 수 없다.[59]

위 기록은 고산자에 대한 오도된 사실의 시초였으며 식민사관에서 우러난 날조된 사실이다.

---

59 京城帝國大學에서 1931년 5월 2일에 전시했던 『古圖書展觀目錄』 19페이지 65번 전시품목에 『大東輿地圖』 板木 2매가 있다. 한 매는 1864년 再刊할 때의 當宁十二年을 지운 맨 앞쪽의 板木이며 또 한매는 제4층 2와 3의 兩面 板刻한 板木이란 설명이 있다. 그리고 부기하기를 그 당시까지 총 수십매의 板木이 있다고 설명하고 있다. 金良善도 판목이 여러 매 있었으나 6·25동란 때 유실되고 현재 한매가 숭실대 기독교박물관에 남아 있으며 또 崔瑆煥 후손들이 증언에 의하더라도 『대동여지도』 판목은 압수당하여 소각되지 않았다.

5) 초등학교 5학년 2학기 국어책 내용

그런데 이렇게 잘못된 고산자에 대한 인식이 현재까지도 정정되지 않고 여전히 초등학교 5학년 2학기 국어책에 수록되어 있다.

인적이 드문 산길을 빠른 걸음으로 걸어가고 있는 소년이 있다. 너무 빨리 걷기 때문에 숨을 헐떡거리면서도 그는 이를 악물고 계속 위로 올라갔다. 이윽고 소년은 산봉우리에 올라서서 이마의 땀을 닦으며 시야에 들어오는 지형과 펼쳐든 지도를 비교하기 시작하였다.

"엉터리야! 저기 저 높은 방어산도 없고 그 아래의 대치 마을도 없어 봉화대도 이쪽이 아니라 저 북쪽이고 틀린 것은 우리 마을만이 아닐거야?"

한참동안 지도와 실제의 지형을 살피던 소년은 실망한 얼굴로 중얼거렸다.

"내가 그려도 이것보다는 훨씬 정확한 지도를 만들 수 있겠어. 그래 내가 그려보자 몇 달이 걸려도 틀리지 않는 고을 지도를 내 손으로 그려 보는거다."

소년은 주먹을 불끈 쥐며 결심하였다. 바로 이 소년이 뒤에 『대동여지도』를 그린 김정호이다.

정확한 지도를 그린다는 것은 지극히 힘든 일이었다. 가난한 농부의 아들로 태어난 김정호에겐 더욱 그러하였다. 집안일을 돌보고 글공부를 하는 틈틈이 이곳저곳을 돌아다니며 지형을 조사하여 지도를 그려야 했기 때문이다. 그러던 어느 날 김정호가 그리고 있는 지도를 서당 선생님이 보게 되었다.

"이게 대체 무엇이냐."

"우리 고을 지도입니다."

김정호는 아직 완성되지 않은 것을 선생님이 보시게 된 것이 쑥스러워 낯을 붉히며 대답했다.

"고을 지도라니? 네가 그런 것을 그려서 무엇에 쓰겠다는 거냐?"

"꼭 어디 쓸 데가 있어서가 아니라 엉터리 고을 지도를 보고 문득 정확한 지도를 그려 보고 싶은 생각이 들어서 그리는 중입니다."

김정호의 대답에 서당 선생님은 버럭 화를 내며 꾸짖었다.

"글공부나 착실히 할 일이지 어째서 이런 쓸데없는 짓에 아까운 시간을 버린단 말이냐? 다시는 이런 짓을 하지 말고 글공부나 열심히 하도록 해라."

김정호는 지도를 그리는 일이 절대로 쓸데없는 짓이 아니라고 말하고 싶었지만 입을 꾹 다물고 말았다.

비록 서당 선생님의 꾸중을 들었지만 지도에 관한 그의 관심은 더욱 뜨거워지기만 했다. 결혼을 하고 청년이 되었어도 그것은 마찬가지였다.

어느 날 대궐 안 규장각에 정확한 지도가 있다는 소문을 들은 김정호는 몇 푼의 노자를 가지고 서울로 달려갔다. 며칠 동안 서울에 묵으면서 이리저리 청하여 간신히 『조선팔도지도』 한 벌을 얻어 낼 수가 있었다.

뛸 듯이 기뻐하며 길을 떠난 그는 집이 있는 황해도로 돌아가면서 지나게 되는 곳을 일일이 지도에 찾아 대조해 보기 시작했다. 그러나 정확하다는 그 지도도 큰 산과 마을과 강과 도로가 틀리게 그려졌거나 아예 빠져 버리는 등 허술하기 짝이 없었다.

"이거 원 대궐에 있는 나라의 지도가 이래서야 무슨 소용이 있담!"

그는 지도를 구겨 쥐며 탄식했다.

"내 손으로 정확한 지도를 그리는 수밖에 없어 이 일을 내 필생의 사업으로 삼기로 하자."

집으로 돌아온 그는 아내에게 그의 결심을 말하고 이해를 구했다.

다음 날, 날이 밝기가 무섭게 그는 집을 떠났다. 평생의 대사업을 성취하기 위한 첫발을 내디딘 것이다.

늘 노자가 부족한 그는 어느 때에는 돌 위에서 쉬고, 어느 때에는 나무 밑에서 밤을 지새우며 이 고을에서 저 고을로 옮겨 다녔다.

찌는 듯 한 삼복더위에 땀을 뻘뻘 흘리며 가파른 산을 오르고 살을 에는 듯한 눈보라 속에 넓은 벌판을 헤매기도 했다. 때로는 끼니를 굶고 길에서 쓰러졌다가 지나가던 사람의 구원으로 살아나기도 했다.

이렇게 십여 년이 흘러갔다. 그 동안 그는 조선 팔도를 돌고 백두산을 오른 것이 여러 차례였다.

정확한 지도를 그릴 수 있는 자료를 충분히 갖추게 되어 가뿐한 마음으로 돌아와 보니 그 사이 그의 아내는 세상을 떠나고 없었다.

그러나 그는 슬퍼할 겨를마저 없었다. 그는 자료를 늘어놓고 지도를 그리는 일에만 매달렸다. 저 유명한 『대동여지도』의 원고는 이렇게 해서 완성되었던 것이다.

"이제 판목을 새기는 일만 남았구나. 이곳에서는 그 일을 할 수가 없지."

그는 스물 두 첩의 원고를 소중하게 간수하고 어린 딸과 함께 서울로 이사를 했다. 서대문 밖에 집을 잡고 이야기를 지어서 얻은 돈으로 근근이 살아가며 한편으로는 판목을 하나씩 둘씩 사 모아서 그의 딸과 함께 지도를 새겼다. 이렇게 피나는 노력 끝에 드디어 1861년에 판목을 완성하고 지도의 인쇄까지 마치게 되었다. 참으로 굽힐 줄 모르는 의지와 피나는 노력의 결정이었다.

"내 지도는 나라가 어지러울 때에는 적을 쳐부수고 난폭한 무리를 토벌하는 데에 도움이 되며 평화시에는 나라의 모든 일을 다스리고 경제 정책을 조절하는 데 모두 이용하게 될 것이다."

그는 『대동여지도』의 첫머리에 이와 같이 적었다. 삼십여 년 동안 오로지 지도를 만드는 일에 정성을 쏟은 그의 참뜻이 여기에 있었으니 나라의 장래를 내다보는 선각자의 모습이 이보다 숭고할 수 있으랴!

『대동여지도』는 측량 기술과 과학이 고도로 발달된 오늘날 사람의 눈으로 보아도 그 정확함과 상세함에 놀라지 않을 수 없고 탄복하지 않을 수 없다.

그러나 아 슬프다. 그는 억울한 죄명으로 죽음을 당했다. 그 때 나라를 다스리던 완고한 사람들이 그 지도를 보고 나라의 사정을 남에게 알려 주는 것이라고 오해를 했기 때문이었다. 동시에 그들은 김정호의 피땀이 어린 지도의 판목까지 압수하여 불사르고 말았으니 얼마나 원통한 일인가! 그 당시 우리나라는 외국과 거의 왕래를 하지 않았고 새로운 문화를 받아들이기를 꺼리고 있었다.

김정호는 비록 억울하게 죽었지만 그가 남긴 지도는 그 후 우리나라를 다스리는 데 큰 도움을 주었고 그의 굽힐 줄 모르는 의지와 신념은 우리에게 큰 가르침이 되어 왔다.[60]

6) 호암(湖岩) 문일평의 김정호 인식

호암은 『조선명인전』에서 다음과 같이 평가하고 있다.

고산자의 성명은 김정호요, 자는 백원(伯元 혹은 伯溫)이니 고산자는 그 호이다. 남대문 밖 만리재에 살았다 하며 군교(軍校)를 다녔다 하는데 그 역시 확증은 없으나 어쨌든지 그는 미천한 계급에서 태어난 가난한 선비이다.
벌열을 숭상하던 당시의 풍습으로 누가 그를 아는 체 하겠으며 기교(技巧)를 천시하던 당시의 잘못된 풍습에서 누가 그를 탐탁하게 굴었겠느냐.
장안의 수많은 사람들 속에 살면서 불후의 업적을 남기면서도 약력하나 알려지지 못한 것이 어찌 이유가 없다하랴.
고산자는 그 친우 최한기가 아니었으면 김정호라는 그 성명조차도 후세에 전하지 못할 뻔하였다.

---

60 문교부, 「國語」5-2, 『훌륭한 人物들』중 김정호조.

최한기는 김정호의 유일한 심우(心友)로서 전하는 말에 2인이 서로 서약하기를 최한기는 천문에 관한 것을 맡고, 김정호는 지리에 관한 것을 맡아 각기 그 목적 달성에 매진하여 최한기는 300책의 저술이 있고, 김정호는 대동여지도 22첩과 『대동지지』 15권의 저술이 있다.

고산자 김정호는 그 생사연월이 언제인지 알 길이 없으되 그 전후 지도의 간행과 또 지지의 편성한 연대에 의하여 그가 순조 때부터 고종 초까지 존재했던 인물임을 추측해서 알 수 있다. 순조 3년 계해년에 태어나서 고종 16년 기묘에 죽은 그 친구 최한기와 거의 동시대라고 보아도 크게 틀림이 없을 것이다.

고산자의 타고난 그 천재와 또 꾸준한 그 노력이 대업을 성취하는 2대 요건이 되었겠으나 어디까지나 실지 답사를 수행하던 그의 근본정신이야말로 실사구시 학풍의 요체 그것을 그대로 구현한 것이 아닌가? 한마디로 말하면 고산자의 공적은 종래 지도학파를 집대성한데 있다. 그러나 그것이 한갓 도본과 서적에만 의뢰한 것이 아니요, 몸소 답사로써 도적(圖籍)의 오류를 정정하고 실지의 정확을 기하여 일보 전진한 곳에 『대동여지도』의 진면목이 있는 것이다.[61]

위 글에서 문일평은 최한기와 김정호 양인이 서약하기를 최한기는 천문을, 김정호는 지리를 맡기로 하였다고 했다. 물론 호암도 전하는 말에 의한다고 밝혔지만 이 내용도 호암의 글에 처음 등장하며 이 이후 무비판적으로 수용되고 있다. 최한기와 김정호의 운명적 만남이 어떻게 하여 언제쯤 이루어졌는지를 먼저 밝혀져야만 위에서 말한 호암의 내용도

---

61 文一平, 1941, 「金正浩」『朝鮮名人傳』3, 朝光社.

신빙성을 갖게 될 것이다. 현재에는 증빙할 만한 사료가 없다.

7) 최남선의 김정호 인식

육당 최남선은 『국민조선역사』 제105장 신학술편에서 다음과 같이
고산자에 대해서 언급하고 있다.

> 헌종 철종 사이에 고산자 김정호는 본디 내세울만한 것이 없는 일개 서민
> 으로서 지도 제작의 꿈을 품고 일평생 온 나라의 산천 읍락을 두루 돌아
> 다니어서 『대동여지도』 22첩과 『대동지지』 16권을 만들어서 지도는 손수
> 조각하여 철종 신해(1861)와 고종 갑자(1864)에 두 번 간행하니 그 도식이 정
> 밀하고 또 매 방안을 정(正)으로 10리 사(斜)로 14리로 하고 매 편에 종 120
> 리 횡 80리를 수용하여 거리의 표시에 가장 정확하기를 기하였다. 정호는
> 순조 34년 갑오(1834)에 이미 『남북항성도』와 『지구전후도』를 간행한 일이
> 있으니 그 기술이 대개 서양법을 응용한 것이다.[62]

육당은 고산자를 이름 없는 일개 서민으로 보고 있으며 『대동여지
도』 22첩을 만들었다고 하였는데 실제로는 목록을 포함하여 23첩이다.
그리고 고산자가 『지구전후도』를 간행하였다고 했는데 앞서 언급한대로
이규경의 지적처럼 『지구도(地球圖)』는 최한기가 중간한 것이며 고산자는
단지 각수(刻手) 역할만 하였다.

---

62 崔南善, 1947, 「金正浩」 『國民朝鮮歷史』 105장, 新學術編.

제3절 현재 학계의 김정호 평가

1) 홍이섭의 김정호 인식

홍이섭은 1949년에 출판된 『조선과학사』에서 은사 문일평의 고산자 인식을 대체로 소개하면서 조선 고지도 제작에서 가장 위대한 분이라고[63] 하였다.

그 후 1964년에 사상계 9월호 '김정호의 『대동여지도』'라는 한국의 명저 소개란에서 비교적 자세하게 고산자의 생애와 『대동여지도』의 제작 과정, 『대동지지』의 편찬과 의의를 다음과 같이 설명하고 있다.

> 먼저 김정호에 대해서 알 바가 거의 없는 것이 오늘이나 뒷날 두고두고 섭섭한 일이다. 유재건의 『이향견문록』에서 겨우 그 행적을 알 뿐이나 김 정호(또는 정호(正繩))라고 함을 보면 정확한 기록이 없었으며 고종 원년에 『여지도』 간본(刊本)으로 투옥되어 죽었다고 전함이 사실인 것 같다.
>
> 왜? 그가 황해도 일우에서 태어나 서울 서대문 밖 아현~마리현 사이에서 궁한 살림 속에서 독력으로 이러한 과학사상 빛나는 작품을 남기었는가? 한번 돌이켜 생각할 만한 일이다.
>
> 김정호는 최한기하고 친한 사이였는데 젊었을 때 두 사람이 우리들이 세 상에 나온 바에야 한 가지씩 조선을 위한 일을 하자고 결심한 후 김정호 는 두 개의 저작을 남기었고, 최는 『명남루문집』을 남기게 되었는데 김의 저작은 근근히 얻어 보게 되었고 최의 것은 산실되어 그 일부가 세간에 존속할 뿐이다.[64]

---

63 洪以燮, 1949, 「朝鮮科學史」, 正音社, pp. 256~258.
64 洪以燮, 1964, 「金正浩의 大東輿地圖」, 『思想界』 10월, pp. 272~275.

이어서 「청구도제」의 최한기 글을 통하여 알 수 있는 사실들을 지적하면서 최한기가 순조 3년(1803)에 태어나서 고종 15년(1876)에 사망하였으므로 『조선인명사전』의 내용과 견주어 보면 최한기와 거의 비슷한 나이였다고 기록하고 있다.

홍이섭은 고산자가 『대동여지도』를 제작한 것은 조선 지형을 가장 실제적이고 과학적으로 나타낸 것인데 이를 나라에 바쳤을 때 그 대가는 감옥에 갇히는 것이었고 거기서 옥사하였다고 하였다. 이러한 조치를 취한 대원군은 고루한 쇄국주의자였으며 그러나 꼭 대원군이 잘못한 것이 아니고 단지 김정호의 업적을 휘어잡아 선용할 안목이 없었던 당시의 고루한 위정자의 통치기술이었다고 말하고 있다.

홍이섭은 "고산자가 남보다 앞서 조선을 위하여 거대한 업적을 이룩하였으며 봉건과학을 근대과학으로 옮겨놓은 놀라운 과학정신의 소유자였고 그의 전 생애와 생명을 바친 애국자였다"고[65] 극찬하고 있다.

홍이섭은 김정호에 대해서 최초로 학문적인 접근을 시도했다는데 의의가 있다. 그러나 『청구도』·『동여도』·『대동여지도』의 상관관계와 『대동지지』·『여도비지』·『대동지지』와의 관련성을 정확히 파악하지 못했기 때문에 여러 가지 미흡함을 드러내었다. 그도 여전히 고산자의 옥사설이나 전국답사설을 주장하였다.

2) 김양선(金良善)의 김정호 인식

고산자에 대해서 누구보다 상세하게 알고 있었던 김양선은 『한국고지도연구초』·『한국실학발전사』 등에서 비교적 자세하게 언급하고 있다.

---

65 洪以燮, 위의 글.

먼저 『한국고지도연구초』에서 김정호에 대하여 언급한 내용을 살펴
보면 아래와 같다.

> 동서양반구 세계지도로서 우리나라 학자에 의하여 판목으로 새긴 것으로
> 는 고산자 김정호의 『지구전후도』가 그 효시가 된다. 본도는 '도광 갑오
> 맹추 태연재 중간'이란 표기가 있어서 그 제작 연대와 작자를 알 수 있다.
> 도광 갑오년은 순조 34년(1834)이고 태연재는 고산자의 당호이다. 중간이
> 라고 있는 것을 보면 본도는 수차에 걸쳐서 중간된 모양이다. 지금까지 그
> 초간본을 보지 못하였다. 그 초간본은 고산자에 의하여 판목으로 새긴 것
> 인지 혹은 중국에서 재간된 것인지조차 알 길이 없다.[66]

위에서 말하는 『지구전후도』란 오주의 「만국경위지구도변증설」에서
말하는 『지구도』이다. 이는 오주가 변증한대로 청나라의 장정부가 간행
하였고 이를 입수한 최한기가 김정호의 도움으로 중간한 것이다. 그러므
로 태연재는 고산자의 당호가 아니라 혜강의 당호이다.

이어서 김양선은 고산자가 헌종 10년(1844)경에 『5대주도』를 그렸으며
동 12년(1846)에는 최한기의 「남북항성도」를 중심에 놓고 네 모서리에 아
세아·구라파·아프리카·이미아 등 『4대주도』를 그린 세계지도를 판각하
였고 그 지도의 상단에 최한기의 서문이 있고 하단에는 김정호의 서문과
기년(紀年)이 있다고 밝히고 있다. 그리고 고산자는 우리나라 최대의 지도
학자로서 본국지도는 물론 여러 종류의 세계지도를 만들었으며 자는 백
원(伯元) 혹은 백온(伯溫)이고 호는 고산자 혹은 태연재라고 하였다. 고산자

---

66 金良善, 1972, 「韓國古地圖硏究抄」, 『梅山國學散稿』, 崇田大學校 博物館, pp. 253~280.

는 고종 초에 천주교 박해가 일어났을 때 상밀한 지도를 그려서 외국인에게 기밀을 누설하였다는 죄명으로 옥에 갇혔다가 마침내 옥사하였다고 적고 있다.

그리고 『한국실학발달사』에서는 고산자의 생몰연대를 1804~1866년으로 밝히고 있다. 대부분의 학자들이 순조~고종조에 활약했다고 하거나 최한기와 거의 같은 시기라고 표현한 데 비하여 이렇게 정확한 생몰연대를 밝힌 이는 김양선 뿐이다.[67] 필자의 견해로도 『대동지지』의 고종 혼례 사실을 참고한다면 고종 3년(1866)까지 고산자가 생존했다.[68] 그러나 언제 태어났는지를 밝힐 수 있는 사료가 현재로는 전혀 없다.

김양선은 위 논문에서 다음과 같이 주장하고 있다.

> 고산자 김정호(1804~1866)는 우리나라의 가장 저명한 지도학자로서 삼각법과 고저측량법을 배워 가지고 단독으로 평생을 바쳐서 한국 고지도의 정화인 『대동여지도』를 완성하였다. 그는 먼저 정상기 등 선학의 학문적 업적을 계승하여 이 방면의 자료를 풍부히 수집한 후에 순조 34년(1834)에 우리나라 처음으로 상밀한 한국 전도인 『청구도』를 그렸고 그 후에 다시 어렵게 27년간 전국을 실지 답사하여 철종 12년(1861)에 『대동여지도』라고 제호(題號)를 고쳐서 혼자의 힘으로 이것을 간행하였는데 축척 약 15만분지 1에 해당된다. 이것은 일본인 토지조사국의 지도 제작 이전에 있어서 가장 정확한 한국전도로서 그들이 만든 5만분지 1 지도와 비교하여 크게 틀리는 점이 없으므로 세상 사람들을 감탄하게 한다. 『대동여지도』야말로

---

67 金良善, 위의 책, 「朝鮮實學發達史」, pp. 117~162.
68 李相泰, 1988, 「金正浩의 三大地志 硏究」, 『孫寶基博士 停年退任紀念論文集』, pp. 544~546.

한국 실학사상 최대 최귀의 유물이다. 고산자는 고종 원년에『대동지지』
32권 15책을 저술하였으니 그것은 그의 피 땀의 결정인『대동여지도』의
고증의 일부이다.[69]

위 두 글은 고산자에 대해서 여러 가지 새로운 사실을 밝히고 있다.

첫째, 고산자의 생몰연대(生沒年代)를 밝힌 점이다. 그러나 구체적인 증
거를 제시하지 않은 점이 매우 유감이다.

둘째,『대동여지도』의 축척을 15만분지 1로 보고 있는 점이다.[70] 이
점도 어떤 논거에서 그러하다고 설명하지 않은 점이 미심쩍다.

셋째, 고산자가『지구전후도』를 비롯하여『5대주도』·『4대주도』등
세계지도를 그린 사실을 밝히고 있다. 그러나『지구전후도』는 최한기의
중간임을 밝혔고 나머지 두 지도는 소장처를 알 수 없어 실제로 관찰할
기회가 없었음을 유감으로 여긴다.

넷째,『대동지지』와『대동여지도』를 연결시킨 점이다. 이는 현재 영
남대학교에 소장되어 있는『동여도지』를 관찰하지 못했던 오류이다.『동
여도지』서문에 의하면『대동여지도』를 초간한 철종 12년(1861)에 고산자
가 서문을 쓰고 있다. 고산자는 이『동여도지』를 참고로『동여도』를 제작
하였고, 이『동여도』를 그대로 판각한 것이『대동여지도』이다.『대동지
지』는『대동여지도』가 완성된 후『동여도지』·『여도비지』를 종합하여 만
든 김정호 최후의 작품이며 미완성 지지이다.

다섯째, 고산자의 옥사설이다. 이는 고산자의 저작물 등이 전혀 수난

---

69 金良善, 앞의 책,「韓國實學發達史」.
70 京城帝大,『古圖書展觀目錄』에『대동여지도』의 縮尺을 15만분지 1이라고 하였는데
    근거가 없다. 이는 6尺이 一步인데 一尺의 길이가 확정되어야만 가능하다.

을 겪지 않고 고스란히 보존되어 현존하는 점이나, 옥사에 관계된『추국
안』과『고종실록』등을 면밀히 검토해보아도 옥사설은 찾을 수 없다. 옥
사설의 시작은『조선어독본』에서 비롯되고 있다.

여섯째, 전국 실지 답사설은 최한기의『청구도』서문이나 신헌의『대
동방여도』서문을 분석해 보면 쉽게 부정된다. 위 서문에 의하면 여러 지
도들을 종합하여『청구도』나『대동여지도』를 만들었다고 했지 고산자가
전국을 실제로 답사했다는 기록이나 낌새가 전혀 없다.

3) 이병도의 김정호 인식

최근에 고산자에 대해서 가장 많은 글과 더불어 비교적 자세하게 언
급한 이는 이병도이다. 그는『인물한국사』·『청구도해제』·『내가 본 어제
와 오늘』등의 저서에서 고산자에 대해서 언급하고 있다. 그러나 그 내용
들은 거의 대동소이하다. 이러한 이병도의 학설은 현재 학계에서도 그대
로 통용되고 있는 실정이다.

그의 김정호 인식을 소개하면 다음과 같다.

> 불과 100여 년 전 사람으로 더구나 위대한 업적을 남겨놓은 김정호의 전
> 기를 자세히 알 수 없다고 한다면 처음 듣는 사람은 누구나 놀랄 것이다.
> 그러나 사실 그의 생애와 성격에 대해서는 겨우 몇 줄 안 되는 기사와 약
> 간의 서민 사이에 전해 오는 말만 전할 뿐이며 그의 가계나 내력 심지어
> 낳은 해와 죽은 해까지도 분명히 알 수 없는 것이 오늘의 실정이다. 겸산
> 유재건의『이향견문록』권8에 다음과 같은 김정호에 대한 기록이 있다. (중
> 략) 여기에 나오는『동국여지고』10권은『대동지지』15책을 가리킨 것인
> 데 탈고하지 못하고 죽었다는 것은 잘못 듣거나 잘못 전해진 것이라 하겠

다. 또 김정호의 친구로서 당대에 식견이 높고 학문이 깊었던 혜강 최한기 (1803~1879)은 순조 34년에 김정호를 위하여 『청구도제언』을 썼는데 그 가운데 이런 말이 있다. (중략) 이것은 김정호의 『청구도』에 대한 간단한 해설로 그 형식과 내용을 가장 함축성 있게 설명하였으며 그가 소년시절부터 이 방면에 깊이 파고들어 마침내 순조 말년인 1834년경에 『청구도』 상하책을 완성한 사실을 말해 주고 있다.

최한기도 박학인 만큼 역시 이 방면에 퍽 관심을 가졌으며 일찍이 『지구전요』를 편찬한 일도 있다. 『청구도』에 제언을 쓰던 해에는 청국본의 『지구도』를 중간한 일이 있는데 이때에 그가 김정호의 도움을 얻은 사실이 있음을 잊어서는 안 된다. 여기에 대해서는 같은 시대의 석학인 오주 이규경의 「만국경위지구도변증설」 중에 자세히 적혀 있다. 즉 그것에 의하면 최한기의 집은 서울 남촌 창동에 있었고 순조 34년에 대추나무를 가지고 중국 장정부의 『지구도』 탑본을 판각하였는데 그것을 새긴 사람이 김정호라고 하였다. (중략) 그리고 『이향견문록』에 김정호가 만들었다고 하는 『지구도』는 바로 이것을 잘못 듣고 전한 것이라고 보아야 하겠다. 그리고 김정호와 최한기의 교우관계로 보아 김정호가 채집한 자료는 대부분 최한기의 소장에서 나온 것이 아닌가 생각된다.

김정호에 대한 신빙성이 있는 기사로는 이상에서 든 문헌 이외에 더 알려진 것이 없으며 여러 가지 전하는 이야기가 있으나 믿기 어려운 것이 많다. 김정호의 본관은 오산(鰲山) 즉 청도이며 자는 백원 또는 백온이고 황해도에서 출생하였다고 한다. 서울로 올라와서는 남대문 밖 만리재에서 살았다고 하고 서대문 밖 공덕리에서 살았다고도 하는데 황해도 출생설은 확실하지 않다. 또한 전하는 말로는 그가 국내 각처를 두루 찾아다니며 곳곳을 조사 연구하고 백두산에도 여러 차례 올라간 일이 있다고 한다. 그러나 그 당시의 교통관계나 그의 생활 정도로 미루어 보아 간혹 이상한 곳에는 몰라도 전국을 편답했으리라고는 믿어지지 않는다. 더구나 여러 차례 백두산을 왕래하였다는 것은 더욱 믿기 어렵다.

또한 그는 대원군 집정 때에 그의 역작의 하나인『대동여지도』의 인본을 나라에 바쳤던바 도리어 본국의 기밀을 누설시킬 우려가 있다는 혐의로 판각은 압수 소각 당하고 김정호 자신도 영오의 몸이 되어 그 뒤 옥사하였다는 말도 있는데 이것 역시 잘못 전해진 것이다. 만일 그러한 사실이 있었다면『대동여지도』의 판각뿐만이 아니라 그 인본이나 또는 전사본까지도 모두 압수당했을 것이며 그 밖의 지도로서 이미 모사되어 널리 퍼진『청구도』역시 같은 운명에 처했을 것이다.

그러나 오늘에 이르기까지『대동여지도』의 전후 두 차례에 걸친 인본과 사본 및『청구도』의 전사본이 아무런 수난을 겪은 흔적이 없이 여러 곳에서 잘 전해오고 있는 것으로 미루어 보아 이와 같은 이야기는 전혀 근거 없는 사실임을 짐작할 수 있다. 더구나 김정호의 옥사설은 얼토당토 않는 구비(口碑)로 돌릴 수밖에 없다. 아무리 쇄국을 고집하고 무모한 위정자라도 그를 투옥까지 했으리라고는 믿어지지 않으며 이는 오직 무비판적으로 전해지는 말을 그대로 받아들인 결과일 것이다.

그러나 김정호가 불우한 계급의 출신으로 별로 출세도 못하고 빈한한 생활 속에서 오직 자기의 학문과 기술에만 온 정력을 기울여 자기 딸에게까지 지도 판각에 조력을 구했다는 이야기가 회자되고 있음은 수긍이 가는 이야기다. 그가 만일 지체 높은 계급이나 부유한 가정에서 태어났든지 혹은 영예와 공명을 탐내는 야심이 있었다면 남의 눈에 잘 띄지도 않는 소박하고 꾸밈이 없는 외길을 걷지 않았을 것이며 또 그러한 환경에서 그러한 위업을 달성하였다면 그의 생애에 관한 전기가 그렇게도 희미하게 파묻히게 되지도 않았을 것이다.

이로 미루어 본다면 그의 가정이 구차하고 지체가 변변하지 못했다는 것은 사실이다. 그리고 그의 자손도 몹시 영락(零落)한 듯하여 그들의 소재라든지 그 유무조차 알 수 없는 형편이다. 그의 가계, 가정관계 및 태어난 해와 죽은 해까지도 분명히 알 수 없는 까닭이 바로 여기에 있다고 생각한다. 그러나 그가 최한기와 막역한 친구였다는 것으로 보아 연령도 서로 비슷하였던 것 같고, 또 그의『대동여지도』재간과『대동지지』의 완성이 모두 고종 원년(1864)에 이루어진 것으로 미루어 보아 그의 생존연대가 순조, 헌종, 철종, 고종 초의 4대에 거치고 있음은 틀림없는 사실이다. 그런 점들을 종합한다면 그의 향수는 60여 세였다고 하는 말은 타당한 추산인 듯하다. 어떻든 그가 필생의 정력을 기울여 만들어낸『청구도』,『대동여지도』,『대동지지』의 세 금자탑을 다행히도 오늘날까지 전하여 우리 과학사상에 길이 불멸의 광채를 발하고 있다. 만일에 이런 저작물까지도 인멸되었더라면 김정호의 존재와 업적은 영원히 파묻혀 없어지고 말았을 것이 아닌가?[71]

이병도는 유재건의『이향견문록』과 오주의「만국경위지구도변증설」, 최한기의「청구도 서문」을 종합하여 고산자의 행적을 최초로 자세하게 밝혀냈다. 그러나 두계의 고산자론에도 몇 가지 문제점이 있다.

첫째, 유재건이 지적한『동국여지고』10권을『대동지지』로 비정하고 이『대동지지』가 미완성 지리지라는 유재건의 기록은 잘못이라고 한 점이다. 이는 두계가 고려대학교에 소장되어 있는 고산자의 육필본을 자세히 검토하지 않았기 때문에 온 오류이다. 실제로 고려대학교 소장『대동

---

71 李丙燾, 1975,「地圖, 地志의 集大成者로서의 古山子 金正浩」,『내가 본 어제와 오늘』, 博英社.

지지』의 평안도편은 다른 도의 편찬체제와 다르게 되어 있으며 글씨체가 완연히 다른 점은 쉽게 간파할 수 있는데 시중에 출판된 『대동지지』는 고려대본을 필사한 국립중앙도서관본을 영인한 것이기 때문에 이 영인본만으로 앞서 설명한 사실들이 규명되지 않는다. 다시 말하면 고려대본을 면밀히 검토하고 영남대 소장 『동여도지』와 비교해 보면 고산자는 평안도편을 완성하지 않았으며 유재건이 말한 『동국여지고』를 미완한 채 고산자가 죽었다는 기록은 매우 정확한 지적이다.

둘째, 『지구전후도』를 최한기가 중간했고 김정호는 각수였다는 두계의 지적은 정확하다. 오주의 「만구경위지구도변증설」을 검토하면 이 사실은 분명해진다. 그러나 태연재가 고산자의 당호라는 지적은 잘못이다. 이는 중간자인 최한기의 당호이다.

셋째, 두계는 김정호의 옥사설을 처음으로 부정했고 그에 관한 정황증거를 들고 있다.

넷째, 백두산을 여러 차례 등정했다는 구비전설을 부정한 점도 탁견이다. 당시의 교통관계나 김정호의 재력 등으로 미루어 볼 때 한사람이 개인적으로 백두산을 등정한다는 것은 거의 불가능하며 『대동지지』에 기록되어 있는 백두산에 관한 부정확한 지식이 이를 뒷받침하고 있다.

4) 전상운의 김정호 인식

전상운은 『한국과학기술사』에서 홍이섭의 『조선과학사』의 내용을 많이 참고로 하여 고산자가 『청구도』·『대동여지도』 등을 만든 내력과 내용을 자세히 설명하고 주(註)에서 고산자의 생애에 대해서 언급하고 있다. 그 주(註)를 인용하면 아래와 같다.

한 가지 제기하고 싶은 문제는 김정호의 생애에 관한 여러 가지 설에 대한 것이다. 지금까지 알려진 바로는 그는 미천한 출신으로 평생을 가난 속에서 살았다고 한다. 혹은 광주리장수의 남편이라고도 하고 군교집 사람이었다고도 한다. 그에 대해서는 그의 유일한 친우였던 최한기에 의하여 가장 많이 알려지고 있다. 그런데 그렇게 미천한 사람이 그 당시의 엄격했던 신분제도 상에서 별 직업도 없이 백두산을 전후 7차나 왕복 할 만큼 경제적 여유를 가졌을 것인지 의문이고, 더욱이 태연재라는 당호를 가지고 그토록 많은 지리학, 천문학적 저서들과 지도들을 30여 년에 걸쳐 연구할 수 있었을 것인지 의문은 너무도 많다.

그의 지도는 천문관측과 실지 측량을 병행하여 제작된 것이 틀림없으니 거기에는 세종~세조 시대의 전국적 실지 측량 결과의 자료가 없었더라면 이루어지기는 어려웠을 것이다. 아무튼 그는 분명히 19세기 한국과학사 상 최대의 업적을 남긴 위대한 지리학자였다.[72]

전상운은 위 글에서 고산자가 『대동여지도』를 실제 측량해서 제작하였다고 주장하고 있으나 고산자는 지극히 단편적이고 부분적인 측량은 시도했겠지만 전국적인 측량은 엄청난 경제력과 인력이 소요되기 때문에 불가능했다는 사실을 간과하고 있다. 실제로 조선시대 국가에서 3년마다 실시해야하는 양전사업도 경제적 이유 때문에 몇 년씩 미루어지고 어려움을 겪었다. 이러한 정황으로 미루어 보아 고산자가 실측에 의해 그의 지도를 제작했다는 주장은 납득하기 어렵다.

오주의 기록이나, 혜강의 기록, 신헌의 기록 등에서 고산자는 여러 지

---

72 全相運, 1979, 『韓國科學技術史』, 正音社.

도를 참고하여 그의 지도를 제작하였다고 분명히 제시되고 있지 않은가?

5) 방동인의 김정호 인식

방동인은 『한국의 지도』에서 『청구도』와 『대동여지도』를 자세히 설명한 후 고산자에 대해서 다음과 같이 언급하고 있다.

> 그러나 지금까지 김정호의 인적 배경에 대해서는 밝혀낼 만한 자료를 갖고 있지 못하다. 그의 출신에 대하여는 구구하게 이야기되고 있을 뿐이다. 미천한 출신으로 평생을 가난하게 살았으며 광주리장수의 남편이었다고도 전하고 군교집 사람이었다고도 한다. 그리고 그가 지도를 그리기 위해 전후 7차 또는 10여 차례나 백두산을 오르내렸다고도 했다. 그러나 그에 대한 확실한 기록은 그의 친우였던 최한기에 의한 것이 그 전부일 뿐이다. 생각건대 이러한 이야기들은 모두 그의 크나큰 업적의 후광에서 비롯되는 찬사일 것이지만 그러나 그 근거는 극히 희박한 것에 불과하다. 그 이유는 첫째, 그가 고종 초기(1864)에 『대동지지』를 펴냈는데 그 인용 서목을 보면 중국의 역대사서의 대부분과 우리나라 역사서의 대부분, 그리고 지리지와 각 관읍의 읍지 등이 망라되어 있다. 그 책의 종류만 해도 65종에 달하며 책 수로 따지면 수백 책에 해당된다. 만약 그의 출신이 미천하였다면 이와 같은 많은 서적을 구할 수도 읽어낼 수도 있었을까 하는 의문이 앞선다. 더욱이 당대의 대지리학자인 최한기와의 교분과 『지구전후도』라든가 지도와 지리지를 펴낼 수 있는 신분이었다는 점을 따져낼 필요가 있을 것이다. 특히 그가 『청구도』에서 인용한 1828년(순조28) 기준의 『군국총목』이라든가 『대동여지도』에 실려 있는 전국 통계 수치는 당시의 국가 1급 기밀서이었을 것이다.

그러한 반면 지도의 작성을 위하여 여행을 많이 하였을 것이라는 추측은 가능하지만 전후 7차례의 백두산 왕복 운운은 극히 웃어넘길 일에 속한다. 당시의 교통수단을 고려하지 않는다 하더라도 백두산 왕복이란 거의 불가능한 일이기 때문이다. 더욱이 지도의 작성을 위해서 반드시 본인 스스로의 여행이 필요한 것은 아니다. 당빌의 『신 중국지도』라든가 그의 세계지도는 그 좋은 예이다. 당빌은 많은 세계지도를 작성했지만 그는 파리에서 한 발자국도 외국여행을 하지 않았으나 당시 가장 세밀한 지도를 그렸다. 그러므로 그의 『대동여지도』 제작은 조선시대에 끊임없이 발전해 온 천문 관측과 실제 측량으로 이루어진, 전래되는 지도의 바탕 위에서 지도의 제작 원리를 터득하여 만든 과학적인 것이라 할 것이다. 그러기에 그의 지도에 대한 집착력과 제도학에 일가견을 가졌던 점이 높이 평가되어야 할 것이다.[73]

방동인은 고산자가 『대동지지』를 펴낼 때 인용한 서목이 65종 수 백 책이나 『대동여지도』에 인용한 『군국총목』 등이 국가의 1급 기밀서이었으므로 고산자가 결코 미천한 계급의 출신이 아니라고 하였다. 그러나 이는 고산자에게 최성환이나 신헌과 같은 후원자가 있었다는 사실을 고려하지 않았기 때문이다. 고산자가 인용한 대부분의 책은 최성환과 최한기의 장서였을 것이다. 당시 서적은 매우 귀하고 고가였기 때문에 서적을 소장한 자는 상당한 재력가였다. 또 국가 기밀 사항은 신헌의 후원이 있었을 것이다.[74]

그러나 방동인이 당빌의 세계지도 제작과정을 예로 들면서 고산자가

---

73 方東仁, 1985, 『韓國의 地圖』, 세종대왕기념사업회, pp. 167~190.

74 拙稿, 앞의 논문.

백두산을 7회나 왕복했다는 사실을 극히 웃어넘길 일이라고 지적한 사항은 상당히 합리적인 지적이다. 앞에서 여러 번 지적하였지만 최한기의 『청구도』 서문, 신헌의 『대동방여도』 서문 등에 의하면 고산자는 전래되는 여러 지도를 참고하여 가장 합리적이고 편리한 지도 제작법을 창안하여 『대동여지도』를 만든 것이다.

그리고 방동인은 『동여도지』·『여도비지』 그리고 『동여도』 등을 참고하지 않았기 때문에 논리전개에 비약이 있다. 예를 들면 『청구도』를 『대동지지』의 부도로 설명하고 있는데 『청구도』는 『동여도지』와 깊은 관련이 있으며 이 『동여도지』를 최성환과 합작하여 편집한 것이 『여도비지』이고 이 『여도비지』를 참고하여 『동여도』가 제작되며 이 『동여도』를 그대로 판각한 것이 『대동여지도』이고 『대동지지』는 『동여도지』와 『여도비지』를 종합하여 편집한 지리지인 것이다.

6) 박관섭(朴寬燮)의 김정호 인식

고산자의 『대동여지도』에 대해서 학문적 접근에 의해서 본격적인 논문을 쓴 분이 박관섭이다. 그는 『대동여지도』를 도법 및 계보에 관해서 연구하고 『대동여지도』가 실제 측량에 의해서 이루어졌으며 고산자의 유물에 대해서도 언급하고 있다.

> 고산자가 전국을 답사할 때에 삼각평판측량기를 걸머지고 다니면서 필요에 따라 측정한 사실을 알아야 한다. 김정호의 『대동지지』 원본과 『대동여지도』, 『수선전도』의 판목 및 지도제작에 사용하던 측량기와 지도 각판용 도구, 간이 관측기 상자가 시중 고물상에 나오게 되고 그 후에 다시 몇 개 대학도서관과 박물관에서 구입 보관하게 된 데는 이런 경로가 있었음을

밝혀둔다. 먼저 『대동지지』 원본은 고산자의 아들이 빈곤한 나머지 전당포에 잡혔는데 그것을 한진창의 부친이 찾아온 것이 후일 인사동 군서당(群書堂) 최성기의 손에 넘어 갔다가 『대동지지』의 귀중한 가치를 알게 되자 고려대 도서관에서 구입하여 소장하게 된 것이다.

또 측량기와 관측기, 각판용 도구상자는 인사동 고물상의 홍노인(洪老人)이 구입하여 소장하던 것을 김양선이 구입하여 보관 중, 해방이 되자 남산 현 국립도서관 터에 있던 신궁 건물 일부에 기독교 박물관에 개설하고 김양선이 소장하던 고산자의 측량기를 비롯하여 『양의현람도』에 이르기까지 전부 공시하여 공람하였다. 그러다가 6·25동란 때에 『양의현람도』 외에 몇 점만 간신히 살리고 고산자의 유물은 전부 유실 당하였다. 김양선의 나머지 소장품은 현재 숭실대 기독교박물관에 소장되어 있다. 이와 같은 사실은 고산자의 실측을 뒷받침하여 주는 사실들이다.[75]

　　박관섭은 고산자의 평판측량기 등의 유물과 『대동여지도』의 도법 연구를 통하여 고산자가 실측에 의하여 『대동여지도』를 제작하였다고 주장했다. 그러나 고산자가 평판측량기로 지극히 간단한 정도의 극히 초보적인 측량을 했는지는 알 수 없지만 현재에도 고도의 정밀성과 정확성이 요하는 삼각측량에 의해서 경위도를 측정했다고는 볼 수 없다.

　　오주, 혜강, 신헌 등의 기록에 명기되어 있는 것처럼 고산자는 실제로 측량하여 『대동여지도』를 만든 것이 아니라 정조 때 『여지도』에 의해서 8도 감영의 경위도를 도상으로 양정(量定)한 것과 같이 기존의 여러 지도 특히 비변사에 소장된 지도를 중심으로 각 지방의 경위도를 양정하여

75　朴寬燮, 1978, 「大東輿地圖의 圖法 및 系譜에 관한 歷史地理的 硏究」, 『朴寬燮頌壽紀念論叢』, pp. 23~61.

전국 주현의 경위도를 비정하고[76] 이를 근거로『청구도』·『동여도』·『대동
여지도』 등을 방안도법에 의하여 제작했던 것이다. 그러므로『대동여지
도』는 전국을 두루 섭렵하며 측량한 실측지도가 아니라 조선시대 만들어
진 전통적인 여러 지도 등을 상호 비교하여 도상으로 연구하여 경위도를
정해 제작된 지도이다.

7) 북한의 김정호 인식

북한에서 간행된『조선통사』상 제12장 제5절에서 〈19세기 초기와
중엽의 문화〉 단원 중 역사, 지리학 항목에서 김정호의『대동여지도』에
대해서 자세히 아래와 같이 논급하고 있다.

> 19세기 중엽 지리학 분야에서 이룩된 가장 큰 성과는 지도 작성기술과 이
> 론이 눈에 뜨이게 발전한 것이었다. 이 시기 지도학 분야에서 큰 성과는
> 『대동여지도』가 만들어져 출판된 것이다. 이 지도는 당시까지로서는 가장
> 큰 축적지도였다. 김정호는『대동여지도』 제작에 앞서『지구도』를 만들었
> 으며 1834년에는『청구도』라는 채색으로 그린 조선전도를 만들었다. 그
> 는 그 후 조선 전지역도를 만들 목적 밑에 전국 각지를 실지 답사하고 수
> 집한 자료에 기초하여 1861년에 22첩으로 된 지도를 완성하여 출판하였
> 는데 그것이 곧『대동여지도』이다.
> 이 지도는 방안도법에 의한 1:162,000의 축척지도로서 방안의 한 변은 10
> 리를 표시하며 이에 기초하여 거리와 방위가 면적을 측정할 수 있게 되어
> 있다. 첩본의 한쪽 면은 통일된 축척에 의하여 남북이 120리 동서가 80리

---

76 『輿圖備志』(國立中央圖書館 古 0233-3).

로 되어 있으며 첩을 펴면 두 페이지가 연속된 도면을 이루게 되었고 22첩을 전부 연결시키면 약 25평방메타에 달하는 커다란 전 조선의 단폭지도로 된다. 또한 이 지도에는 특히 정밀성을 요구하는 지역에 대하여서는 5부(서울시내소) 및 경조(서울 및 그부근)도 등 특별히 큰 축척으로 그린 부분들도 삽입하고 있다.

이 지도가 가지는 과학적 가치는 내용의 정확성과 도면 구성상에서의 과학성에서만 찾아볼 수 있는 것이 아니라 자료의 선택과 지도의 기초체계에서도 볼 수 있다. 지도에는 산악과 산맥 기초로서는 아직 전대고도를 표시하지 못한 소박한 회도식 기호를 썼으나 산 모습, 산봉우리 모양과 산맥의 형상, 하천, 호수, 항만의 지형 등은 직관적으로 자세하게 표시하였다. 행정경계선, 문화유적 특히 주, 군, 현과 읍의 위치, 군사, 교통 시설 및 창고, 목장, 제방, 나루터 및 기타 정치, 경제, 군사, 문화, 자연의 모든 측면을 근대적인 방법으로 도식화하여 표시하고 있다. 또한 지명과 지물의 명칭 및 주해도 자세히 구분하여 체계성 있게 표시하였다. 이 지도에 표기된 지점들은 그 위치가 정확할 뿐 아니라 종래의 지도나 지리지에서 빠졌거나 잘못된 것들이 답사를 통한 정확한 자료와 고증에 의해서 보충 시정되고 특히 종전에는 매우 부정확하게 밖에 작성되지 못하였던 북부 산간지대와 섬들에 대하여서도 자세한 내용이 주어져 있다.

이 지도에 의하여 우리의 귀중한 역사적 사실들을 알 수 있을 뿐 아니라 상품화 관계의 발전과정의 확대에 따라 새로운 도로망이 개척된 사실 등을 또한 파악할 수 있다.

지도의 내용을 더욱 보충할 목적에서 김정호는 1864년에 『대동여지도』를 재판하는 것과 함께 『대동지지』32권을 편찬하여 지도가 담을 수 없었던 인구통계, 군대 배치와 그 역량, 선박의 종류와 그 수량 및 용도, 목장, 조세, 장시, 풍속, 공납 및 기타 37개 항목의 풍부한 내용을 각 군, 현 별로 일정한 체계에 따라 자세하게 서술하므로서 그의 지도와 호상 보충하도록 하였다.

『대동여지도』와 『대동지지』는 상업자본의 장성에 의하여 자극 되었고 또한 이렇게 하여 작성된 그의 지도와 지리지는 상업자본가들에게 널리 이용되어 우리나라의 교통과 상업발전에 이바지 하였다. 이 지도는 김정호 한사람의 힘으로 된 것 만큼 그가 답사하지 못한 지점들에 있어서는 부정확하게 그려진 개소들도 적지 않으며 역사적인 지명 표시에서는 또한 그의 독단으로 된 개소들도 적지 않다. 그러나 『대동여지도』는 조선 봉건 말기에 이룩된 지도학 분야에서의 가장 큰 성과이며 귀중한 민족적 유산으로 된다.[77]

위 내용 중 고산자가 『대동여지도』 제작에 앞서 『지구도』를 만들었다고 하였는데 이는 오주의 「만국경위지구도변증설」에서 지적된 대로 이 『지구도』는 고산자가 제작한 것이 아니라 그는 최한기의 지도제작을 도와주었을 뿐이다. 이 『지구도』는 최한기가 중간한 것이다.

다음으로 전국을 두루 답사하여 지도나 지리지에서 빠졌거나 잘못된 곳을 바로 잡았다고 하였는데 이는 잘못이다. 고산자는 전국을 두루 답사한 것이 아니라 전통적으로 전해 내려오는 지도 등을 종합하여 가장 합리적이고 간편한 지도를 만들었는데 그 지도가 『대동여지도』이다.

그리고 상업자본의 성장에 맞추어 『대동지지』를 편찬하였다고 했는데 실제로는 『대동지지』에 장시(場市) 항목이 모두 빠져있음을 간과해서는

---

77 『조선통사』 상, 1989, 12장 5절 〈19세기 초기와 중엽의 문화〉.

안 된다. 필자도 이점은 명확히 해명할 수 없는데 왜 장시 항이 빠졌을까 매우 의문이다.

북한에서도『대동여지도』는 조선 봉건 말기에 이룩된 지도학 분야에서의 가장 큰 성과이며 귀중한 민족적 문화유산으로 평가하고 있다.

제4절 새롭게 조명해 본 김정호의 생애

지금까지 앞서 선학들이 연구한 고산자에 관한 사항을 모두 알아보았다. 이제 고산자에 관한 사항들을 하나하나 정리해 보려고 한다.

1) 고산자의 출생지

고산자의 출생지가 황해도라는데 이의를 제기한 연구자는 없다. 황해도 봉산설이 유력하였다. 그러나 필자는 황해도 황주이거나 경기도 김포일거라고 추리한다. 왜냐하면 김정호의 호가 고산자(古山子)인데 자호(自號)하였다. 대개의 경우 호는 자기 출신지의 산천이나 중요한 지형 등을 참고하여 정한다. 황해북도 황주군 인포리의 북쪽에 해당하고 평양시 강남군 고천리와의 경계에 있는 해발 185m의 산이 고산(古山)이다.

그리고 호에 자(子)를 붙이는 것은 조금 드문 경우다. 자(子)는 공자(孔子)와 노자(老子)의 칭호처럼 어느 부문의 전문가에게 붙여주는 존칭의 의미가 있다. 그래서 대체적으로 자(子)를

〈지도 2-1〉 고산이 표시된『황주지도』

호칭으로 쓰지 않았다. 『동국대지도』를 편찬한 정상기의 호가 농포자(農圃子)이다. 김정호는 정상기를 존경하기 때문에 자기의 호에도 자기의 출신지에 자(子)를 붙여 고산자(古山子)라고 했을 가능성이 크다. 김정호는 지도 제작 부문에는 누구에게도 뒤지지 않는다는 자부감이 자(子)를 호로 사용했을 것이다. 그러므로 김정호는 황해도의 황주 출신일 가능성이 있다.

2) 고산자의 생몰연대(生歿年代)

고산자의 생몰연대를 정확히 알 수 없기 때문에 이병도는 김정호가 순조·헌종·철종·고종까지 4대에 걸쳐 생존했다[78]고 하였다. 고산자는 순조 34년(1834)에 『청구도』를 제작했으며 고종 원년(1864)에는 『대동여지도』를 재간하고 『대동지지』를 썼기 때문에 이러한 단정은 사실에 부합된다. 그러나 이 정도는 미흡하다.

고산자의 생몰연대를 정확히 1804~1866년이라고 지적한 연구자는 김양선이다.[79] 그러나 김양선은 고산자가 어떻게 생활했기 때문에 이렇다는 근거를 제시하지 않아 신빙성에 문제가 있다.

필자는 『대동지지』의 내용을 면밀히 검토한 결과 충청도 홍주목(洪州牧)의 「도서(島嶼)」항에서 원산도(元山島)를 설명하면서 당저(當宁) 계축년(1863)에 별장을 설치한 기록이 있다. 여기서 당저 임금은 철종을 말한다. 그리고 고종 원년인 갑자년(1864)에 『대동여지도』를 재간했으므로 김정호는 이때까지 살았음을 알 수 있다.

『대동지지』 내용을 좀 더 검토해보면 고산자가 고종 3년(1866)까지 생

---

78 李丙燾, 『靑邱圖 解題』.
79 金良善, 앞의 책, 『韓國實學發達史』.

존했음을 알 수 있다.[80] 『대동지지』권1 국조기년 고종조에는 고종의 왕비가 민비로 기록되어 있다.[81]

다른 왕들은 세자로 책봉된 후 세자빈을 맞아 들였다가 함께 왕과 왕비로 즉위하지만 고종은 세자시절이 없이 바로 즉위하였기 때문에 왕비가 없었다. 고종은 즉위하고 철종의 국상(國喪)을 마친 3년 후인 고종 3년(1866) 3월에 민비를 왕비로 맞아들인다.[82] 이 사실이 『대동지지』에 실려 있다. 그러므로 김정호는 고종 3년(1866) 3월 이후까지 생존했다는 사실이 증명된다.

그런데 『대동지지』 경기도 삭녕군의 연혁조의 세주를 보면 "당저 5년에 정기덕(鄭基德)이 역모로 주살되어 현으로 강등되었다"[83]라는 기록이 있다. 여기서 당저는 고종을 가리키며 고종 5년은 1868년으로 적어도 김정호는 고종 5년(1868)까지 생존하였고 그 때까지 『대동지지』를 편찬하였음을 알 수 있다.

친우였던 최한기가 1803년에 태어났으므로 김정호도 1803년에 태어났을 것이다. 고산자의 출생 시기는 지금 밝힐 근거가 없지만 사망 시기는 『대동지지』에 의거하여 고종 5년(1868)임을 알 수 있다.

3) 고산자의 거주지

김정호가 황해도 황주에서 언제 서울로 상경했는지는 알 수 없다. 고산자는 서울에 상경하여 남대문 밖 만리재에 살았다고 한다. 고산자의 거

---

80 拙稿, 앞의 논문.

81 金正浩,『大東地志』권1, 國朝紀年 高宗條.

82 『高宗實錄』권3, 高宗 3년 3월 6일과 20~22일 기사 참조.

83 『고종실록』제5권, 고종 5년(1868) 8월 6일 경술.

〈그림 2-6〉 약현에 있는 김정호 기념비

주지에 대해서는 정인보의 지적이 생생하다. 그는 고산자와 생전에 면식이 있었던 한세진의 아버지 증언을 근거로 고산자가 만리재에 살았다고[84] 하였다.

그러나 정인보보다 앞서 1925년 『동아일보』에 게재된 내용을 보면 조선광문회에서 고산자의 유업을 기리기 위해 그의 유허가 있는 남대문 밖 약현에 기념비를 세우려고 추진했던 사실을 전하고 있다.[85] 이로 본다면 고산자는 약현 부근에 살았다고 생각된다. 그리고 서대문 밖 공덕리에 살았다는 설은 매우 잘못된 얘기다. 왜냐하면 『수선전도』 등의 도성도를 펼쳐들고 위치를 확인해 보면 만리재 너머가 바로 공덕리이기 때문이다. 공덕리는 남대문 밖이지 서대문하고는 전혀 거리가 멀다. 약현, 만리재, 공덕리는 서로가 지척의 거리이다. 조선광문회에서 기념비를 세우려고 추진한 점으로 미루어 상당한 고증이 있었으리라고 사료되며 고산자는 약현 부근에 거주했다고 생각된다(그림 2-6 참조).

---

84 鄭寅普, ①『薝園國學散稿』 2편 『朝鮮古書解題』, 「大東輿地圖」, ②『東亞日報』 1931년 3월 9일자와 3월 16일자 기사.
85 『東亞日報』 1925년 10월 9일.

4) 고산자의 당호(堂號)문제

김정호는 '고산자(古山子)'라고 자호하였다.[86] 그리고 가정형편이 빈한
했고 신분도 미천했다. 그러므로 그가 당호를 갖는다는 것은 쉽지 않았을
것이다.『대동지지』에 그가 인용한 65종의 역사서 대부분은 최한기나 최
성환에게 빌려본 것이지 그가 소장했던 사서가 아닐 것이다. 이규경도 최
한기가 많은 장서(藏書)를 갖고 있다고 지적하였다.[87] 당시 책값이 무척 비
쌌기 때문에 웬만한 사람은 좀처럼 장서를 가질 수 없었다.

그러므로『지구도』중간자가 '태연재(泰然齋)'라고 표기된 것은 고산자
의 당호가 아니라 최한기의 당호이다. 앞에서 여러 번 지적한대로 오주의
「지구도변증설」을 자세히 살펴보면『지구도』의 중간자는 최한기이므로
태연재는 고산자의 당호가 아니다.

5) 고산자의 전국 답사설

고산자가『대동여지도』를 만들기 위하여 백두산을 7회나 등정했다
는 사실을 믿는 연구자는 없다.[88] 그러나 과거에는 고산자의 위대성을 드
높이기 위하여 무비판적으로 이를 수용하였다. 이는 조금만 침착하게 생
각해보면 누구나 수긍할 수 없는 불가능한 일이다. 교통관계, 경제력, 체
력, 맹수들, 어느 것 하나 가능성을 제시해 주지 못하고 불가능하다는 사
실만을 굳혀 주는 것이다. 지도를 그리기 위해서는 마을의 가까운 뒷산에
올라가 조망하는 것은 도움이 되겠지만 백두산 같이 높은 산에 올라가면
산만 보일 뿐이므로 지도를 제작하는 데는 아무런 도움이 안 된다.

---

86 劉在建,『里鄕見聞錄』.

87 李圭景,「中原新出奇書辨證說」,『五洲衍文長箋散稿』上.

88 方東仁, 2,000「韓國의 地圖」, pp. 167~190.

그리고 고산자가 정밀한 지도를 만들기 위하여 전국을 두루 답사하였다는 사실을 부정하는 연구자는 한 사람도 없다. 그렇지만 필자는 이 사실도 믿을 수가 없다. 다음 사료들을 면밀히 검토해 보자.

가) 특히 여지학(輿地學)에 빠져 있었다. 해박하게 고찰하고 널리 자료를 수집하여...(유재건의 『이향견문록』).[89]

나) 친우 김정호는 소년시절부터 깊이 지도와 지리지에 뜻을 두고 오랫동안 자료를 찾아서 지도 만드는 모든 방법의 장단을 자세히 살피며 매양 한가한 때에 연구 토론하여 간편한 비람식(比覽式)을 구해 얻어 줄을 그어 그렸으나...(최한기의 「청구도제」).[90]

다) 나는 일찍이 우리나라 지도에 깊은 관심을 갖고 있었으며 비변사나 규장각에 소장되어 있는 지도나 고가(古家)에 좀 먹다 남은 지도 등을 광범위하게 수집하여 여러 지도를 서로 대조하고 여러 지리지 등을 참고하여 하나의 완벽한 지도를 만들려고 시도하였다. 나는 이 작업을 김군 백원(百源)에게 위촉하여 완성하였다. 손가락으로 가리키고 입으로 전하기를 수십 년 걸려서 비로소 한 부를 완성하였는데 23규(糾)이다(신헌의 『대동방여도』 서문).[91]

사료 가)는 유재건이, 사료 나)는 최한기가, 사료 다)는 신헌이 쓴 기

---

89 劉在建, 『里鄕見聞錄』.
90 崔漢綺, 「靑邱圖題言」, 『靑邱圖』 乾.
91 申櫶, 「大東方輿圖序」, 「琴堂草稿」 奎(古 3428-339).

록들이다. 이 세 사람은 고산자와는 같은 시기에 활약한 인물들이다. 그러나 누구 한 사람 고산자가 전국을 두루 답사하였다고 지적한 사람은 없다. 세 사람 모두 오로지 기존의 지도들을 두루 모아 좋은 점을 따서 집대성시켰다고 지적하고 있다.

이와 같이 고산자는 '해박하게 고찰하고 널리 자료를 수집하여(博攷廣蒐)' 했거나, '오랫동안 자료를 찾아서(歲久搜閱)' 했으며 '광범위하게 수집하여 여러 지도를 서로 대조하여(廣蒐而證定)' 『청구도』나 『대동여지도』를 만들었지 전국을 두루 답사한 것이 아니다. 이는 방동인의 지적처럼 당빌은 프랑스를 한 발자국 나가지 않았지만 당시로서는 가장 정확한 세계지도를 만들 수 있었다는 사실이 이를 뒷받침 해 준다.[92]

6) 고산자 옥사설(獄死說)

고산자 옥사설은 상당히 광범위하게 퍼져 있었다. 이 옥사설을 강력히 부인한 이병도는 여러 가지 정황을 들었다. 즉 고산자가 만든 지도나 지리지 어느 것 하나 몰수당하거나 압수당한 일이 없다고 하였다.[93]

필자도 옥사설을 밝혀 보려고 『고종실록』, 『승정원일기』, 『추국안』 등을 면밀히 검토해 보았지만, 그러한 흔적도 발견할 수 없었다. 그러므로 고산자의 옥사설은 믿기 어렵다.

첫째, 고산자가 만든 지도나 편찬한 지리지가 하나도 손상당하지 않고 고스란히 현재까지 보존되고 있다.[94]

둘째, 국가 기밀을 누설할 가능성이 있으므로 『대동여지도』의 판목

---

92 方東仁, 앞의 책, pp. 167~190.

93 李丙燾, 앞의 글.

94 京城帝大, 『古圖書展觀目錄』, 65項 p. 19.

을 압수하여 소각했다고 했는데 현재에도 『대동여지도』 판목 2매가 숭실대 박물관에 보존되어 있으며, 1931년의 경성대 『고도서전관목록』에 의하면 판목 2매가 당시 전시되었으며 출품을 꺼리는 일본인이 수십 매를 소장하고 있다고 하였다. 김양선도 『대동여지도』 판목을 소유하고 있었으며[95] 최성환 후손들의 증언에도 『대동여지도』 판목들이 남아있었다고[96] 하였다. 이러한 사실들로 유추해 볼 때 『대동여지도』 판목은 압수당하지 않았었다(그림 2-7, 2-8 참조).

필자의 조사에 의하면 국립중앙박물관 목록에 의하면 조선총독부로부터 인계받은 목록 중에는 『대동여지도』 판목 1조(組)가 있다고 기록되어 있다. 1조(組)는 판목이 한 두 매가 아니라 여러 매라는 뜻이다. 이 판목은 최남선의 아들인 최한웅에게 구매한 것으로 기록되었는데 최한웅의 나이가 당시 7세였으므로 최남선이 박물관에 판매하였을 것이다.

그런데 이 판목은 6·25때 망실된 유물 목록에 포함되어 있다. 다른 유물과 함께 『대동여지도』 판목도 망실된 것으로 기록되어 있다. 그러나 필자가 전국의 고지도 목록을 전부 조사하는 과정에서 국립중앙박물관 고지도도 조사했는데 그 과정에서 한 학예관이 수장고에 알 수 없는 판목이 있는데 조사해 달라는 의뢰가 있었다. 수장고에서 꺼내 온 판목은 『대동여지도』 판목이 틀림없었다.

『대동여지도』 목판은 처음에는 126매가 있을 것으로 추정했는데 이 판목을 살펴보니까 앞 뒤로 판각한 사실을 알았다. 그러므로 63매가 있으면 되는데 어느 지역은 서너 지역을 한판에 판각한 목판도 있는 것으

---

95 金良善, 앞의 책.

96 崔永達氏 證言(忠北 淸原郡 江內面 多樂里).

로 미루어 『대동여지도』의 총 목판은 60여 매 정도였을 것이다. 현재 국립중앙박물관에 11매가 있고 숭실대에 2매가 소장되어 있다. 이와 같이 『대동여지도』 목판은 압수되거나 소각 당하지 않았음을 알 수 있다.

〈그림 2-7〉 대동여지도목판(국립중앙박물관)

셋째, 유재건이 『이향견문록』에 죄인을 수록하지는 못했을 것이며 유재건은 김정호가 몰(沒)했다고 표현하고 있다.[97] 만약 고산자가 옥사했다면 물고(物故) 당했다고 표기해야 옳을 것이다.

넷째, 고산자와 교유하였던 최한기나 재정적 후원자였던 최성환·신헌 등이 연루되어 어떠한 처벌이라도 받았어야 할 텐데 그러한 기록이나 흔적을 찾을 수 없다.

〈그림 2-8〉 대동여지도 수정된 목판(국립중앙박물관)

이러한 이유들은 기초로 한다면 고산자의 옥사설은 일제가 그들의 식민통치를 위하여 조작한 사실인 듯하다.[98]

---

97 劉在建, 앞의 책.
98 『朝鮮語讀本』 5권.

7) 고산자의 신분

고산자의 신분을 알 수 있는 기록이 전혀 없다. 그러므로 고산자의 신분도 정확히 알 수 없다. 다만 다음 몇 가지 사실로 유추해 볼 수밖에 없다.

첫째, 『이향견문록』에 수록된 인물들의 신분을 통해서 고산자의 신분을 짐작할 수 있다. 유재건은 「이향견문록의례」에서 '시골 마을에서 좋은 일을 해서 칭찬 받는 사람(里仁鄕善之可稱者)' 중 '떠돌아다니다가 전해지지 않는(漂沒無傳)' 사람들을 한탄하고 아깝게 여겨 이 책을 편찬하여 그들의 행적을 기리겠다고 하였다.[99] 이와 같이 이 책에는 전기가 전해지지 않는 하층계급 출신으로 각 방면에 뛰어난 인물들의 행적을 모았다. 그러므로 고산자도 하층계급 출신임을 알 수 있다.

둘째, 신헌의 『대동방여도』서문을 통해서 고산자의 신분을 생각할 수 있다. 그 서문 중에서 '저 김군 백원에게 위촉하여 완성하였다(諸金君百源 屬以成之)'라고 하였다.[100] 신헌은 순조 11년(1811)에 태어났고 김정호는 순조 3년경에 태어났기 때문에 연령적으로는 김정호가 연상이다. 그런데도 이 글에서는 김정호를 김 군이라고 부르고 있다. 이로 미루어 본다면 김정호는 신헌보다 신분이 훨씬 못 미침을 알 수 있다. 즉 연하자가 연상자에게 김 군이라고 할 수 있는 것은 신분적 우위에 있기 때문에 가능하다. 또 같은 양반 출신이면 김 공이라고 표기했을 것이다. 또 성명을 적지 않고 성과 자만을 적은 것도 신분적 차이가 있기 때문이다. 자도 백원(伯元)이 아니라 백원(百源)으로 잘못 표기하고 있다. 이런 정황으로 보아 김정호는 양반 출신이 아님을 알 수 있다.

---

99 劉在建, 앞의 책.
100 申櫶, 앞의 책.

셋째, 김정호의 족보가 없다
는 점이다. 청도 김씨 『대동보』에
의하면 김정호는 봉산파로 분류
되어 있는데 6·25동란으로 인하
여 봉산파가 실계된 것으로 설명
되어 있다.[101] 그러나 6·25동란과
관계없이 구보에는 등재되어 있
어야 하는데 고산자는 족보가 없
다. 이는 김정호가 족보도 갖지
못했던 한미한 출신임을 의미한
다. 김정호는 6·25동란으로 족
보가 실계된 것이 아니라 애초부
터 족보도 갖지 못했던 하층 계

〈그림 2–9〉 수원에 있는 김정호 동상(국립지리원)

급 출신이었다. 이상의 세 가지 사실을 종합한다면 김정호는 족보도 전기
도 없는 한미한 계층 출신이다.

8) 김정호는 천주교 신자 (?)

김정호가 천주교 신자라고 짐작되는 다음 사항들이 있다.

첫째, 김정호의 거주지인 약현은 19세기에 천주교 신자가 많이 모여
살던 지역이었다. 우리나라 천주교 성당 중에 약현 천주당이 제일 먼저
건립되었다. 약현에 살았던 김정호는 현실사회에 불만이 많았을 것이고
계급사회를 타파해야한다는 의식이 강했으므로 자연스럽게 천주교 신자

---

101 『淸道金氏大同譜』.

가 되었을 것이다.

둘째, 『대동지지』 홍주목 전고(典故)항에 "순조 32년(1832) 7월에 서양의 상선(商船) 호하미(胡夏米) 등이 고도도(古道島)에 도착하여 그 지방의 토산물을 헌납하였다. 그 나라는 합애란국(合愛蘭國), 사객란국(斯客蘭國), 영길리국(英吉利國)인데, 대영국(大英國)이라고 칭하고 배 가운데의 사람들은 67인이었다. 그 배에는 큰 칼 30개(個), 총(銃) 30정(錠), 창(槍) 24개(個), 화포(火砲) 8문(門)이 있었다. 그 나라 서울의 지명이 란돈(蘭敦)인데, 둘레는 75리이고, 왕의 성은 위씨(威氏)라고 부르며, 그 나라의 토산품은 대니단(大呢緞)으로 홍색, 청홍색, 포도색 각 1필이고, 우모단(羽毛緞)은 홍색, 청흑색, 포도색, 종려나무색 각 1필이고, 양포(洋布)가 4필이고, 천리경(千里鏡)이 2개이며, 파려기(玻瓈器) 6건(件)이고, 화전주구(花全紬扣)가 6배(排)이고, 본국도리서(本國道理書)가 26종인데, 이런 것이 홍주목에 남겨져 있다."

『대동지지』의 다른 지역에서는 이러한 기록이 없는데 영국에 관한 사항을 자세하게 기록하였다. 이것은 천주교가 홍주목이 관할하는 해미현 쪽으로 들어 온 사항과 연관된 것일지도 모른다.

셋째, 국립중앙도서관에는 최성환이 발췌한 『추국안』이 소장되어 있다. 내용을 검토해보면 천주교 신자들을 박해하는 내용인데 세례명으로 나오기 때문에 김정호 이름을 찾을 수는 없다. 그래도 '최성환이 이 부분만 『추국안』을 발췌해서 보관했을까?'하는 의심이 드는 자료이다.

이상으로 고산자 김정호의 출생지, 생몰연대, 그의 거주지, 당호 문제, 전국답험설, 옥사설, 그의 신분 문제 등을 하나하나 검토하여 보았다.

고산자는 황해도 황주나 경기도 김포에서 출생하여 1803~1868년까지 활동했으며 그는 당호도 갖지 못한 한미한 계층 출신이었지만 죽는 그날까지 정확한 지도를 만들어야겠다는 일념으로 지도와 지리지를 편찬하다가 죽은 조선 후기의 위대한 지리학자였다.

물론 그는 『대동여지도』를 편찬한 죄목으로 옥사하지도 않았으며 백두산을 등정했다거나 전국을 실지로 답사하여 실측지도를 만들었다는 사실은 믿기 어렵다. 최한기, 최성환, 신헌 등의 후원자의 도움으로 우리나라에 전래되어 오는 여러 지도, 특히 비변사의 지도와 서양의 과학기술을 접목하여 우리나라의 고지도를 집대성한 위대한 지리학자이다.

제3장

김정호의 지리지 편찬

제1절 『동여편고』 편찬

제2절 『동여도지』1 편찬

제3절 『동여도지』2 편찬

제4절 『여도비지(輿圖備志)』 편찬

제5절 『대동지지(大東地志)』 편찬

고산자 김정호와 그의 대표적 작품인『청구도』·『대동여지도』·『대동지지』는 누구에게나 잘 알려져 있다. 그러나 그의 생몰 연대조차 제대로 알 수 없어서 이 저작물들이 어떤 과정으로 제작되었고 어느 정도의 역사적 의의가 있는지를 밝히는 것은 매우 어려운 실정이었다. 물론 김정호의 생애에 대해서 전기적으로 살펴 본 글들이 있으며[1] 그의 저작물에 대한 제한적인 해설[2]과『대동여지도』에 관한 연구[3]가 시도되었지만 아직은 미흡한 실정이다. 필자는 오래 전부터 김정호에 대해서 관심을 기울인 결과 국립중앙도서관에서『여도비지』[4]를 찾아내어『대동여지도』제작과정의 일부를 밝히게 되었으며, 오랜 수소문 끝에 영남대에 소장되어 있는

1   劉在建,『里鄕見聞錄』권8,「金古山正浩條」.
    鄭寅普,『薝園國學散稿』第2篇「朝鮮古書解題」大東輿地圖條.
    李丙燾, 1969,『人物韓國史』권4, 金正浩條, 博友社.
    鄭亨愚, 1974,『韓國의 人間像』권3, 金正浩條, 新丘文化社.
    文一平, 1941,『朝鮮名人傳』권3, 金正浩條, 朝光社.
2   李丙燾, 1975,「地圖·地志의 集大成者로서의 古山子 金正浩」,『내가 본 어제와 오늘』, 博英社.
    洪以燮, 1964,「金正浩와 大東輿地圖」,『思想界』10月號, 思想界社.
    李丙燾, 1971,「靑邱圖 解題文」,『靑邱圖』乾, 民族文化推進會.
    全相運, 1979,『韓國科學技術史』, 正音社, pp. 158~160.
    李   燦, 1977,「韓國古地圖의 發達」,『韓國古地圖』, 韓國圖書館學硏究會, pp. 183~230.
    方東仁, 1985,『韓國의 地圖』, 세종대왕기념사업회, pp. 167~190.
3   朴寬燮, 1978,「大東輿地圖의 圖法 및 系譜에 관한 歷史地理的 硏究」,『朴寬燮頌壽紀念論叢』, pp. 23~61.
4 『輿圖備志』(國立圖書館 古 0233-3).

『동여도지(東輿圖志)』(일명 『대동여지통고』)[5]를 접하게 되어 비로소 김정호가 어떤 과정을 거쳐『대동여지도』란 불후의 명작을 남기게 되었는가를 알 수 있게 되었다. 최근에는 이기봉(2012)이 밝혀낸『동여편고』도 김정호가 쓴 지리지임을 알게 되었다.

제1절 『동여편고』 편찬

『동여편고』는 국립중앙도서관에 소장된 도서(청구기호: 한 古朝 60-75)이다. 이 책이 주목받게 된 계기는 이기봉(2012)[6]이 논문을 써서 학계에 보고한 이후이다. 겉표지는『한한청기(閑閑淸記)』라고 적혀 있고 안표지가『동여편고(東輿便攷)』로 되어 있다. 상하 두 책으로 되어 있었을 텐데 현재는 상권만 있고 하권이 없어서 이북 3도와 강원도, 황해도 등의 내용은 알 수 없다. 모든 여백마다 깨알 같은 글씨로 추가하였고 부족하면 부전지(附箋紙)를 붙여 보완하였다.『동여편고』는 서문도 없기 때문에 편찬자가 누구이고 제작시기가 언제인지도 알 수 없다. 이기봉의 논문을 참고하여 내용을 검토해 본다.

1) 『동여편고』의 제작시기

『동여편고』의 제작시기는 편찬자도 없고, 기록한 서문도 없으므로 내용을 검토하여 추정하는 방법 밖에 없다. 첫 번째로 군현의 변천을 살펴보면,

---

5 『東輿圖志』(嶺南大圖書館 貴古 981.1).

6 이기봉, 2012, 「국립중앙도서관에 소장된『동여편고』연구」, 『한국지역지리학회지』제18권 제1호.

경기도의 경우 1823년에 개성부에 합쳐진 풍덕현은 그대로 있고, 정조 19년
(1795)에 이름이 바뀌는 시흥군은 금천현(衿川縣)으로 기록되어 있다. 전라도는
장성(長城)에 합쳐진 진원(珍原)은 반영되어 있지 않지만 황해도의 강음(江陰)
과 우봉(牛峯)이 합쳐진 금천군(金川郡)이 두 현과 같이 기록되었다. 경상도에
새롭게 설치된 자인(慈仁: 1637)·칠곡(漆谷: 1640)·영양(英陽: 1683)·순흥(順興: 1683)과
함경도의 무산(茂山: 1684)·장진(長津: 1787) 등은 반영되어 있다. 1822년에 설치
된 후주(厚州)는 기록되어 있지 않다. 그러므로 군현의 변천 사항을 가지고
제작시기를 가늠해 보면 1787년부터 1822년 사이에 편찬되었을 것이다.

　　두 번째로 살펴 볼 수 있는 것이 왕의 묘호이다. 정종(正宗) 13년(1789)에
수원부의 읍치를 옮긴 기록이 나오는데 이로 본다면『동여편고』는 정조
이후에 제작되었음을 알 수 있다. 충청도 보은현 건치연혁 중에 '당저 ○
년 안어태 승위군수(當宁○年 安御胎 陞爲郡守)' 기록이 있고 경상도 동래현 위
쪽 여백에 '금정산성 당저 갑신치별장(金井山城 當宁 甲申置別將)' 기록이 있다.
당저(當宁)라는 기록은 현재 임금을 지칭한다. 위의 기록은 순조 6년(1806)에
순조의 태실을 보은현에 안치했으므로 보은군으로 승격시킨 사실이고,
금정산성에는 순조 24년(1824)에 별장(別將)을 둔 사실을 기록하고 있다. 위
의 기록으로 볼 때『동여편고』는 순조 년간에 편찬되었음을 알 수 있다.
그런데 경기도 풍덕군 건치연혁 뒷부분에 "순종 경진년에 혁파하여 개성
부에 속하게 하였다"라는 기록이 있다. 순종이라는 묘호가 나오는 것은
『동여편고』가 순조가 사망한 1834년 이후에도 교정을 계속했다는 뜻이다.

2)『신증동국여지승람(新增東國輿地勝覽)』과의 항목 비교

　　『동여편고』는『신증동국여지승람』의 항목을 거의 그대로 활용하고
있지만 조금 차이나는 부분도 있다. 다음 〈표 3-1〉에서 확인할 수 있다.

〈표 3-1〉『신증동국여지승람』과 『동여편고』의 항목 비교표

군현	항목	신증동국여지승람	동여편고
광주목	건치연혁	○	○
	군명	○	○
	성씨	○	○
	형승	○	×
	토산	○	○
	풍속	○	×
	산천	○	○
	봉수	○	○
	학교	○	○
	누정	○	○
	역원	○	○
	불우	○	○
	능묘	○	○
	고적	○	○
	명환	○	×
	인물	○	×
	제영	○	×
여주목	건치연혁	○	○
	군명	○	○
	성씨	○	○
	형승	○	×
	풍속	×	×
	토산	○	○
	산천	○	○
	봉수	○	×
	학교	○	○
	누관	○	○
	역원	○	○
	불우	○	○
	사묘	○	○
	능묘	○	○
	고적	○	○
	명환	○	×
	인물	○	×
	제영	○	○

광주목은 『신증동국여지승람』과 비교해보면 형승·명환·인물·제영 항목이 없다. 여주목의 경우에도 형승·명환·인물 항목은 『신증동국여지승람』과 비교해서 없는 항목이고 특히 풍속 항목과 봉수 항목이 다른 군현과 비교해도 없다. 봉수 항목이 빠져 있는 점이 관심을 끈다. 『신증동국여지승람』의 항목을 그대로 사용했지만 『동여편고』를 편찬할 때에도 각 군현에 맞게 항목을 조절했음을 알 수 있다.

3) 『신증동국여지승람(新增東國輿地勝覽)』과의 산악 지명 비교

『동여편고』는 『신증동국여지승람』의 내용을 간추린 게 많다. 두 지리지의 경기도 광주목과 여주목의 산악지명을 비교해 보면 똑같다. 두 군현 뿐만이 아니라 경기도의 각 군현의 산악지명을 비교해보면 거의 똑같다. 아래 〈표 3-2〉에서 확인할 수 있다.

4) 『동여편고』의 편찬자

이기봉(2012)은 『동여편고』의 편찬자를 김정호라고 추정하였다. 필자도 김정호였을 거라고 추정한다. 김정호가 편찬한 『동여도지』 서문에서 "여지승람의 예에 따라 문목을 정했다. 문은 42이고 편은 85편이며…"라고 말했으며 "지금으로부터 300여 년간 주현과 진보의 설치와 폐지, 호구와 전부의 증감이 같지 아니하나 때에 따라 바로 잡을 수 있다. 여기에 있어서 여러 사람의 지도를 참고하고 경위도를 살펴서 동서남북을 구분할 수 있다"라고 말한 점이다.

김정호는 분명히 『신증동국여지승람』을 기본으로 하여 문목(門目)을 정하였고, 그 후에 진보의 설치나 호구의 증감 등 달라진 사항은 바로 잡는다고 하였다. 『동여도지』는 손에 들고 다니며 수정하기 좋도록 포켓북

〈표 3-2〉 『신증동국여지승람』과 『동여편고』의 산악 비교

군현	신증동국여지승람	동여편고	군현	신증동국여지승람	동여편고
광주	黔丹山	黔丹山	여주	剛金山	剛金山
	軍月山	軍月山		流牛山	流牛山
	大母山	大母山		鳳尾山	鳳尾山
	大海山	大海山		北城山	北城山
	門懸山	門懸山		象頭山	象頭山
	修理山	修理山		勝山	勝山
	靈長山	靈長山		烏鴨山	烏甲山
	雲吉山	雲吉山		長淵山	長淵山
	圓寂山	圓寂山		慧目山	慧目山
	日長山	日長山		歡喜山	歡喜山
	早谷山	早谷山		笠巖	笠巖
	淸溪山	淸溪山			
	佳亇嶺	佳亇嶺			
	梨嶺	梨嶺			
	望月峯	望月峯			
	雙嶺	雙嶺			
	穿川峴	穿川峴			
	秋嶺	秋嶺			

으로 만들어졌고, 그 책의 여백에 빽빽하게 수정하여 추가하거나 부전지를 붙여서 내용을 추가하였다. 『동여편고』의 교정하는 방법이 『동여도지』의 교정방법과 똑같다. 『동여편고』의 수정내용이 『동여도지』에 반영된 점으로 미루어 『동여편고』의 저자는 김정호였을 것이다. 기록한 필체도 『동여편고』·『동여도지』·『여도비지』·『대동지지』가 거의 비슷하다.

제2절 『동여도지』1 편찬

김정호는 거의 평생 동안 『동여도지』1을 편찬하였는데 책의 크기는 가로 11.3cm이고, 세로 16cm인 작은 책이다. 후에는 『동여도지』2를 편찬하는데 가로가 19.0cm이고 세로는 29.3cm으로 보통 책 크기와 같다. 이 책은 영국 국립도서관에 보관되어 있는데 2018년에 국립중앙도서관에서 복사해 왔다. 『동여도지』2는 경기도와 강원도 황해도만 남아 있다. 『동여도지』2를 기초로 하여 최성환(崔瑆煥)과 함께 『여도비지』를 편찬하였다. 이 세 가지 지지(地志)를 종합하여 『대동지지』를 편찬하다가 마치지 못하고 죽었다.

1) 『동여도지(東輿圖志)』1 편찬시기

『동여도지』는 22책으로 편찬된 지지(地志)로서 김정호가 거의 평생을 걸쳐 보완시킨 지지이며 현존본은 모두 그의 육필본(肉筆本)이다.[7] 이 『동여도지』를 편찬하기 시작한 시기는 확실하지 않지만 최한기(崔漢綺)의 『청구도』의 제문(題文)의 내용에서 미루어 짐작할 수 있다. 그 서문에 의하면[8] 김

---

7 현재 嶺南大學校圖書館에 소장된 『東輿圖志』 17책과 高麗大學校圖書館에 소장되어 있는 『大東地志』 15책은 古山子 金正浩의 親筆本이다. 『大東地志』가 김정호의 肉筆本임은 鄭寅普先生께서 『薝園國學散稿』, 『朝鮮古書解題』 大東輿地圖條에서 자세히 설명하였다. 필자는 두 地志의 書體를 면밀히 대조한 결과 두 地志의 필체가 똑같음을 확인하였고, 이 『東輿圖志』가 嶺南大에 소장된 경위를 조사한 결과 1960년대 초 김정호의 후예로 추정되는 사람이 通文館 李謙魯翁에게 이 책들을 맡긴 후 돈을 빌려갔다가 이 돈을 갚지 못하자 후에 다시 찾아와 아예 이 책을 通文館에 팔고 갔다. 그 후 通文館에서는 이 책을 비롯하여 古地圖企劃展을 열었는데 당시 嶺南大 총장이던 李瑄根씨가 일괄 구입하여 영남대가 소장하게 된 것이다. 『東輿圖志』는 영남대 소장본 17책 이외에 서울대학교 奎章閣의 가람문고에 두 권이 落秩로 보관되어 있다.

8 崔漢綺, 「靑邱圖序」, "金友正浩 年自童冠 深留意圖志".

정호는 동관(童冠)의 나이부터 지도와 지지에 깊은 관심을 갖고 있었다. 확실하지는 않지만 여기에 보이는 동관은 대략 18~19세가량의 나이를 지칭하는 것 같다.[9] 김정호가 이때부터 『동여도지』를 편찬하기 시작했다고 단언할 수는 없지만 적어도 이 시기부터 편찬할 의사가 가지고 『동여편고』를 편찬하였고 이를 참고해서 『동여도지』를 편찬하기 시작하였을 것이다.

이 『동여도지』가 일차적으로 편찬이 완성된 시기는 순조 34년(1834)이다. 왜냐하면 『동여도지』 제6책 권11 청주목 연혁조 기사에 '순종 25년에 현을 강호하였고 34년에는 다시 예전으로 돌렸다'[10]의 기록이 있는데 이 기록은 『동여도지』 주현 연혁조 기사 중 가장 늦은 기록이다. 그런데 이 『동여도지』는 『청구도』 작성을 위한 기초 작업으로 편찬되었고 『청구도』의 제작시기는 순조 34년 가을이기 때문이다. 물론 이후에도 김정호는 이 『동여도지』를 계속 보완했지만 책의 상하나 좌우 등 여백을 이용하여 첨부하였으므로 일차적 편찬이 완성된 시기가 이 때일 것이다.

그러면 『동여도지』는 몇 년에 걸쳐 편찬되었을까? 이 문제는 김정호의 생장연대를 그의 막역한 친구였던 최한기와 그의 재정적 후원자였던 최성환의 생장연대와 비교함으로서 어느 정도 의문을 풀 수 있다. 김정호의 막역한 친우였던 최한기는 순조 3년(1803)에 태어나서 고종 16년(1879)에 죽었고,[11] 최성환은 순조 13년(1813)에 태어나서 고종 28년(1891)에 죽었다.[12] 그런데 김정호는 『대동지지』 편찬을 고종 5년(1868)까지 계속했으므로 이로 미루어 본다면 김정호는 적어도 이때까지는 생존했다. 그러므로 김

---

9 『大漢文辭典』 권3, 法仁文化社, 1987, p. 2340. 「童冠年將及冠的童子」.

10 『東輿圖志』 권11, 忠淸道 淸州牧 沿革條 "純宗二十五年降縣 三十四年復舊".

11 李佑成, 1971, 「明南樓叢書 叙傳」, 『明南樓叢書』, 成均館大 大東文化研究院.

12 白賢淑, 앞의 글.

정호가 60여 살 정도 살았다는 항설을 인정한다면[13] 그는 순조 3년(1803)경에 태어났을 것이다. 앞서 지적한 대로 최한기가 순조 3년(1803)에 태어났고 어릴 적부터 막역한 친구였으므로 김정호도 순조 3년(1803)경에 태어났다고 추정하는 데는 큰 무리가 없으리라고 본다.[14]

그렇다면 동관년(童冠年)을 18~19세로 보았을 때 김정호는 1822년에서 1823년경부터 『동여편고』를 편찬하기 시작하였을 것이다. 『동여도지』 함경도편에 후주부항을 설치한 것을 보면 그 이후이며 호구항이나 군총항에서 순조 무자년 통계를 이용하고 있는 것으로 보아 1828년 이후에 『동여도지』를 편찬하기 시작하여 1834년에 1차적으로 편찬하였다고 보여 진다. 그리고 그는 이 책을 시방서(示方書)로 『청구도』를 작성했다고 생각된다.

2) 『동여도지』 편찬체재

김정호가 『동여도지』를 편찬한 목적은 '나라를 다스리는 도(爲邦之道)'에 보탬이 되도록 하는 데 있었다.[15] 그는 『동여도지』 서문에서

"대개 여지학에는 지도와 지지가 있는 것은 오래 되었다. 지도는 직방씨가 있고 지지는 한서가 있다. 지도로 천하의 형세를 살필 수 있고 지지로 역대의 규정이나 법식 등을 알 수 있는데 이는 실로 나라를 다스리는 큰

---

13 김정호의 생애를 밝힌 글들은 김정호가 대체로 60여 살 정도 산 것으로 추정하고 있다.
14 鄭寅普는 김정호가 1865년까지 생존한 것으로 보았으며 金良善은 1804~1866년까지 생존한 것으로 보고 있다. 그러나 두 분 모두 구체적인 史實을 제시하지는 않았다.
15 『東輿圖志』 권2, 「東輿圖志序」.

틀이다. 우리나라는 단군 이래로 도적(圖籍)이 없었는데 『삼국사기』나 고려사부터 지지가 실리게 된다. 신라 통합 이전에는 군현이 설치된 경우 이름은 있으나 가리키는 곳이 없으며, 강역의 진퇴도 역시 기록은 있으나 준거할 만한 것이 없다. 아무리 훌륭한 역사가라 하더라도 확실하게 가려 낼 수가 없다. 다만 중국이나 우리나라 여러 역사책에 실려 있는 사실을 근거로 혹은 옳다고 하나 착오가 없지 않아 후에 논변자들이 갖다 맞추나 확실히 질정할 수가 없다.

신라가 삼국을 통일한 후에 주현이 정해졌고, 연혁의 증거가 있게 되었다. 본조에 이르러 『여지승람』을 편찬하여 도적이 분명해졌다. 동방에 나라가 선 이후에 지리지에 게재할 내용을 포괄하지 않음이 없으니 대단하지 않은가? 지금으로부터 300여 년간 주현과 진보의 설치와 폐지, 호구와 전부의 증감이 같지 아니하나 때에 따라 바로 잡을 수 있다. 여기에 있어서 여러 사람의 지도를 참고하고 경위도를 살펴서 동서남북을 구분할 수 있다. 역사책을 널리 수집하여 『여지승람』의 예에 따라 문목을 정했다. 문은 42이고 편은 85편이며 이름은 『동여도지』이다.

만약 지도를 참고하면 그 형세를 볼 수 있고, 지지를 참고하면 그 제작을 미루어 볼 수 있으며 규모 변통이 그 가운데 있다. 어찌 나라를 위한 큰 틀이 아니겠는가? 대개 역대의 지리지의 지도와 지리지는 헛되게 민물(民物)만 기재한 것이 아니다. 산천의 뛰어남과 나라 다스리는 것이 이것에서 숭상되지 않겠는가? 그러므로 문교와 무비가 전부 여기에 있고 관방·역참·학교·사원이 여기에 있다.

주현은 본래 경계가 없었는데 사람들이 나눈 것이고 산수는 원래 정한 이름이 없었는데 사람들이 이름을 정했다. 주현의 설치와 분합은 예나 지금이나 마음대로이며 순서를 대신하고 법을 다르게 할 수 있다. 그러므로 역사가 있으면 반드시 지리지가 있다.

큰 산과 바다로 가로 막혀 있는 특수한 지역이라도 분율이 아니면 원근의 실제를 분변할 수 없고 준망이 아니면 피차의 실체를 바로 할 수 없다. 또 경위 고하로서 험준함을 비교하고 도리를 밝혀 참 모습을 볼 수 있다. 그러므로 땅에는 반드시 지도가 있어야 한다.

본국은 3면이 바다로 둘러싸여 있고 함경도와 평안도의 양도만 진한이래 원나라에 이르기까지 국경이 넓어지거나 좁아지는 변화가 많았는데, 명나라 초기에 두만강과 압록강을 국경으로 삼았다. 지리지에는 『삼국사기』에 처음 보인다. 삼국이전에는 양강 이북을 고찰 할 수 없다. 그러므로 단군조선에서 고려시대까지는 그 국도, 강역, 풍속, 관제 및 전쟁 등은 특별히 역대 표제로 기록하였다.

본조에서는 8도가 거느린 주현이 334곳이다. 지도와 지지는 서로 체용하며 형세 제작은 그 가운데 있다. 이것은 나라를 다스리는 도리에 보탬이 되려는 것이다."

철종 12년 신유 가을 김정호 백원 씀.[16]

이상과 같이 편찬 목적을 밝히고 있다. 그리고 『동여도지』는 『동국여지승람』의 체제를 본받고 있음을 알 수 있다.

현재 영남대학교 도서관에 소장되어 있는 『동여도지』는 가로 11.3cm이고, 세로 16cm의 소책자로 총 20책이다. 제8책·제14책·제18책 등 3책이 결본(欠本)이어서 17책만 남아 있다. 표지의 책명은 『여지(輿志)』라고 쓴 것이 17책 가운데 14책이고, 3책은 『대동여지통고(大東輿地通考)』라고 표기되어 있다. 책 내용의 권 표시는 모두 『동여도지』라고 되어 있으며[17] 권차(卷

---

16 위와 같음.

17 『東輿圖志』의 表紙 冊名은 『輿志』, 『大東輿地通考』 등으로 표기되어 있으나 내용의

次)가 권1에서부터 권37까지 매겨져 있는데 함경도까지만 기술되어 있고 평안도편은 결본(欠本)이다.

그리고 서울대학교 규장각에도 『동여도지』 두 권이 현존한다.[18] 한 권은 역대 풍속·역대 관제 등을 서술하고 있으며, 다른 한 권은 『정리고』로서 『도리고』에 해당한다. 이 두 권까지 합치면 『동여도지』는 총 19책이 현존하며 평안도편은 결본(欠本)일 것이다.

그러나 고려대학교 도서관에 소장되어 있는 김정호 또 하나의 육필본인 『대동지지』에도 평안도 편은 일부만 김정호의 친필이고 후반부는 누군가에 의해서 첨부된 점으로 미루어 볼 때 김정호는 평안도 편은 완성하지 못한 듯하다.

『동여도지』를 표로 작성하면 아래 〈표 3-3〉과 같다.

〈표 3-3〉 『동여도지』 총목(總目)

책수	표지 권	표지 명	내용 권수	편찬자 명
1책	輿志 1	歷代州縣	東輿圖志 卷1	金正皥圖編
2책	輿志 2	京都	東輿圖志 卷2, 3, 4	金正皥圖編
3책	輿志 3	京圻四都	東輿圖志 卷5, 6	金正皥圖編
4책	輿志 4	京畿左道	東輿圖志 卷7	金正皥圖編
5책	輿志 5	京畿右道	東輿圖志 卷8, 9, 10	金正皥圖編
6책	輿志 6	忠淸道	東輿圖志 卷11, 12	金正皥圖編
7책	輿志 7	忠淸道	東輿圖志 卷13, 14	金正皥圖編
8책	缺	缺	缺	缺
9책	大東輿地通考	嶺南志	東輿圖志 卷17, 18	金正皥圖編

권수 표시는 모두 『東輿圖志』로 되어 있고 권2의 金正浩 自序文에서도 地志의 명칭을 『東輿圖志』라고 분명히 밝히고 있으므로 필자도 이 地志를 『東輿圖志』라고 通稱한다.

18 『東輿圖志』(奎章閣, 가람古 951.01-G421d), 『程里考』(奎 7546).

책수	표지 권	표지 명	내용 권수	편찬자 명
10책	輿志 10	嶺南志	東輿圖志 卷19, 20	金正皡圖編
11책	大東輿地通考	湖南志	東輿圖志 卷21, 22	金正皡圖編
12책	大東輿地通考	湖南志	東輿圖志 卷23, 24	金正皡圖編
13책	輿志 13	全羅	東輿圖志 卷25, 26	金正皡圖編
14책	缺	缺	缺	缺
15책	輿志 15	江原	東輿圖志 卷29, 30	金正浩編
16책	輿志 16	江原	東輿圖志 卷31, 32	金正皡編
17책	輿志 17	黃海	東輿圖志 卷33, 34	卷33 金正皡編 卷34 金正浩編
18책	缺	缺	缺	缺
19책	輿志 19	咸鏡	東輿圖志 卷36	金正皡編
20책	輿志 20	咸鏡	東輿圖志 卷37	金正皡編

* 평안도지(平安道志)는 결본(영남대 소장본을 중심으로 필자가 작성한 것임).

다음으로 『동여도지』의 편목을 살펴본다. 각도의 첫머리에는 도세(道勢)를 한눈에 알 수 있도록 각도의 연혁·분도(分道)·진관(鎭管)·관원(官員)·고읍·방면(坊面)·명산·영로(嶺路)·대천(大川)·도서(島嶼)·강역·형승(形勝)·풍속·영진(營鎭)·성지(城池)·관방·해방(海防)·진보(鎭堡)·호구·전부(田賦)·군병·역도(驛道)·도리·창고·곡총(穀摠)·토산(土産)·장시·발참(撥站)·봉수·진도(津渡)·목장·봉산(封山)·제언(堤堰)·누정·능묘·사원(祠院)·사찰 등 42개 항목을 수록하고 있다.

각 주현의 편목은 도세(道勢)의 편목과 비슷하게 연혁·고읍·산류(山類)·수류(水類)·강역·형승·풍속·방면·호구·전부·영진·성곽·군병·창고·곡부(穀簿)·봉수·역참·원점(院店)·진도(津渡)·교량·목장·토산·장시·궁실·누정·능묘·단유·묘전·전고 등 30여 개 항목으로 구성하여 서술하고 있다. 이는 『청구도』 범례에서 제시한 38개 항목과 거의 동일하며 각 주현의 사정에 따라 해당 항목이 없을 때는 생략했기 때문에 약간의 차이가 나는 것이다.

김정호는 지리지가 지도의 근원이며 지도에 다 나타내지 못한 것을 기록한 것이고, 주현의 형편에 따라 있는 것과 없는 것을 표기하되 그가 제시한 38개의 항목에 따라 어기지 말고 지도와 병행할 것을 주장하였다.[19]

위 편목들의 구체적인 내용을 검토하여 보면, 호구 항에서 인용한 통계는 순조 무자년(1828)식의 민호와 인구를 적고 있으며, 전부(田賦)항은 순조 정묘년(1807)의 원장(元帳)을 인용하고 있다. 군병(軍兵)항은 순조 무자년(1828) 통계를 적고 있으며, 곡부(穀賦)항도 마찬가지 자료를 인용하고 있다. 이들 대부분의 통계는 그가 지지를 편찬할 때를 기준으로 가장 최신 자료에 입각해서 인용되었던 것이다.

『동여도지』는 김정호가 『동여도지』 서문에서 제시하였듯이 『동국여지승람』의 체재를 그대로 모방하여 주현의 건치연혁(建置沿革) 등은 거의 그대로 전재하고 있다. 그 한 예로 두 책에 실려 있는 함경도 길주목의 연혁을 비교했을 때[20] 그 내용이 거의 비슷하다. 『동여도지』의 내용이 약간 자

---

19 『靑邱圖』凡例條.

20 本高句麗舊地 久爲女眞所據 高麗睿宗二年 遣尹瓘吳延寵 率兵十七萬 逐女眞 畵定地界 東至火串嶺 北至弓漢嶺 西至蒙羅骨嶺 以爲我疆 於弓漢村築六百七十間 號吉州 三年治防禦使 六年築中城 尋以地還女眞 後沒於元 稱海洋 恭愍時收復 恭讓王二年置吉州等處管軍民萬戶府 以英州及宣化等鎭 皆屬於州 本朝 太祖七年 改吉州牧 世祖十三年 李施愛以州叛討平之 睿宗元年降爲縣改今名 割州北永平等地 別置明川縣 今上七年革明川縣來屬 陞爲州置牧使判官 八年 還置明川縣革判官 (『東國輿地勝覽』吉城建置沿革條)本高句麗舊地久爲女眞所據 高麗睿宗二年 遣尹瓘吳延寵 率兵十七萬 擊逐女眞 畵定地界 東至火串嶺 北至弓漢嶺 西至蒙羅骨嶺 以爲我疆 於弓漢里村 築城郭六百七十間 號吉州 三年治防禦使置戶七千 四年撤城還其地于女眞 後沒於元 稱海洋 恭愍王五年按圖收復 恭讓王二年置雄吉州等處管軍民萬戶府 以英州及宣化等鎭 皆屬於州 本朝太祖七年改吉州牧 世祖十二年 李施愛以州叛討平之 睿宗元年降爲吉州縣監 割州北永平等地 別置明川縣 中宗七年革明川縣來屬

세할 정도이다. 이로 미루어볼 때『동국여지승람』이전의 사실은 거의 그대로 전사했음을 알 수 있다. 한 예로 이시애의 난을『동국여지승람』에서는 정확히 세조 13년(1467)에 일어났다고 기록하고 있는데[21] 김정호는『동여도지』에서 세조 12년(1466)에 일어난 사건처럼 표기한 오류를 범했다.[22] 이는 김정호가 전사하다가 저지른 잘못이라고 추정된다.

그 외에 두 책에 수록된 특산물 항의 산물류(産物類)도 거의 비슷하다. 두 지지의 편목을 비교해 보면 김정호가『동국여지승람』을 근거로『동여도지』를 편찬하였음을 더욱 분명히 알 수 있다. 다음 〈표 3-4〉는 이들 편목을 비교한 것이다.[23]

두 지지의 항목을 비교하면 행정 항에서는『승람』이『동여도지』보다 토관·군명·원우 항이 많으며, 도진·사경(四境)항은『동여도지』가『승람』보다 많다. 경제 항에는『동여도지』가『승람』보다 훨씬 자세하여 제언·세공·호구 항등이 더 기록되어 있다. 이것은 후기에 갈수록 경제적인 항목들이 더욱 중요하고 필요하였기 때문에 추가되었을 것이다. 군사 항은『승람』이『동여도지』보다 군관·수성군·병선·군정 항들이 빠져 있다. 예속 항은『승람』이『동여도지』보다 훨씬 자세하여, 누대·학교·고적·명현·효자 열녀·제영 항 들이 더 많은 데 이것은 조선왕조가 개창되고 백성들을 교화시키기 위하여 필요한 항목들이었으나 후기에 이르면 왕화가 이루어져 그러한 항목들의 중요성이 감소되었기 때문이었을 것이다. 자연 환경 항에서는『동여도지』가『승람』보다 명산·대천 항이 추가되어

復爲吉州牧 別置判官 八年復降爲縣 還置明川縣…以下省略…(『東輿圖志』吉州牧 沿革條)
21 『東國輿地勝覽』咸鏡道 吉城 建置沿革條 ;『世祖實錄』권42, 世祖 13년 5월 庚辰 ⑧74.
22 『東輿圖志』咸鏡道 吉州牧 沿革條.
23 鄭杜熙, 1976,「朝鮮初期 地理志의 編纂 Ⅱ」,『歷史學報』제70집, pp. 108~109.

후대인들의 자연에 대한 관심도를 반영하였다.

〈표 3-4〉『세종실록지리지』·『동국여지승람』·『동여도지』 편목비교

| 分類 | 編目 | 世宗實錄地理志 | | 東國輿地勝覽 | 東輿圖志 |
		總論	一般郡縣		
行政	沿 革	○	○		
	建置沿革			○	○
	屬 縣			○	○
	鄕所部曲		○		
	鎭 管			○	○
	所 領	○	○		
	官 員		○	○	○
	土 官			○	
	郡 名			○	
	院 宇			○	
	橋 梁			○	○
	有名嶺縣				○
	渡 津				○
	程 途				
	海 島		○		○
	四 境	○	○		
	越境處		○		
經濟	土 産			○	○
	倉 庫			○	○
	貢 稅		○		
	堤 堰		○		○
	監 盆				
	種養藥材	○			
	魚 梁		○		
	陶器所		○		
	磁器所		○		
	歲 貢				○
	賦 稅	○			
	貢 物	○			
	藥 材	○	○		

分類	編目	世宗實錄地理志		東國輿地勝覽	東輿圖志
		總論	一般郡縣		
經濟	土　宜		○		
	鹽　所		○		
	鹽　盆				
	墾　田	○	○		
	戶	○	○		○
	口	○	○		○
	灌漑田結				
軍事	城　郭		○	○	○
	關　防			○	○
	烽　燧			○	○
	烽　火	○			
	驛	○		○	○
	主　鎮				
	講武場				
	牧　場		○		○
	鎮　軍　官	○			○
	守城軍	○			○
	騎　兵				
	步　兵				
	水　兵　船	○			○
	營　船　軍	○			
	木　柵		○		
	險阻要害		○		
	緊　關				
	野人所居				
	兩界本營				
	軍　丁	○	○		○
社會	姓　氏		○		
禮俗	風　俗			○	○
	民　俗		○		
	宮　室			○	○
	樓　亭			○	○
	樓　台				

分類	編目	世宗實錄地理志		東國輿地勝覽	東輿圖志
		總論	一般郡縣		
禮俗	學 校			○	
	佛 宇			○	
	僧 寺		○		
	祠 廟		○	○	○
	陵 墓		○	○	○
	古 跡			○	
	守令名賢				
	名 宦			○	
	人 物		○	○	
	土姓名賢				
	寓 居			○	
	孝 子			○	
	烈 女			○	
	旌表問題				
	題 詠			○	
	行祭所		○		
	靈 異		○		
自然環境	山 川			○	○
	形 勝			○	○
	名 山	○	○		○
	大 川	○	○		○
	溫 泉	○	○		
	氷 穴	○	○		
	風 穴		○		
	土 質		○		

3) 『동여도지』와 『청구도』

김정호는 지리지(地理志)가 지도의 근본이라고 생각하였다.[24] 『청구도』와

---

24 「靑邱圖凡例」.

같은 대지도를 만드는데 지리지라는 시방서(示方書) 없이는 지도를 만든다는 것은 불가능한 일이다. 그러므로 『청구도』는 『동여도지』라는 시방서가 있었기 때문에 가능했다고 생각한다. 앞에서 밝혔듯이 『동여도지』의 1차 편찬 완료가 순조 34년(1834)으로 『청구도』의 제작연대와 일치하고 있다.[25]

구체적으로 『청구도』와 『동여도지』를 비교하면 『동여도지』에 기록되어 있는 고읍·산류·방면·호구·전부·성곽·군병·창고·곡부·역원·진도·능묘 등이 『청구도』에 똑같이 기재되어 있다. 또 각 주현에 파견되는 행정관원의 등급도 두 책의 표기내용이 똑같다. 『동여도지』 1차 편찬 완료 이후의 행정체제 변화는 『청구도』에 전혀 반영 안 된 점도 일치한다. 참고적으로 팔도에서 각각 1개의 행정구역을 추출하여 『동여도지』와 『청구도』에 기록된 호구·전부·군병·곡부 등을 비교해보면 〈표 3-5〉과 같다.

〈표 3-5〉 『동여도지』와 『청구도』 비교표

項目 行政區域	戶口(戶)		田賦(結)		穀賦(石)		軍兵(名)	
	東	靑	東	靑	東	靑	東	靑
富寧	3,082	3,000	2,611	2,500	73,138	73,100	2,435	2,400
長淵	5,897	5,800	3,561	3,500	19,553	19,500	5,977	5,900
江陵	5,477	5,400	1,864	1,800	12,776	12,700	3,561	3,500
永平	1,655	1,600	1,034	1,000	8,273	8,200	1,267	1,200
淸州	13,314	13,300	19,311	19,300	11,944	22,000	12,819	12,800
南原	9,161	9,100	12,569	13,500	30,711	30,700	11,434	11,400
山淸	2,097	2,000	2,248	2,200	19,615	19,600	3,590	3,500

* 東은 『동여도지』, 靑은 『청구도』 표시임.

---

25 지금까지 김정호에 대해서 연구한 논문들은 대부분이 『靑邱圖』와 『大東地志』를 연결시키고 있다. 즉 『靑邱圖』는 『大東地志』의 附圖的 성격을 띠고 있다는 것이다. 그러나 『大東地志』는 1866년경까지 편찬되었고 『청구도』는 1834년에 제작되었는데 어떻게 『청구도』가 『대동지지』의 부도가 될 수 있겠는가? 부도를 먼저 만들고 지지는 후에 만들 수는 없는 것이다.

〈표 3-5〉에서 볼 수 있듯이 김정호는 『동여도지』의 내용을 근거로 『청구도』를 작성하였다. 『청구도』는 지지의 사실을 모두 기록할 수 없으므로 백 단위로 간략하게 통계를 처리한 것으로 보인다. 부령의 전부(田賦)조에 『동여도지』는 전(田)이 1,171결, 답(畓)이 11결, 속전(續田)이 1,429결로 도합 2,611결이므로 2,600결로 『청구도』에 표기해야 하는데 전 1,100결과 속전 1,400결로 어림잡아 2,500결로 100결이 차이 나게 『청구도』에 표기되어 있다. 또 장연의 호수가 『동여도지』에는 5,897호로 되어 있는데 『청구도』에서는 백 호 단위로 끊어 5,900호로 하지 않고 5,800호로 표기하고 있다. 이와 같이 『청구도』는 『동여도지』를 근간으로 작성되었던 것이다.

제3절 『동여도지』2 편찬

1) 『동여도지』2의 제작시기

최근에 영국 국립도서관에서 『동여도지』 3책이 발견되었다. 필자는 이 책을 『동여도지』2라고 표시하겠다.

『동여도지』2의 제작시기는 해서편 평산현(平山縣)과 재령군(載寧郡)의 연혁을 살펴보면 알 수 있다. 평산현은 본문 중에 '주상전하 2년 강현(主上殿下2年 綘縣)'[26]이라는 기록이 있고, 재령군은 세주에 기록되어 있다. 여기서 가리키는 주상(主上)은 철종을 지칭하며 철종 2년은 1851년이다. 그러므로

---

26 『승정원일기』 2524책, 철종 2년 11월 4일 을묘 1851년.
   『철종실록』 3권, 철종 2(1851)년 11월 3일 갑인.

『동여도지』2는 철종 즉위 초에 편찬되기 시작했음을 알 수 있다. 그리고 1856년에 천장(遷葬)되는 순조의 능인 인릉(仁陵)의 천장 기사도 없으며 전계 대원군 묘를 이장한 기사는 세주(細註)에 기록되어 있다. 이런 점으로 미루어 보면 『동여도지』2는 1851년부터 1856년 사이에 편찬되었을 것이다.

『동여도지』2가 『동여도지』1을 정리하여 편찬한 지리지이고 이 『동여도지』2를 거의 그대로 정리 편찬한 지리지가 『여도비지』이다. 『여도비지』가 1851년부터 편찬되기 시작하여 1856년경에 편찬이 끝난 점으로 미루어 『동여도지』2는 1851년경에 편찬되었을 것이다.

현재 발견된 『동여도지』2는 경기도와 황해도, 강원도 3개도의 지리지뿐이다. 편찬을 하다가 중지하고 『여도비지』를 편찬하였는지 아니면 전국의 지리지를 모두 편찬했는데 현재 3도의 지리지만 남아 있는지는 알 수 없다. 하지만 여러 가지 정황으로 미루어 보면 3개도만 편찬하다 중지하고 바로 『여도비지』를 편찬하였을 가능성이 크다.

2) 『동여도지』2의 편찬자

『동여도지』2의 편찬자는 김정호이다. 경기도 편에서는 아무 표시도 없다가 황해도인 해서(海西) 편과 강원도 편인 관동(關東) 편에서는 월성 김정호 도찬(月城 金正浩 圖纂)이라고 기록하였다. 『동여도지』1에서는 고산자 김정호 도편(圖編)이라고 했고, 『여도비지』에서도 김정호 도편(圖編)이라고 기록하였으며, 대동지지에는 고산자 편(古山子 編)이라고 기록되어 있다. 대부분 도편(圖編)이나 편(編)이라고 기록하였는데 『동여도지』2에서만 도찬(圖纂)이라고 하였다.

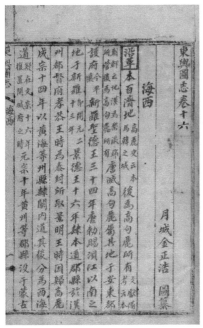 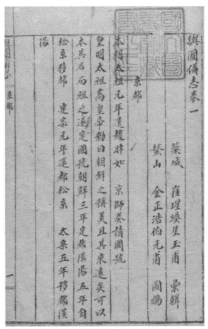

〈그림 3-1〉『동여도지』2 해서 편 편찬자(국립중앙도　〈그림 3-2〉『여도비지』경도 편 편찬자(국립중앙도서관)
　　　　　서관)

3)『동여도지』1과『동여도지』2 항목 비교

〈표 3-6〉『동여도지』1과『동여도지』2의 항목 차이

編目		東輿圖志1	東輿圖志2
山川	山類	○	○
	水類	○	
驛道	驛站	○	○
	院店	○	
戶口	戶	○	○
	口	○	
疆域		○	-
場市		○	-
典故		○	-

산천 항이 『동여도지』1에서는 산류(山類)와 수류(水類)로 항목을 나누었다. 『동여도지』1에는 강역 항이 있는데 『동여도지』2에는 이런 항목이 없다. 『동여도지』2에서는 역도(驛道) 항으로 설명하고 있는데 『동여도지』1에서는 역참(驛站)과 원점(院店)으로 나누어 설명하고 있다. 『동여도지』1에서는 장시(場市) 항이 있어서 각지의 장시가 서는 날을 기록하고 있는데 『동여도지』2에서는 이 항목이 생략되어 있다.

호구항도 『동여도지』1에서는 호항(戶項)과 구항(口項)으로 나누어 기록했는데 『동여도지』2에서는 두 가지를 묶어서 설명하고 있다. 다른 항목들은 비슷한데 『동여도지』1에서는 전고(典故) 항이 있어서 그 고을의 역사를 설명하고 있는데 『동여도지』2에서는 이 항목이 없다. 대개 비슷하지만 장시 항과 전고 항목이 『동여도지』2에서는 빠져 있는 점이 큰 차이다.

4) 『동여도지』2와 『여도비지』의 내용 비교

『동여도지』2는 『동여도지』1과 편찬체제나 내용이 많이 차이가 나고 『여도비지』와 편찬체제나 내용이 비슷하다 『동여도지』1에는 없는 강역표(疆域表) · 도리표(道里表) · 군전적표(軍田籍表) 등이 편찬되어 있다.

(1) 『동여도지』2와 『여도비지』의 강역표(疆域表) 비교

『동여도지』2에서는 황주의 건(乾) 방향과 곤(坤)의 두 군데가 비어 있는데 『여도비지』의 강역표(疆域表)에서는 두 군데가 모두 채워져 있다. 다른 방향의 숫자를 비교해 보아도 똑같다. 이것은 『여도비지』가 『동여도지』2의 강역표(疆域表)를 그대로 필사한 것임을 알 수 있다. 평산 · 서흥 · 곡산의 손(巽) 방향은 모두 비어 있는데 『여도비지』의 강역표는 전부 채워져 있다. 두 책의 강역표를 비교해 보면 『여도비지』가 『동여도지』2를 거의 그대로

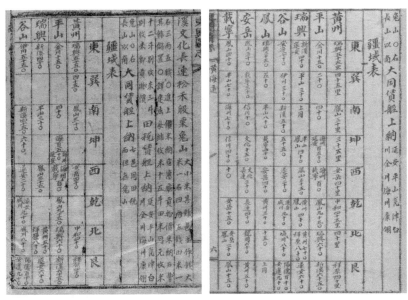

<〈그림 3-3〉 『동여도지』2의 해서 강역표(국립중앙도 서관)   〈그림 3-4〉 『여도비지』의 해서 강역표(국립중앙도서관)

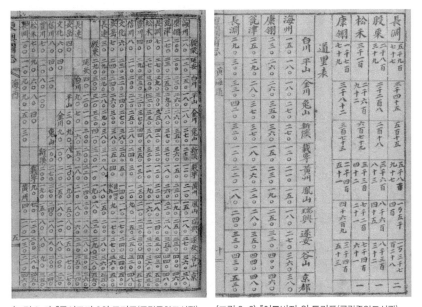

〈그림 3-5〉 『동여도지』2의 도리표(국립중앙도서관)   〈그림 3-6〉 『여도비지』의 도리표(국립중앙도서관)

필사하였음 알 수 있다.

(2) 도리표(道里表)의 비교

두 책의 도리표를 비교해 보면 해주(海州)를 기준으로 하는 점은 똑같지만『동여도지』2는 항목을 14개 항목으로 분류하여 도리를 기록하였는데『여도비지』는 12개 항목으로 도리를 기록하고 은율과 연안을 뒤로 돌려서 도리를 기록하고 있다. 도리의 숫자는 두 책이 똑같다.

(3) 군전적표(軍田籍表)

『동여도지』2의 군전적표 항목은 10개 항목인데『여도비지』의 군전적표 항목은 7개 항목이다.『동여도지』2가 곡물(穀物)·진(津)·시장(市場)의 항목이『여도비지』의 항목보다 더 많다. 3개의 항목이 군전적표에는 덜 해당되는 항목이라고 생각하여 생략한 것 같다. 두 책에 기록된 군전적표의 내용은 똑같다.『여도비지』에는 방위표와 극고표가 있는데『동여도지』2에는 두 항목은 없다.

(4)『동여도지』1과『동여도지』2 산악 비교

『동여도지』1과『동여도지』2는 비슷하지만 내용을 검토해보면 많은 차이가 있다. 경기도 지역의 산악을 비교해 보면 두 책의 내용이 많은 차이가 있다. 다음 〈표 3-7〉에서는 양주목의 산악 명칭이 어떻게 다른지를 비교해 보았고 〈표 3-8〉에서는 경기도 전 군현 중에 두 책의 차이나는 산악 명칭만 골라서 기록하였다.

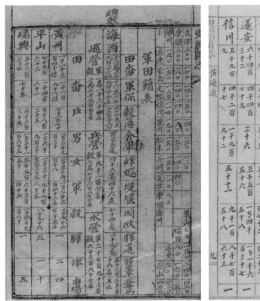

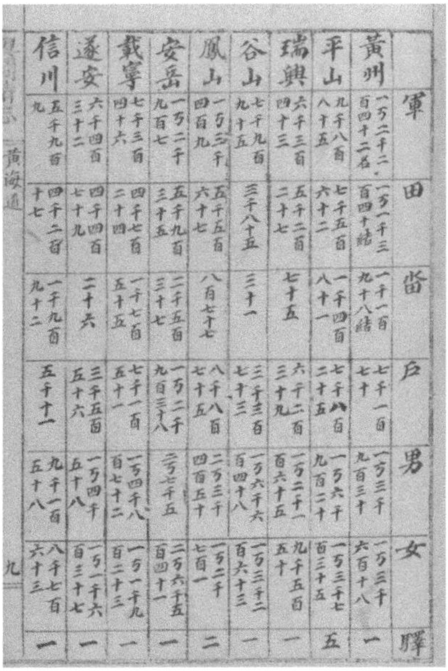

〈그림 3-7〉『동여도지』2의 군전적표(국립중앙도서관)

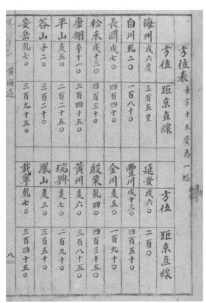

〈그림 3-8〉『여도비지』의 군전적표(국립중앙도서관)

〈그림 3-9〉『여도비지』의 극고표(국립중앙도서관)

〈그림 3-10〉『여도비지』의 방위표(국립중앙도서관)

〈표 3-7〉『동여도지』1과 『동여도지』2의 양주목 산악 비교표

군현	동여도지 1	동여도지2	여도비지	군현	동여도지 1	동여도지2	여도비지
楊州	黔丹山	黔丹山	黔丹山	楊州	金臺山	金臺山	
	儉岩山	儉岩山	儉岩山		日嶺山	日嶺山	
	高靈山	高靈山	高靈山		佛岩山		
	道峯山	道峯山	道峯山		泉岾山		
	突壓山	突壓山	突壓山		葛立山		
	嶺斤山	嶺斤山	嶺斤山		德巖山		
	露積山	露積山	露積山		磨峙	磨峙	磨峙
	磨差山	磨差山	磨差山		忘憂里峴	忘憂里峴	忘憂里峴
	妙寂山	妙寂山	妙寂山		栢峴	栢峴	栢峴
	佛谷山	佛谷山	佛谷山		水踰峴	水踰峴	水踰峴
	三角山	三角山	三角山		傳道峴	傳道峴	傳道峴
	祥雲山	祥雲山	祥雲山		磚石峴	磚石峴	磚石峴
	西山	西山	西山		車踰岑	車踰岑	車踰岑
	石積山	石積山	石積山		祝石嶺	祝石嶺	祝石嶺
	所羅山	所羅山	所羅山		蟹踰峴	蟹踰峴	蟹踰峴
	逍遙山	逍遙山	逍遙山		德坡嶺	德坡嶺	
	水落山	水落山	水落山		石門嶺	石門嶺	
	峨差山	峨差山	峨差山		所沙峴	所沙峴	
	王方山	王方山	王方山		鬱峴	鬱峴	
	注葉山	注葉山	注葉山		曉星峴	曉星峴	
	天磨山	天磨山	天磨山		拜峯	拜峯	
	天寶山	天寶山	天寶山			干坡峴	
	弘福山	弘福山	弘福山				

양주목의 『동여도지』1과 『동여도지』2의 산악 명칭을 비교해 보면 천첨산(泉岾山)·갈립산(葛立山)·덕암산(德巖山)이 『동여도지』1에 추가로 기록되어 있다. 『동여도지』2에는 『동여도지』1에 없는 간파현(干坡峴)을 추가하였다. 그 외에는 『동여도지』1에 기록된 산악 명칭이 『동여도지』2에 전부 기록되어 있다.

〈표 3-8〉『동여도지』1과 『동여도지』2의 경기도 군현 산악 차이 비교표

군현	동여도지 1	동여도지2
楊州	泉岾山 葛立山 德巖山	干坡峴
開城	漁火山 高頭山 金山 楓陵山 萬壽山 發越山 白龍山 富興山 琵琶山 孤雲山 夜味山 五峯山 軍藏山 露積山 大德山 注波峴 地藏峴 石峴 虎峴 梨峴 沙峴 朱雀峴 土嶺	寶鳳山 如利山 蜈蚣山 五冠山 金峴 馬巖吹笛峯
通津	位谷山 南山 童城山 守安山 馬赤山	
江華	鼎足山	花山
坡州	望月山 鳴鶴山 鉢山 坡平山 筆山 綠坡峴 龜山 國師峯 錦屏山 大福山 臨津峴 蒜峯 鳥峴	
麻田	高陽山	
長湍	華藏山 大德山 都羅山 檜嶺 釜峯 葛峴 大蛇峴 斗日峴 懶嶺 發谷峴 白石峴 城峴	
漣川	橫山	
朔寧	寅月山 漕令山 榆峴 楸峴	
麻田	高陽山	
長湍	華藏山 大德山 都羅山 檜嶺 釜峯 葛峴 大蛇峴 斗日峴 懶嶺 發谷峴 白石峴 城峴	
漣川	橫山	
朔寧	寅月山 漕令山 榆峴 楸峴	
抱川	界流山 無屯山 佛頂山 鑄金山 天柱山 檜巖嶺 鳩峴 媼峴 銅店岺 石門嶺 松峙	
永平	寶莊山 風流巖 明楚峯 西邊鳥峙 西月乃峙	
加平	大釜山 寶納山 淸平山	
楊根	忠州山 迷原山 陽白山 烏山 淸涼峴	栢峴
砥平	達止山 所山 九層峴 小松峴 鵲岩 舟峴	建止山 西化峙
高陽	香峴	幸州山 聖堂山 鷲峯
金浦	望山 白石山 浮正山	
陽川	津山 玻瓈山 大洞山 馬山	黔頭山
水原	光敎山 禿城山	
廣州	葛山 屯之山 望月山 鼎盖山 定水山 昆之岩撞鳴峴 嶋峴	圓寂山 日長山 大海山 道陽山 白雲山 修道山 杻峴 刀磨峴 龍撞峴 牛峴 梨峴 月川峴 獐鳴峴 遲遲峴 鶴峴 險川峴
衿川	花山	
富平	靈成山 重九峯 琢玉峯 鵲峴 直峴 閑希峴	
安山	瓦里山 安養山	

군현	동여도지 1	동여도지2
仁川	道里峴 三亥峴 新峴	
南陽	海雲山 國師峯 念佛山 大金山	海龍山 黃景山 舍那山 天燈山 板門峴
龍仁	谷山 曲頓峴 彌造峴	
驪州	牛頭山	商山 慧目山 九絕嶺 梨峴 王嶺
安城	寶山 梨峙	
竹山	巾之山	周傑峴

『동여도지』1이『동여도지』2보다 산악 명칭이 더 많이 기록되어 있다. 개성·광주·남양 여주 등이『동여도지』2가『동여도지』1보다 산악 명칭이 많이 기록되어 있고 다른 군현은『동여도지』1이『동여도지』2보다 산악 명칭을 많이 기록하였다.『동여도지』2가『동여도지』1을 대체적으로 그대로 필사하였지만 김정호는 끊임없이 고증하고 자료를 대조하여 수정하였다.『여도비지』도『동여도지』2를 그대로 필사하고 있지만 구체적으로 비교하면 여러 가지 차이를 발견할 수 있다.

김정호는 끊임없이 자료를 찾고 자료를 고증하여 보다 정확한 지리지를 쓰려고 노력했음을 알 수 있다.

제4절 『여도비지(輿圖備志)』 편찬

1) 편찬시기

『여도비지』는 20책으로 1책이 1권씩 20권으로 되어 있으며『동여도지』에는 평안도 편이 빠져 있는데 비해『여도비지』에는 모두 갖추어져 있다.『여도비지』의 편찬은 최성환의 물심양면에 걸친 후원이 있었고 김

정호가 『청구도』를 완성한 후 계속 보완해온 『동여도지』2의 보완 부분을 정서(整書)한 지지이다.[27]

이 지리지의 편찬 시기는 『여도비지』 제1책 경도 묘전(廟典)조의 헌종(憲宗)을 종묘에 모신 기록[28]과 동 궁묘조의 은언군묘(恩彦君廟)와 전계대원군묘(全溪大院君廟)를 '주상전하가 기유년에 세우다(主上殿下 己酉建)'[29]라는 기록에서 찾을 수 있다. 헌종은 철종 2년(1851)에 종묘에 부묘되었고,[30] 은언군은 철종의 조부이고 전계대원군은 철종의 생부이다.

그러므로 이 기사에서 말하는 주상은 철종을 가리키며 기유년은 철종 즉위년(1849)에 해당된다. 이러한 사실로 미루어볼 때 『여도비지』는 철종의 재위년인 1849~1864년 사이에 편찬되었다고 추정할 수 있다.

이 책의 내용을 좀 더 구체적으로 검토하면 순조의 묘호를 모두 순종으로 표기하고 있는데 이 묘호는 철종 8년(1857) 지돈녕 이학수(李鶴秀)의 상소에 따라 조공종덕(祖功宗德)의 원칙에 입각하여 순조(純祖)로 바뀌게 된다.[31] 그러므로 『여도비지』의 편찬시기는 철종 8년(1857)을 넘지 않을 것이다. 또 하나의 중요한 단서는 순조능인 인릉(仁陵)의 천봉(遷奉) 기사이다. 인릉은 처음 교하현에 봉안되었다가 철종 7년(1856) 2월에 양주 헌릉 우측으로 천봉이 결정되었고 그 해 9월에 천봉이 시작되어 10월에 완료되었다.[32] 그런데 『여도비지』에는 인릉의 위치를 교하현으로 표기하고 있다. 이로

---

27 『東輿圖志』에는 欄外에 添記한 내용들이 『輿圖備志』에는 本文으로 整書되어 있다. 이 『輿圖備志』도 古山子 金正浩의 親筆本이다.

28 『輿圖備志』 권1, 京都 廟典條.

29 『輿圖備志』 권1, 京都 宮廟條.

30 『哲宗實錄』 권3, 철종 2년 4월 庚申, (48)561.

31 『哲宗實錄』 권9, 철종 8년 8월 丁巳, (48)615.

32 『仁陵遷奉時禮房謄錄』(奎 12939).

〈그림 3-11〉『여도비지』표지(국립중앙도서관)

볼 때『여도비지』의 편찬 하한선은 철종 7년(1856)을 넘지 않을 것으로 보인다.

　편찬 상한선을 살펴보면 헌종을 종묘에 부묘하고 그의 어진(御眞)을 태묘전(太廟殿)과 선원전(璿源殿)에 각각 봉안한 것이 철종 2년(1851)인데 이 기사들이『여도비지』에 기록되어 있으므로[33] 상한선은 이 해를 올라가지 않을 것이다. 그렇다면『여도비지』의 편찬시기는 철종 2년(1851)부터 철종 7년(1856)까지의 6년 사이에 편찬되었다고 생각된다.

　그러나『여도비지』가『동여도지』2를 저본으로 김정호의 보완 내용

33　『哲宗實錄』권3, 철종 2년 4월 庚申, (48)561.

을 정서한 것이므로 6년이란 긴 세월이 소요되었으리라고는 생각되지 않는다. 현재 국립중앙도서관에 소장되어 있는『여도비지』는 이를 반영하듯『동여도지』와는 달리 매우 깨끗하게 정서된 점이 이 사실을 뒷받침해 준다.

2)『여도비지』편찬 체제

『여도비지』는 경도(京都) 및 팔도에 관한 지리지인데 최성환이 휘집(彙集)하고 김정호가 도편(圖編)하였다.[34] 이 책은 총 20책으로 구성되어 있는데 5책이 결본이고 현재는 15책만 국립중앙도서관에 필사본으로 전해 온다.

이 책의 목차에 의하면 권1은 경도와 동반 부서, 권2는 서반 부서와 한성부, 권3은 경기좌도, 권4는 경기우도, 권5는 충청좌도, 권6은 충청우도, 권7은 경상좌도, 권8은 경상좌도, 권9와 권10은 경상우도, 권11은 전라좌도, 권12는 전라우도, 권13은 황해좌도, 권14는 황해우도, 권15는 강원동도, 권16은 강원서도, 권17은 함경남도, 권18은 함경북도, 권19는 평안남도, 권20은 평안북도로 편찬되어 있다. 이 가운데 권2 서반 부서, 권5 충청좌도, 권9 경상우도, 권16 강원서도, 권18 함경북도의 5권은 전하지 않는다. 그리고 권19와 권20의 평안도 편 두 책은 분류번호가 달리 보관되어 있는데[35] 이는『동여도지』의 평안도 편이 결본된 것과 어떤 연관성을 갖고 있지 않을까 생각된다.

『여도비지』의 편목을 살펴보면『동여도지』와 마찬가지로 먼저 각 도

---

34 『輿圖備志』每卷頭에 '蕓城 崔瑆煥 彙輯, 鰲山 金正浩 圖編'이라고 병기되어 있다.

35 『輿圖備志』권1~권18(國立圖書館 古 0233-3),『輿圖備志』권19~권20(國立圖書館 古 2770-1).

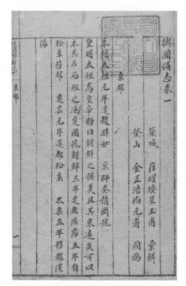

〈그림 3-12〉『여도비지』권1(국립중앙도서관)

의 첫머리에는 도세를 자세하고 일목요연하게 도표를 첨부하여 소개하고 있다. 즉, 각 도의 건치연혁·순영(巡營)·진관(鎭管)·병영·방영(防營)·호구·전부(田賦)·강역표·극고표(極高表)·방위표·군전적표(軍田籍表)·도리표(道里表) 등을 상세히 기록하고 있다. 이는『동여도지』42개 문목보다 훨씬 적은 12개의 문목이지만 내용은 훨씬 풍부하고 또 12개의 문목이 모두 철저하게 지도 제작에 필요하도록 작성된 점이 특이하다. 이 중에도 강역표, 극고표, 방위표, 도리표 등은 전적으로 지도 제작을 위하여 작성된 항목인 셈이다. 이런 점들로 미루어 보아 김정호는 이『여도비지』를『동여도』의 시방서로 편찬한 것으로 추정할 수 있다.

각 주현의 편목은 건치연혁·궁실·방면·고읍·산천·형승·풍속·토산·제언·창고·장시·성지·전략·역도·영로·교량·진도·원점·사전·재용·목장·봉수 등 20여 개의 항목으로 되어 있다. 그러나 각 도의 서두에서 도내의 호구, 전부, 강역, 극고, 방위, 양전, 도리 등을 도표로 처리하고 있으므로『여도비지』의 편목은『동여도지』의 편목과 큰 차이가 없는 셈이다. 다만 지도 제작을 위한 시방서로서 좀 더 치밀하게 편찬되었다는 점을 차이로 들 수 있다.

또『여도비지』에서는『동국여지승람』과 마찬가지로 유사항목은 통합하여 한 항목으로 묶었다. 즉 건치 항에는 연혁·읍호·관원·방면을, 산천 항에는 산류·수류·도서·형승을, 식화 항에는 토산·수리·재용·창고·장시를, 무비 항에는 성지·고성·영아·진보·고수·전략을, 도리 항에는 역도·영로·진도·원점을, 사전 항에는 단유·묘전·사원·서원 등을 통합 표기하고 있다. 인물·풍속 항 등 지도제작에 불필요한 항목들은 철저하게 생략하였다. 이렇게 유사항목들을 한 항목으로 묶은 것은 최성환의 영향 때문이었을 것으로 짐작된다. 그는 여러 종류의 책을 편찬한 경험이 풍부하기 때문에 편찬체제를 짜는 데 영향을 미쳤을 것이다.[36]

3) 『여도비지』의 내용분석

앞에서 지적한 대로 『여도비지』는 철저하게 『동여도』의 시방서로서 작성되었다. 내용도 주로 지도 제작에 필요한 것들을 수록하고 있다. 이 중에서도 특히 중요한 것은 전국 주요지점, 즉 행정구역의 극고표(極高表)를 수록하고 있다는 점이다.

숙종 39년(1713)에 청의 사신 하국주(何國柱) 일행이 서울을 찾아 와서 상한대의(象限大儀)를 써서 한성부 종가(鍾街)의 극고(極高)를 실측하여 북위 37도 39분 15초, 북경 순천부(順天府)를 기준으로 한양이 편동(偏東) 10도 30분이라는 실측치를 얻었다. 이를 근거로 하여 정조가 동왕 15년(1791)에 감신(監臣) 김영(金泳)에게 명하여 한양의 북극고도와 『여지도』의 경위선을 준거하여 8도 관찰사영(觀察使營)의 극고 및 편동서도(偏東西度)를 양정(量定)하여 극고표가 만들어졌다.[37] 이 시기에 전국 주현의 극고도(極高度)가 모두 양정되었음을 『청구도』의 범례를 보면 알 수 있다. 그러나 구체적으로 전국의

---

36 白賢淑, 앞의 글.

37 『輿圖備志』권1, 東班府署 觀象監條『國朝曆象考』.

334개 군현의 극고가 표시된 것은 『여도비지』가 처음이다. 『여도비지』에는 함경도 25지점, 평안도 42지점, 황해도 23지점, 강원도 26지점, 경기도 38지점, 전라도 53지점, 경상도 71지점, 도합 278개 지점의 경위도가 표기되어 있다. 그 외에도 전국 주현의 강역표, 방위표, 도리표(道里表) 등을 도표로 제시하고 있으며 이러한 자료들을 근거로 경위선식의 과학적인 『동여도』를 제작할 수 있었다.

이 극고표와 방위표를 〈표 3-9〉와 〈표 3-10〉으로 나타내면 다음과 같다.

〈표 3-9〉 전국 주현의 경위도표, (1) 경기도의 극고표

	北極高	偏京都		北極高	偏京都
京都	中線	–	水原	37°18′	東 1′
廣州	37°31′	東 9′	竹山	36°53′	東 22′
驪州	37°8′	東 38′	楊根	37°25′	東 30′
利川	37°13′	東 26′	砥平	37°24′	東 38′
陰竹	37°1′	東 27′	陽智	37°12′	東 18′
南陽	37°13′	西 10′	仁川	37°30′	西 20′
富平	37°36′	西 15′	通津	37°50′	西 27′
安山	37°25′	西 8′	金浦	37°43′	西 30′
安城	36°55′	東 15′	振威	37°3′	東 3′
龍仁	37°17′	東 11′	陽川	37°39′	西 8′
始興	37°32′	西 2′	陽城	37°	東 18′
開城	38°9′	西 27′	江華	37°52′	西 32′
楊州	37°53′	東 3′	高陽	37°49′	西 6′
交河	37°54′	西 14′	加平	37°49′	東 39′
永平	38°12′	東 22′	抱川	38°1′	東 17′
積城	38°7′	西 2′	坡州	37°59′	西 9′
喬桐	37°53′	西 44′	長湍	38°6′	西 15′
朔寧	38°29′	東 2′	麻田	38°14′	東 3′
漣川	38°18′	東 18′	果川	37°31′	西 1′

〈표 3-9〉 전국 주현의 경위도표, (2) 전라도의 극고표

	北極高	偏京都		北極高	偏京都
全州	35° 15′	-	益山	35° 33′	西 2′
金堤	35° 17′	西 15′	古阜	35° 5′	西 22′
錦山	35° 43′	東 29′	珍山	35° 49′	東 23′
礪山	35° 41′	東 3′	井邑	34° 56′	西 15′
興德	34° 57′	西 27′	扶安	35° 14′	西 25′
沃溝	35° 31′	西 30′	萬頃	35° 32′	西 24′
臨陂	35° 33′	西 13′	金溝	35° 14′	西 5′
龍安	35° 42′	西 6′	咸悅	35° 38′	西 11′
高山	35° 32′	東 11′	泰仁	35° 6′	西 10′
南原	34° 45′	東 23′	潭陽	34° 38′	西 4′
淳昌	34° 47′	東 6′	茂朱	35° 38′	東 42′
任實	35° 6′	東 17′	谷城	34° 35′	東 17′
鎮安	35° 20′	東 29′	龍潭	34° 32′	東 33′
玉果	34° 36′	東 6′	雲峯	34° 48′	東 33′
昌平	34° 29′	西 7′	長水	34° 7′	東 35′
順天	34° 3′	東 24′	綾州	34° 11′	西 14′
樂安	33° 59′	東 15′	寶城	33° 55′	東 3′
光陽	34° 6′	東 33′	求禮	34° 26′	東 29′
興陽	33° 32′	東 11′	同福	34° 18′	東 1′
和順	34° 18′	西 10′	羅州	34° 18′	西 30′
光州	34° 26′	西 14′	靈岩	33° 37′	西 38′
靈光	34° 39′	西 39′	長城	34° 41′	西 20′
咸平	34° 22′	西 44′	高敞	34° 48′	西 31′
茂長	34° 51′	西 38′	南平	34° 19′	西 20′
務安	34° 37′	西 46′	長興	33° 45′	西 15′
珍島	34° 29′	西 1° 2′	康津	33° 47′	西 26′
海南	33° 39′	西 36′			

〈표 3-9〉 전국 주현의 경위도표, (3) 경상도의 극고표

	北極高	偏大邱			北極高	偏大邱	
大邱	35° 21′	-		密陽	34° 42′	東	14′
仁同	35° 38′	-		漆谷	35° 26′	東	2′
淸道	34° 57′	-		慶山	35° 12′	東	10′
河陽	35° 18′	東 16′		玄風	35° 5′	西	11′
新寧	35° 30′	東 16′		靈山	34° 26′	西	6′
昌寧	34° 53′	西 7′		義興	35° 41′	東	9′
慈仁	35° 11′	東 16′		慶州	35° 11′	東	43′
蔚山	34° 43′	東 56′		梁山	34° 31′	東	34′
永川	35 24′	東 28′		興海	35° 33′	東	49′
淸河	35° 41′	東 49′		迎日	35° 22′	東	49′
長鬐	35° 18′	東 1° 2′		機張	34° 23′	東	46′
彦陽	34° 47′	東 45′		東萊	34° 18′	東	36′
安東	36° 20′	東 2′		寧海	36° 8′	東	50′
靑松	36° 9′	東 24′		順興	36° 44′	西	18′
榮川	36° 38′	西 12′		醴泉	36° 22′	西	16′
豊基	36° 39′	西 15′		義城	35° 55′	東	9′
奉化	36° 42′	東 1′		眞寶	36° 16′	東	27′
軍威	35° 45′	西 1′		比安	35° 54′	西	3′
禮安	36° 24′	東 7′		盈德	36°	東	45′
龍宮	36° 14′	西 22′		英陽	36° 24′	東	31′
尙州	36° 6′	西 33′		星州	35° 28′	西	23′
金山	35° 42′	西 36′		開寧	35° 47′	西	27′
知禮	35° 28′	西 39′		高靈	35° 7′	西	22′
聞慶	36° 31′	西 39′		咸昌	36° 17′	西	17′
善山	35° 48′	西 18′		晉州	34° 23′	西	50′
陜川	34° 54′	西 29′		草溪	34° 53′	西	22′
咸陽	34° 48′	西 10′		昆陽	34° 6′	西	41′
居昌	35° 6′	西 48′		河東	34° 13′	西	55′
泗川	34° 12′	西 30′		南海	32° 46′	西	51′
三嘉	34° 42′	西 28′		宜寧	34° 32′	西	18′
山淸	34° 23′	西 41′		安義	34° 59′	西	54′
丹城	34° 33′	西 16′		金海	34° 23′	東	21′
昌原	34° 29′	東 6′		咸安	34° 28′	西	9′
巨濟	33° 43′	東 3′		漆原	34° 34′	大邱同線	
鎭海	34° 16′	西 6′		固城	34° 3′	西	16′
熊川	34° 13′	東 15′					

〈표 3-9〉 전국 주현의 경위도표, (4) 황해도 극고표

	北極高	偏海州		北極高	偏海州
海州	38°18′	-	延安	38°8′	東 28′
白川	38°12′	東 38′	豊川	38°54′	西 30′
長淵	38°42′	西 35′	金川	38°26′	東 48′
松禾	38°52′	西 24′	殷栗	39°2′	西 20′
康翎	38°10′	西 18′	黃州	39°10′	東 18′
平山	38°35′	東 44′	瑞興	38°54′	東 35′
谷山	39°13′	東 1°11′	鳳山	39°4′	東 20′
安岳	38°59′	西 5′	載寧	38°50′	東 6′
遂安	39°14′	東 52′	信川	38°49′	西 2′
新溪	38°53′	東 56′	兎山	38°33′	東 1°12′
文化	38°53′	西 8′	長連	39°7′	西 12′
瓮津	38°12′	西 25′			

〈표 3-9〉 전국 주현의 경위도표, (5) 강원도의 극고표

	北極高	偏原州		北極高	偏原州
原州	37°61′	-	平昌	37°23′	東 37′
麟蹄	37°53′	東 19′	寧越	37°2′	東 32′
橫城	37°23′	東 1′	旌善	37°13′	東 51′
鐵原	38°33′	西 42′	洪川	37°38′	西 5′
伊川	38°55′	西 1°3′	春川	37°58′	西 8′
金城	38°43′	西 13′	淮陽	39°13′	西 9′
金化	38°30′	西 15′	平康	38°45′	西 38′
安峽	38°38′	西 1°5′	狼川	38°20′	東 6′
楊口	38°17′	東 12′	江陵	37°35′	東 1°12′
三陟	37°8′	東 1°24′	襄陽	38°7′	東 49′
平海	36°17′	東 1°37′	杆城	38°27′	東 38′
通川	39°19′	東 25′	高城	38°55′	東 36′
蔚珍	36°36′	東 1°50′	歙谷	39°25′	東 20′

<표 3-9> 전국 주현의 경위도표, (6) 함경도의 극고표

	北極高	偏咸興		北極高	偏咸興
咸興	40°57′	-	永興	40°27′	西 10′
定平	40°43′	西 8′	高原	40°16′	西 15′
安邊	39°36′	東 2′	德原	39°52′	西 5′
文川	40°2′	西 9′	北青	41°26′	東 43′
洪原	41°9′	東 25′	利原	41°43′	東 1°6′
端川	41°44′	東 1°24′	甲山	42°42′	東 46′
三水	43°6′	東 22′	長津	42°16′	西 34′
厚州	43°24′	西 10′	吉州	42°9′	東 2°2′
鏡城	43°3′	東 2°20′	明川	42°22′	東 2°8′
富寧	43°33′	東 2°23′	茂山	43°57′	東 1°44′
會寧	44°11′	東 2°26′	鐘城	44°37′	東 2°30′
穩城	44°45′	東 2°38′	慶源	44°38′	東 2°47′
慶興	44°12′	東 3°15′			

<표 3-9> 전국 주현의 경위도표, (7) 평안도의 극고표

	北極高	偏平壤		北極高	偏平壤
平壤	39°33′	-	中和	39°29′	平壤同線
咸從	39°38′	西 29′	龍岡	39°30′	西 34′
甑山	39°47′	西 26′	順安	39°56′	西 5′
江西	39°33′	西 19′	安州	40°30′	西 8′
肅川	40°14′	西 10′	永柔	40°5′	西 14′
成川	40°	東 30′	慈山	40°5′	東 5′
德川	40°42′	東 35′	价川	40°34′	東 9′
順川	40°13′	東 8′	祥原	39°28′	東 13′
三登	39°36′	東 30′	江東	39°51′	東 24′
殷山	40°11′	東 14′	陽德	39°47′	東 1°18′
孟山	40°29′	東 47′	三和	39°26′	西 38′
寧遠	40°47′	東 50′	義州	41°5′	西 1°43′
寧邊	40°44′	平壤同線	雲山	41°2′	西 6′
熙川	41°14′	東 24′	博川	40°45′	西 18′

	北極高	偏平壤		北極高	偏平壤
泰川	40°50′	西 29′	定州	40°33′	西 41′
江界	42°39′	東 48′	昌城	41°29′	西 1°7′
朔州	41°19′	西 1°11′	楚山	42°25′	西 16′
宣川	40°35′	西 1°5′	龜城	40°56′	西 48′
鐵山	40°37′	西 1°20′	龍川	40°45′	西 1°30′
嘉山	40°33′	西 24′	郭山	40°35′	西 51′
渭原	42°41′	東 5′	碧潼	42°	西 40′

〈표 3-10〉 전국 주현의 방위와 거경직선표(距京直線表), (1) 경기도 주현의 방위와 한양까지의 직선거리표

	方 位	距京直線		方 位	距京直線
京都	中心	-	水原	午 6°	68里
廣州	巽 3°	43里	驪州	巽 2°	165里
竹山	巳 11°	168里	利川	巽 6°	120里
楊根	辰 3°	115里	果川	午 8°	29里
砥平	乙 14°	140里	陰竹	巳 1°	160里
陽智	巳 2°	110里	南陽	丁 14°	89里
仁川	申 11°	68里	富平	庚 14°	49里
通津	戌 2°	90里	安山	未 8°	55里
金浦	辛 1°	55里	安城	丙 11°	155里
振威	午 2°	115里	龍仁	巳 13°	75里
陽川	西 1°	29里	始興	未 15°	29里
陽城	丙 11°	135里	開城	乾 10°	140里
江華	戌 1°	110里	楊州	癸 3°	57里
高陽	亥 5°	43里	交河	乾 11°	68里
加平	甲 7°	122里	永平	丑 12°	125里
抱川	艮 1°	94里	積城	子 2°	90里
坡州	壬 1°	70里	喬桐	辛 10°	150里
長湍	亥 10°	110里	朔寧	子 9°	160里
麻田	子 11°	115里	漣川	癸 7°	125里

〈표 3-10〉 전국 주현의 방위와 거경직선표(距京直線表), (2) 전라도 주현의 방위와 한양까지의 직선 거리표

	方 位	距京直線		方 位	距京直線
全 州	午 8°	460里	益 山	午 9°	460里
金 堤	午 14°	470里	古 阜	丁 1°	510里
錦 山	丙 9°	395里	珍 山	丙 9°	370里
礪 山	午 6°	395里	井 邑	午 13°	540里
興 德	丁 2°	545里	扶 安	丁 3°	485里
沃 溝	丁 6°	435里	萬 頃	午 15°	455里
臨 陂	午 15°	425里	金 溝	午 10°	480里
龍 安	午 11°	390里	咸 悅	午 13°	450里
高 山	午 3°	420里	泰 仁	午 12°	505里
南 原	午 1°	580里	潭 陽	午 9°	600里
淳 昌	午 6°	570里	茂 朱	丙 4°	425里
任 實	午 2°	505里	谷 城	午 3°	610里
鎭 安	丙 11°	465里	龍 潭	丙 8°	440里
玉 果	午 6°	605里	雲 峯	丙 12°	575里
昌 平	午 10°	630里	長 水	丙 10°	510里
順 天	午 2°	715里	綾 州	午 12°	685里
樂 安	午 4°	725里	寶 城	午 9°	745里
光 陽	丙 14°	710里	求 禮	丙 15°	645里
興 陽	午 6°	820里	同 福	午 8°	665里
和 順	午 12°	665里	羅 州	丁 1°	675里
光 州	午 12°	690里	靈 岩	丁 3°	740里
靈 光	丁 5°	610里	長 城	午 14°	590里
咸 平	丁 6°	670里	高 敞	丁 3°	575里
茂 長	丁 6°	570里	南 平	午 14°	665里
務 安	丁 7°	685里	長 興	午 13°	770里
珍 島	丁 7°	855里	康 津	午 15°	765里
海 南	丁 2°	800里			

〈표 3-10〉 전국 주현의 방위와 거경직선표(距京直線表), (3) 경상도 주현의 방위와 한양까지의 직선 거리표

	方 位	距京直線		方 位	距京直線
大 邱	巳 3°	595里	密 陽	巳 5°	700里
仁 同	巳 1°	505里	漆 谷	巽 15°	565里
淸 道	巳 4°	650里	慶 山	巳 1°	615里
河 陽	巽 13°	610里	玄 風	巳 7°	595里
新 寧	巽 10°	585里	靈 山	巳 9°	665里
昌 寧	巳 7°	635里	義 興	巽 10°	535里
慈 仁	巽 14°	630里	慶 州	巽 8°	690里
蔚 山	巽 11°	785里	梁 山	巳 2°	770里
永 川	巽 9°	620里	興 海	巽 3°	660里
淸 河	巽 1°	640里	迎 日	巽 5°	680里
長 鬐	巽 4°	720里	機 張	巳 1°	820里
彦 陽	巽 13°	745里	東 萊	巳 4°	815里
安 東	辰 15°	445里	寧 海	辰 9°	590里
靑 松	辰 13°	520里	順 興	辰 11°	345里
榮 川	辰 12°	375里	醴 泉	巽 4°	390里
豊 基	辰 14°	345里	義 城	巽 6°	505里
奉 化	辰 6°	400里	眞 寶	辰 11°	515里
軍 威	巽 12°	500里	比 安	巽 9°	475里
禮 安	辰 11°	445里	盈 德	辰 12°	590里
龍 宮	巽 9°	290里	英 陽	辰 7°	510里
尙 州	巳 1°	390里	星 州	巳 6°	505里
金 山	巳 7°	450里	開 寧	巳 4°	450里
知 禮	巳 12°	485里	高 靈	巳 10°	570里
聞 慶	辰 10°	310里	咸 昌	巽 11°	365里
善 山	巳 1°	460里	晉 州	丙 2°	690里
陜 川	巳 14°	595里	草 溪	巳 12°	610里
咸 陽	丙 8°	580里	昆 陽	丙 7°	730里
居 昌	丙 3°	540里	河 東	丙 11°	700里
泗 川	丙 4°	725里	南 海	丙 11°	790里
三 嘉	巳 15°	635里	宜 寧	巳 13°	680里
山 淸	丙 4°	620里	安 義	丙 6°	565里
丹 城	丙 3°	655里	金 海	巳 6°	770里
昌 原	巳 8°	730里	咸 安	巳 12°	705里
巨 濟	巳 14°	855里	漆 原	巳 9°	705里
鎭 海	巳 12°	745里	固 城	丙 1°	770里
熊 川	巳 8°	785里			

〈표 3-10〉 전국 주현의 방위와 거경직선표(距京直線表), (4) 황해도 주현의 방위와 한양까지의 직선 거리표

	方 位	距京直線		方 位	距京直線
海 州	戌 6°	305里	延 安	戌 6°	200里
白 川	乾 2°	180里	豊 川	戌 13°	450里
長 淵	戌 7°	440里	金 川	亥 5°	190里
松 禾	戌 13°	430里	殷 栗	乾 4°	435里
康 翎	辛 11°	345里	黃 州	亥 6°	385里
平 山	亥 5°	325里	瑞 興	亥 7°	290里
谷 山	子 2°	320里	鳳 山	亥 3°	350里
安 岳	乾 7°	395里	載 寧	乾 7°	345里
遂 安	壬 7°	335里	信 川	乾 4°	360里
新 溪	壬 5°	260里	兎 山	壬 14°	180里
文 化	乾 4°	385里	長 連	乾 8°	430里
瓮 津	辛 11°	375里			

〈표 3-10〉 전국 주현의 방위와 거경직선표(距京直線表), (5) 강원도 주현의 방위와 한양까지의 직선 거리표

	方 位	距京直線		方 位	距京直線
原 州	辰 2°	225里	寧 越	乙 14°	335里
旌 善	乙 6°	380里	平 昌	乙 2°	335里
麟 蹄	甲 10°	280里	洪 川	卯 9°	190里
橫 城	乙 7°	220里	春 川	甲 2°	190里
鐵 原	癸 15°	190里	淮 陽	丑 7°	360里
利 川	子 7°	250里	楊 口	寅 10°	275里
金 城	丑 15°	260里	平 康	癸 13°	230里
金 化	丑 13°	205里	狼 川	寅 2°	230里
安 峽	子 5°	195里	江 陵	卯 10°	450里
三 陟	乙 5°	505里	襄 陽	甲 10°	400里
平 海	辰 5°	590里	杆 城	寅 11°	375里
通 川	艮 4°	445里	高 城	艮 15°	415里
蔚 珍	乙 13°	600里	歙 谷	艮 1°	450里

〈표 3-10〉 전국 주현의 방위와 거경직선표(距京直線表), (6) 평안도 주현의 방위와 한양까지의 직선 거리표

	方 位	距京直線		方 位	距京直線
平 壤	亥 12°	460里	中 和	亥 9°	425里
咸 從	亥 1°	495里	龍 岡	乾 13°	490里
甑 山	亥 4°	515里	順 安	亥 12里	500里
江 西	亥 3°	465里	安 州	壬 2°	615里
肅 川	亥 13°	570里	永 柔	亥 11°	545里
成 川	壬 11°	480里	慈 山	壬 2°	520里
德 川	壬 15°	610里	价 川	壬 6°	615里
順 川	壬 4°	540里	祥 原	亥 14°	400里
三 登	壬 8°	410里	江 東	壬 7°	455里
殷 山	壬 5°	530里	陽 德	子 14°	430里
孟 山	子 3°	570里	三 和	乾 11°	490里
寧 遠	子 4°	625里	義 州	乾 15°	880里
寧 邊	壬 5°	650里	雲 山	壬 5°	705里
熙 川	壬 13°	720里	博 川	亥 15°	655里
泰 川	亥 13°	700里	定 州	亥 8°	675里
江 界	子 6°	995里	昌 城	亥 10°	885里
朔 州	亥 8°	855里	楚 山	壬 8°	990里
宣 川	亥 3°	720里	龜 城	亥 10°	750里
鐵 山	乾 15°	755里	龍 川	乾 14°	800里
嘉 山	亥 12°	650里	郭 山	亥 6°	690里
渭 原	壬 12°	1,025里	碧 潼	壬 2°	935里

〈표 3-10〉 전국 주현의 방위와 거경직선표(距京直線表), (7) 함경도 주현의 방위와 한양까지의 직선 거리표

	方 位	距京直線		方 位	距京直線
咸 興	癸 8°	715里	永 興	癸 8°	580里
定 平	癸 7°	660里	高 原	癸 7°	535里
安 邊	丑 5°	440里	德 原	癸 14°	475里
文 川	癸 11°	495里	北 青	丑 1°	865里
洪 原	癸 13°	785里	利 原	丑 5°	910里
端 川	丑 7°	975里	甲 山	癸 11°	1,095里

	方 位	距京直線		方 位	距京直線
三水	癸 6°	1,150里	長津	子 12°	960里
厚州	癸 1°	1,200里	吉州	丑 11°	1,100里
鏡城	丑 9°	1,285里	明川	丑 11°	1,165里
富寧	丑 7°	1,380里	茂山	癸 15°	1,405里
會寧	丑 5°	1,480里	鐘城	丑 4°	1,560里
穩城	丑 5°	1,630里	慶源	丑 7°	1,605里
慶興	丑 11°	1,565里			

* 『여도비지』에 기록된 내용을 필자가 정리하여 작성한 경위도표임.
* 충청도 지역은 제5권이 결본이어서 알 수 없음.
* 위 도표의 동서편도는 한양이 북경으로부터 편동 10° 30′이고, 나머지 팔도감영의 동서편도는 한양 자오선을 기준으로 함흥은 편동 1°, 평양은 편서 1° 15′, 해주는 편서 1° 24′, 강릉은 편동 1° 3′, 공주는 편서 9′, 대구는 편동 1° 39′, 전주는 편서 9′임.

4)『여도비지』와『동여도』

『동여도』는 23규(糾)로 구성되어 있는 고지도 가운데 가장 세밀한 지도이다. 이 지도는 김정호의 작품이 틀림없다. 그 이유는 다음의 여러 가지 사실에서 찾을 수 있다.

첫째,『동여도지』제2책에 실려 있는 서문을 들 수 있다. 김정호는 이 글에서 지도와 지지를 만들고 이를『동여도지』라고 표현하고 있다. 그러므로 그가 말한 지지는『동여도지』이고 지도는『동여도』를 뜻한 것일 것이다. 그리고 이 서문은『대동여지도』를 완성하고 쓴『대동여지도』서문인 셈이다.[38] 이와 같이 김정호는『동여도』와『대동여지도』를 동일시하고 있다.『대동여지도』는 분명한 간기(刊記)가 있기 때문에 김정호의 작품에 틀림없지만『동여도』도 그의 작품이다. 실제로 이 두 지도를 비교해 보면

38　金正浩가「東輿圖志序」를 쓴 시기는 철종 12년(1861) 仲秋로『大東輿地圖』완성 시기와 대체로 일치한다.

23규(糾)로 되어 있고 매 규(每糾)에 수록되어 있는 주현수가 똑같으며 표기 내용도 거의 일치한다. 그러므로『동여도』는『대동여지도』를 판각하기 위하여 선행 지도로서 만들어진 것이다.[39]

둘째, 신헌의『대동방여도』서문에도 김백원(金百源)에게 위촉하여『동여도』를 만들게 하였다[40]고 하였다. 우리나라 고지도 가운데 대부분이 '여지도'란 명칭을 사용하였고 '동여도'란 명칭은 좀처럼 찾기 어렵다.[41] 앞서 기술한대로『동여도지』는 김정호의 필생의 지지이며 이 지리지를 정리한 것이『여도비지』이고 이 두 지지를 정리한 것이『대동지지』이다. 후에 기술하겠지만『대동지지』의 체제와 내용은『동여도지』2를 정리하고 보완하였다.『동여도지』의 역대 표제(標題) 두 책의 내용이『대동지지』에는 '방여총지(方輿總志)'라고 전국 주현지지(州縣地志) 뒤에 기술되고 있으며『동여도지』의「정리고(程里考)」는 전문이 그대로『대동지지』에 수록되어 있다. '동여도'란 명칭은 김정호가 즐겨 썼던 지도와 지지의 명칭이다.

셋째,『대동여지도』의「지도유설(地圖類說)」은『동여도』난 외에 기재한 관자(管子)·손자(孫子) 등의「지도론」, 고조우(顧祖禹)의『방여기요(方輿紀要)』서문, 백금방(百金方)의「지도론」등을 종합하여 서술한 데 불과하다.[42]

---

39 『東輿圖』를 金正浩의 작품으로 단정한 것은 다음 글들이 있다.
　李秉岐,「韓國名著解題」,『思潮』제1권 제12호의 부록으로 수록된 名著解題에서「東輿圖」를 金正浩 작품으로 분류했다.
　高麗大民族文化研究所,『韓國圖書解題』, p. 154.
　盧禎埴,「金正浩 板刻의 地球前後圖에 관한 研究」『大邱敎大論文集』제8집, p.258.

40 申櫶,『申大將軍集』,『琴堂初稿』,「大東方輿圖序」이 史料는 水原에 사는 書誌學者 李種學씨에 의해 발굴되어 신문에 보도되었다(『中央日報』1987년 4월 3일자).

41 정경흠(鄭慶欽 : 1620~1678)은 정인지의 후손인데『皇輿圖』,『皇輿攷實』,『東輿圖』를 편찬하였다.『황여고실』은 현존한다.『東輿圖』란 명칭을 처음 사용하였다.

42 『東輿圖』第2糾의 管者, 孫子의「地利論」, 設者日의「地圖論」, 第3糾의 顧祖禹所纂「方

넷째, 『동여도지』에 표기된 지도표(地圖標)와 『대동여지도』에 실린 지도표를 비교하면 매우 흡사하며 우리나라 고지도에 지도표가 정밀하게 표시된 것은 이 두 지도뿐이나 『동여도』에는 12개의 지도표가 사용되었는데, 『대동여지도』에는 14개의 지도표가 사용되었다. 『대동여지도』에는 고현(古縣)·고진보(古鎭堡)·고산성(古山城)의 항목을 별도로 구분시켰지만 『동여도』에는 이 세 항목을 주현(州縣)·진보(鎭堡)·성지(城池)항에 포함시켰으므로 별 차이가 없다. 단지 『동여도』에는 파수(把守) 항이 있는데 『대동여지도』에서는 이 지도표를 사용하지 않았다. 그리고 두 지도의 지도표를 상호 비교해 보면 거의 유사하지만 『대동여지도』의 지도표가 『동여도』의 것보다 보다 간결하게 표시되고 있다. 이는 『동여도』는 필사본이고 『대동여지도』는 목판본이기 때문일 것이다. 참고적으로 두 지도표를 〈그림 3-13〉, 〈그림 3-14〉으로 제시한다.

　『여도비지』와 『동여도』 및 『대동여지도』와의 연관성을 살펴본다.

　첫째, 『동여도』와 『대동여지도』에 표기되어 있는 방면(坊面)·고읍(古邑)·산천(山川)·도서(島嶼)·창고(倉庫)·성지(城池)·고성(古城)·진보(鎭堡)·역도(驛道)·영로(嶺路)·진도(津渡)·원점(院店)·사원(祀院) 등이 『여도비지』의 기재 내용과 일치한다.

　둘째, 『여도비지』 권1 동반부서(東班府署) 관상감(觀象監)조에 실려 있는 팔도 순영(巡營)의 북극고(北極高)를 양정(量定)한 내용과 『동여도』 13규(糾) 여

興紀要序」, 正方位辨里道의 二者가 方輿의 眉目이라는 「地理論」, 第4糾의 百金方의 「地圖論」, 英祖 때 輿地圖 작성 경위 설명한 글, 第12糾의 高麗 開城의 極高 소개, 第13糾의 正祖때 八道觀察使營의 北極高 및 偏東西度, 歷代 王陵의 位置, 漢陽의 日出入 時刻 등을 종합하여 『大東輿地圖』의 地圖類說을 썼으며 申櫶의 「大東方輿圖序」도 이 글들을 바탕으로 썼다.

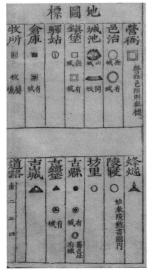

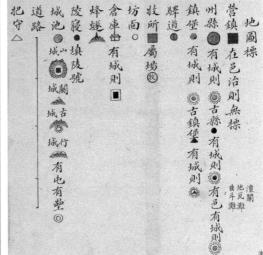

〈그림 3-13〉『대동여지도』지도표　　〈그림 3-14〉『동여도』지도표(서울역사박물관)
(국사편찬위원회)

백 란에 표기되어 있는 북극고 산정 내용이 똑같다.

　　셋째,『대동여지도』2규 여백란에 수록되어 있는 팔도의 주현수·대소영수·진보수·산성수·봉수수·역참수·방면수·전부수·민호수·인구수·군총수·목장수·창고수·곡총수가『여도비지』각 도의 도세(道勢)를 총괄적으로 설명하기 위하여 작성된 각종 통계표와 일치한다.

제5절 『대동지지(大東地志)』 편찬

1) 편찬시기

　　『대동지지』는 모두 30권 15책으로 되어 있으며, 이 중 평안도 편의 일부와 산수고(山水考) 및 변방편(邊方篇) 등이 결본이다. 현재 고려대학교 도

서관에 보관되어 있는『대동지지』는 영남대학교에 소장되어 있는『동여
도지』와 마찬가지로 고산자 김정호의 육필본이다.[43] 그런데『동여도지』에
도 평안도 편이 결본인 것처럼『대동지지』에도 평안도 편의 일부가 결본
이며 또 편찬된 평안도의 일부도 고산자 김정호의 친필본이 아니고 누군
가에 의해서 깨끗이 정서된 지지이다. 언제 누구에 의해 첨부되었는지는
알 수가 없다.

이『대동지지』의 편찬 완료연대는 지금까지 고종 원년(1864)으로 와전
되어 있다. 이는『대동지지』첫 장에 '신라 시조 원년 갑자에서부터 본조
철종 14년 계해에 이르기까지 1,920년이며 32갑자(起新羅始祖元年甲子 止本朝哲宗
十四年癸亥 凡一千九百二十年三十二甲子)'라는 기사와『대동지지』권1 경도 국조기년
(國朝紀年) 철종에 관한 기사 다음에 실려 있는 '주상 전하 원년 갑자(主上殿下
元年甲子)'라는 기사를 근거로『대동지지』는 고종 원년(1864)에 편찬 완료되었
다고 단정했기 때문이다.[44] 물론 앞 기사의 '신라 시조 원년 갑자'로부터
32갑자에 해당하는 갑자는 고종 원년(1864)에 해당되며 뒷 기사 주상 전하
는 고종을 가리키며 원년 갑자는 1864년에 해당하기 때문이다.

그러나 이러한 견해는 '주상 전하 원년 갑자(主上殿下元年甲子)' 다음 줄에
기록되어 있는 '중군 전하는 민씨이고 본적은 여주이며 부원군 민치록의
딸(中宮殿下閔氏 籍驪州 府院君致祿女)'[45]이라는 기사의 역사적 사실을 간과했기 때
문에 발생한 착오일 것이다.

고종이 민씨를 왕비로 간택한 것은 고종 3년(1866) 3월이다.『고종실

---

43 嶺南大學校 소장『東輿圖志』와 高麗大學校 소장『大東地志』는 누구나 쉽게 알아볼
    수 있는 독특한 筆體의 金正浩 肉筆本이다.
44 李丙燾, 앞의 글, p. 126.
45 金正浩,『大東地志』권1, 國朝紀年 高宗條.

록』에 의하면 고종 3년⁽¹⁸⁶⁶⁾ 3월 초6일에 대왕비가 빈청에 하교하여 첨정 민치록⁽閔致祿⁾의 여식과 대혼하기로 정하고[46] 민치록에게 의정부 영의정과 여성부원군의 봉작을 내렸다.[47] 3월 20일에 책비례⁽册妃禮⁾를 행하고[48] 3월 21일에 친영례⁽親迎禮⁾,[49] 3월 22일에 대왕대비가 왕비 민씨의 조현례⁽朝見禮⁾를 받았다.[50] 이와 같이 『고종실록』과 『대동지지』의 국조기년 고종조의 기사를 고려해 보면 김정호는 적어도 고종 3년⁽¹⁸⁶⁶⁾ 3월까지 『대동지지』의 편찬을 계속했다고 볼 수 있다.

그런데 경기도 삭녕군의 연혁조의 세주를 보면 '당저⁽當宁⁾ 5년에 정기덕⁽鄭基德⁾이 역모로 주살되어 현으로 강등되었다'[51]라는 기록이 있다. 여기서 당저⁽當宁⁾는 고종을 가리키며 고종 5년은 1868년으로 적어도 김정호는 고종 5년까지 생존하였고 그 때까지 『대동지지』를 편찬하였음을 알 수 있다.

이처럼 『대동지지』의 편찬 하한을 고종 5년으로 잡았을 때 상한선은 어디일까? 『대동지지』 권14 전라도 흥양군 연혁조에 '당저 10년에 군으로 승격되다.⁽當宁十年陞郡⁾'의 기사와 『대동지지』 권18 황해도 문화현 연혁조의 '당저 2년 신해년에 현감으로 강등 당했다가 11년에 다시 승격되다⁽當宁二年辛亥降縣監 十一年復陞⁾'의 두 기사가 이 의문을 해결할 수 있는 단서를 제공해 준다. '당저 2년 신해⁽當宁二年辛亥⁾'는 철종 2년⁽¹⁸⁵¹⁾ 신해년과 일치하므로 김정호는 이 『대동지지』를 철종 재위년 기간부터 편찬하기 시작한

---

46 『高宗實錄』 권3, 고종 3년 3월초 6일.

47 위와 같음.

48 『高宗實錄』 권3, 고종 3년 3월 20일.

49 위의 책, 고종 3년 3월 21일.

50 위의 책, 고종 3년 3월 22일.

51 『고종실록』 제5권, 고종 5년 8월 6일 경술.

셈이다.[52]

『대동지지』권5 충청도 도세조에서 연혁을 설명할 때 철종 13년[1862]에 역적 김순성(金順成)의 출생지가 청주이므로 충청도의 도명에서 청자를 빼고 공충도로 개칭한 내용을 적고 있다.[53] 이러한 사실들을 종합해 볼 때 김정호는 철종 12년[1861] 『대동여지도』를 완성한 후 곧 『대동지지』편찬에 착수하여 고종 5년[1868] 이후에 까지 편찬을 계속했음을 알 수 있다. 김정호는 철종 13년 김순성의 난 이전에 『대동지지』편찬에 착수하였을 것이다. 그러나 『동여도지』서문에 의하면 철종 12년 가을에 『동여도지』를 끝낸 것으로 밝히고 있으므로 김정호는 철종 13년에 『대동지지』편찬에 착수하여 고종 5년 죽는 날까지 이 책의 편찬을 계속하다가 평안도 편을 다 끝내지 못하고 죽었다.

2) 편찬체제

『대동지지』는 『동여도지』를 근간으로 삼고 『여도비지』를 참고로 보완한 지지이다. 『동여도지』에는 역대 주현(州縣) 등 역대지가 별책으로 첫 머리에 편찬되어 있는데 『대동지지』에서는 이를 맨 마지막에 『방여총지(方輿總志)』편목으로 배열하고 있다.

「정리고(程里考)」는 『동여도지』와 마찬가지로 주현지지(州縣地志) 뒤에 배열하고 있다. 『대동지지』의 총 목차와 『여도비지』의 총목차 그리고 『동여도지』의 총목차 등 3책을 비교해 보면 전국 주현지지의 배열이나 명칭 등이 거의 동일하게 되어 있음을 알 수 있다(표 3-7 참조). 이와 같이 『대동지

---

52 종래의 『靑邱圖』가 『大東地志』의 附圖라는 설명과 『大東輿地圖』가 『大東地志』를 참고하여 작성했다는 설명 등은 잘못이다.

53 金正浩, 『大東地志』권5, 忠淸道 沿革條 欄外에 附記된 기사내용임.

지』는 『동여도지』의 체제를 근간으로 하고 『여도비지』에서 추가 보충한
내용들을 모두 수록하고 있다.

〈표 3-12〉『여도비지』와 『대동지지』의 총목

輿圖備志	大東地志	輿圖備志	大東地志
總目	總目	卷17 咸鏡南道	卷17 黃海道 10邑
卷1 京都 東班府署	卷1 京都 漢城府	卷18 咸鏡北道	卷18 黃海道 13邑
卷2 西班府署 漢城府	卷2 京畿道 4都	卷19 平安南道	卷19 咸鏡道 15邑
卷3 京畿左道	卷3 京畿道 13邑	卷20 平安北道	卷20 咸鏡道 10邑
卷4 京畿右道	卷4 京畿道 20邑		卷21 平安道 10邑
卷5 忠淸左道	卷5 忠淸道 33邑		卷22 平安道 13邑
卷6 忠淸右道	卷6 忠淸道 21邑		卷23 平安道 10邑
卷7 慶尙左道	卷7 慶尙道 15邑		卷24 平安道 9邑
卷8 慶尙左道	卷8 慶尙道 25邑		卷25 山水考
卷9 慶尙右道	卷9 慶尙道 23邑		卷26 邊防考
卷10 慶尙右道	卷10 慶尙道 8邑		卷27 程里考
卷11 全羅左道	卷11 全羅道 18邑		卷28 程里考
卷12 全羅右道	卷12 全羅道 13邑		卷29 歷代志
卷13 黃海左道	卷13 全羅道 12邑		卷30 歷代志
卷14 黃海右道	卷14 全羅道 13邑		卷31 歷代志
卷15 江原東道	卷15 江原道 17邑		卷32 歷代志
卷16 江原西道	卷16 江原道 9邑		

　책의 분량을 비교하면 『동여도지』가 22책 정도이고 『여도비지』는 20
책인데 『대동지지』는 15책으로 다소 그 분량이 줄어들었다. 문목을 비교
하면 『대동지지』는 『동여도지』의 42개 문목보다 20개나 적은 22개 문목
으로 각 도 주현의 지지를 설명하고 있다. 그러나 『대동지지』의 문목은
『여도비지』의 문목과 마찬가지로 포괄적이기 때문에 『동여도지』의 세분
된 문목을 거의 포함하고 있다. 다만 풍속·재용(材用)·수리·장시 등의 문

목이 생략되었을 뿐이다. 특히 장시(場市) 항의 생략은 종래의 상공업 발달에 부응하기 위하여 김정호가 『대동여지도』를 만들었다는 주장과 상치되므로 면밀한 검토가 요구된다.

이로써 볼 때 『대동지지』는 『동여도지』와 『여도비지』를 종합한 김정호의 마지막 지리지이며 작품인 셈이다.

3) 『대동지지』의 인용서목

김정호는 앞의 두 지지와는 달리 『대동지지』 서두에 이 지리지를 편찬하기 위하여 인용했던 사료명을 밝히고 있다. 그 인용서목에 의하면 중국사서 22종, 한국사서 43종의 도합 65종의 사료를 참고하였던 것을 알 수 있다. 중국사서(史書)나 우리나라 사서를 막론하고 그가 이용 가능한 정사류는 모두 빠지지 않고 인용했던 것이고, 인용서목을 배열할 때에도 정사류, 관찬사료류, 사찬사료류 순으로 배열하고 있다. 이로 미루어 볼 때 고산자 김정호는 정사류를 중히 여기는 역사의식을 지녔음을 알 수 있다.[54]

〈표 3-13〉 『대동지지』 인용서목표

引 用 書 目			
史記	漢司馬遷撰	朝鮮賦	明董越撰
前漢書	後漢班固撰	三國史	高麗金富軾撰
後漢書	宋范蔚撰	高麗史	國朝鄭麟趾撰
三國志	晉陳壽撰	東國史略	國朝權近李詹撰
晉書	唐太宗御撰	東國通鑑	國朝徐居正撰
	唐房喬等撰		
南史	唐李延壽撰	東史綱目	國朝安鼎福撰

---

54 이병도 박사는 金正浩가 제1차 사료를 제쳐놓고 2차, 3차의 사료를 인용한 고루성을 드러냈다고 하였는데 引用書目의 배열, 本文 內에서의 考證 태도를 볼 때 金正浩는 正史類를 重視하는 歷史意識을 갖고 있었다.

北史	唐李延壽撰	歷代總目	國朝洪萬宗撰
隋書	唐魏徵撰	東國遺事	國朝安弘撰
舊唐書	後晉劉煦撰	周官六翼	高麗金敬叔撰
新唐書	宋歐陽修宋祁撰	國朝寶鑑	列聖朝諸臣撰
宋史	元托克托撰	輿地勝覽	國朝盧思愼徐居正撰
遼史	元托克托撰	璿源譜略	列聖朝重修
金史	元托克托撰	大典通編	正宗乙巳奉教撰
元史	明宋濂撰	文獻備考	英宗庚寅原
明史	淸張廷玉撰		正宗壬子續
通鑑輯覽	建隆三十三年 奉勅撰	萬機要覽	純祖丁卯奉教撰
明一統志	明李賢等奉勅撰	松京志	純祖朝
盛京志	建隆四十四年 奉勅撰	江都志	正宗朝癸卯
廣輿記	淸蔡方炳撰	關北志	正宗朝
開國方略	建隆三十八年 奉勅撰	華城志	純祖朝
高麗圖經	宋徐兢撰	南漢志	國朝洪敬謨撰
文獻通考	元馬端臨撰	關西志	正宗朝
湖南志	純祖朝	關北沿革考	國朝丁若鏞
疆域考	國朝丁若鏞撰	朴氏溯源錄	
渤海考	國朝柳得恭撰	尊周錄	國朝李書九撰
耽羅志		耳溪集	國朝洪良浩著
擇里志	國朝李重煥撰	水經	國朝丁若鏞撰 李崝註
燃藜記述	國朝 李肯翊編	東國地理辨	國朝韓百謙撰
燃藜典故	國朝 李肯翊編	地理群書	國朝柳馨遠撰
軍國總目	純祖戊子田賦戶口軍保	俎豆錄	正宗朝御製序
通文館志		程里表	國朝李崑秀撰
西浦漫筆	國朝金萬重著	臥遊錄	
燕岩外集	國朝朴趾源著	輿地圖	
涪溪記聞	國朝金時讓撰		

　　김정호는 위에 인용한 65종 이외에도 상당수의 사료와 지도 등을 참
조하였다. 예를 들면 『청구도』 범례에서 『기하원본(幾何原本)』의 지도식을
소개한다거나 『여도비지』 관상감(觀象監)조에서 『국조역상고(國朝曆象考)』를

인용하고 있지만, 인용서목에서는 모두 빠져 있다. 물론 이 두 사서가 『대동지지』에 직접 인용되지 않았지만 앞서 서술한 대로 두 지지의 정리편이 『대동지지』이므로 두 지지에 인용된 사서는 『대동지지』에도 인용되었다고 보는 것이 타당할 것이다.

첨언하면 『대동지지』 편찬에 인용된 65종의 사서들은 『동여도지』와 『여도비지』 편찬에도 상당수 인용되었던 것으로 보인다. 이러한 인용 서목들은 대부분 규장각에 소장되어 있어 김정호 연구에 큰 도움을 주고 있다. 그가 인용한 서목은 위의 〈표 3-13〉과 같다.

김정호는 65종이나 되는 사서들을 어떻게 접할 수 있었을까? 이들 사서 중 민간에게 쉽게 구할 수 있는 사서는 최한기의 후원으로 구독할 수 있었을 것이며 국가의 기밀사항에 해당하는 사서와 자료, 지도 등의 열람에는 최성환과 신헌의 적극적인 뒷받침이 있었을 것이다. 그가 인용한 사서의 희귀본들이 오늘날 규장각에 보관되어 있는 점도 이러한 사정을 뒷받침해 주는 것이다.

4) 『대동지지』 평안도 편의 편찬체제 비교

이병도는 김정호가 『대동지지』를 완성하고 죽었다고 해제하면서 유재건이 『이향견문록』에서 김정호가 『대동지지』를 완성하지 못하고 죽었다고 한 것은 잘못이라고 말하였다. 이것은 이병도가 고려대학교에 소장되어 있는 고산자의 『대동지지』 원본은 보지 못하고 국립중앙도서관에 소장된 사본만 보았기 때문에 온 오류였다.

고려대학교에 소장된 원본에는 제22권까지는 '고산자 편(古山子 編)'이라고 편찬자를 밝히고 있지만 제23권과 제24권의 평안도 편에는 편찬자의 표시가 없다. 제23권은 평안도의 의주·영변·운산·희천·박천·태천·

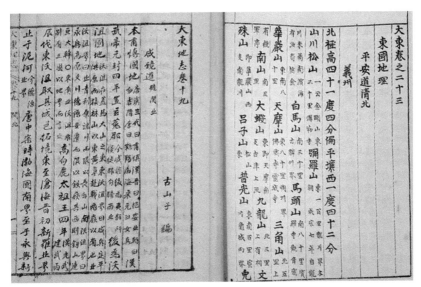

〈그림 3-15〉 좌측은 김정호가 친필로 쓴 함경도 편이고 우측은 대동지지 의주 편임.(고려대학교 도서관)

정주·가산·곽산·구성 등 10군현들이고 제24권은 평안도의 강계·삭주·
선천·용천·위원·창성·초산·철산·벽동 등의 9개 군현이다. 평안도의
19개 군현은 고산자가 편찬하지 못한 군현들이다. 〈그림 3-15〉에서 비교
해 보아도 글씨체가 확실히 다르다.

　『대동지지』 제21권의 평안도 10개 군현과 제22권의 13개 군현은 고
산자가 편찬하였다. 이들 지지들의 편목을 살펴보자.

〈표 3-14〉 『대동지지』 평안도 편 편목비교

군현	
제21권 성천	제23권 의주
-	北極高
沿革	疆域
方面	方面

군현	
山水	山川
形勝	–
–	島嶼
–	戶口
–	田賦
–	穀簿
–	軍籍
–	鎭堡
城池	城池
倉庫	倉庫
驛站	驛
	撥站
–	院店
津渡	津
橋梁	橋梁
土産	土産
場市	場市
樓亭	樓亭
宮室	宮室
祠院	祠院
典故	–
–	建置
–	故事

　의주목에는 북극고(北極高)가 제일 처음 기록되었고, 도서(島嶼) · 호구(戶口) · 전부(田賦) · 곡부(穀簿) · 군적(軍籍) · 진보(鎭堡) · 건치(建置) · 고사(故事) 항들이 추가되었다. 역참은 역과 발참과 원점으로 구분하여 편찬되어 있다. 전고(典故) 항은 건치(建置)와 고사(故事)로 나누어 서술하고 있다.

제4장

『대동여지도』 제작

제1절 정상기의『동국대지도(東國大地圖)』와『팔도분도(八道分圖)』

제2절 조선 후기『군현지도집(郡縣地圖集)』의 활발한 제작

제3절『해동여지도(海東興地圖)』편찬

제4절『조선도』(朝鮮圖:오사카부립도서관) 편찬

제5절『청구도』의 제작과 발전

제6절『동여도』제작

제7절『대동여지도(大東興地圖)』편찬

제1절 정상기의 『동국대지도(東國大地圖)』와 『팔도분도(八道分圖)』

1) 『동국대지도』의 제작

조선 전기의 『동국지도』 전통을 이은 『조선방역도』류가 계속 제작되다가 숙종 38년(1712)에 청나라와 국경을 조사하여 백두산정계비를 세운 다음부터 만주지방이 떨어져 나간 압록강과 두만강을 경계로 한 전국도가 제작되기 시작하였다.

조선 후기의 지도제작 기술은 상당히 발전하였는데 이 발전된 기술을 보여주는 대표적인 지도가 백리척(百里尺)의 축척으로 그린 정상기의 『동국대지도』이다. 백리척의 축척을 써서 지도를 제작한 것은 과학적으로 지도를 제작하기 시작했다는 것이다.

이 지도가 세상에 알려지게 된 것은 영조 33년(1757)에 홍양한(洪良漢)에 의해서다. 그는 정항령가(鄭恒齡家)에 정밀한 『동국대지도』가 있는데 이 지도는 산천 도로가 매우 자세하게 기록되었고 또 백리척을 사용했기 때문에 하나의 착오도 없다고 보고하였다. 이 보고를 들은 영조는 승지를 시켜 지도를 가져오도록 하였다. 영조는 지도를 본 후

　　　내 칠십 평생에 백리척(百里尺) 지도는 처음 본다.

고 매우 감탄하였다. 영조는 홍문관에서 이 지도를 모사하도록 하였

다.[1] 이후 제작되는 지도들은 이 지도를 기본도(基本圖)로 하였기 때문에 종래의 『조선방역도』 형태에서 벗어나서 『동국대지도』 형태를 띠게 되었고 『청구도(靑邱圖)』류가 나올 때까지 이 도법(圖法)이 이어져 갔다.

3일 후 영조는 다시 『동국대지도』를 칭찬하였다. 그리고 홍양한은 『팔도분도첩(八道分圖帖)』도 있다고 아뢰고 이 지도도 매우 자세하니 전도(全圖)처럼 모사하여 1본(一本)은 홍문관에 비치하고 1본은 비변사에 비치할 것을 건의하여 시행되었다.

성호(星湖) 이익(李瀷)도 정상기의 『팔도분도』를 받아 보고 "나의 친구 정여일(鄭汝逸)이 세밀히 연구하고 정력을 기울여 백리척을 만들어 가지고 정밀한 측량을 거쳐서 지도 8권을 작성하였는데 멀고 가까운 거리와 높고 낮은 지형까지가 모두 실형으로 묘사되었으니 정말 진귀한 보물이다"[2]라고 감탄하였다.

2) 『동국대지도』의 내용

정상기가 이 지도를 제작하게 된 동기는 그의 서문에 나타나 있다(지도 4-1, 4-2 참조).

지금껏 세상에 행하여 오는 우리나라 지도는 부지기수이나 그것을 보면 사본·인본을 막론하고 모두 지면(紙面)의 광협(廣狹)과 모양에 따라 제작한 까닭에 산천 도리가 모두 맞지 아니하여 10여 리 되는 근거리가 수백 리의 원거리 밖에 놓여 있는가 하면 수백 리의 원거리에 있는 것이 10여 리

---

1 『英祖實錄』卷90, 33年 8月 乙丑, (43)658~659.
2 『星湖僿說』제1권, 天地門 『東國地圖』.

의 근거리에 위치하면서 동서남북에 뻗쳐 있는데 혹은 또 그 위치를 바꾸어 놓기도 하였으니 만일 이러한 지도에 의해 사방으로 돌아다닌다면 하나도 맞는 것이 없어 마치 어둠 속을 여행하는 것과 다름이 없을 것이다. 내가 이를 매우 유감스럽게 여겨 이 지도를 만들었다.

정상기가 창안한 백리척의 작도법(作圖法)은 지금까지 중국식 작도법을 따른 방안도법보다 지도제작 수준을 한 단계 높였다. 종래의 방안도법은 중국처럼 평지가 많고 길이 직선으로 되어 있는 곳에서는 정확한 지도제작 방법일 수 있지만, 우리나라처럼 산이 많고 길의 굴곡이 심한 땅을 그리는 경우에는 도로상의 거리와 직선거리상에 상당한 차이가 나타나서 그다지 유용한 도법은 아니었다. 백리척은 바로 이러한 우리나라의 특수성을 고려하여 평지는 100리를 1척으로 하고 도로 굴곡이 심한 산간지역은 120~130리를 1척으로 계산하여 차등을 두는 도법이기 때문에 보다 사실에 가까운 직선거리를 계산해 낼 수 있었다.

정상기의 지도가 나온 이후로는 거의 대부분의 지도가 백리척 지도로 제작되었다. 그러나 『동국대지도』는 현재 원본을 명확하게 파악할 수 없으며 전해 오는 지도도 많지 않다. 필자는 규장각에 소장되어 있는 『팔로총도(八路總圖)』와 국립중앙박물관에 소장된 『동국대지도(東國大地圖)』가 가장 근접한 지도일 것으로 추정한다. 이유는 신경준의 『동국여지도』 발문 내용 중 신경준이 정상기 지도를 적절히 이용하였고 이들 지도의 제작시기가 정상기가 활동했던 시기와 근접하기 때문이다.

『동국대지도』는 크기가 가로 147.5cm이고 세로 272.7cm인 대형지도였기 때문에 모사(模寫)가 어려워 유행하지 못한 듯하며 대신 『팔도분도』는 모사가 비교적 쉬웠기 때문에 여러 사본이 남아 있다. 이 사본은 정상

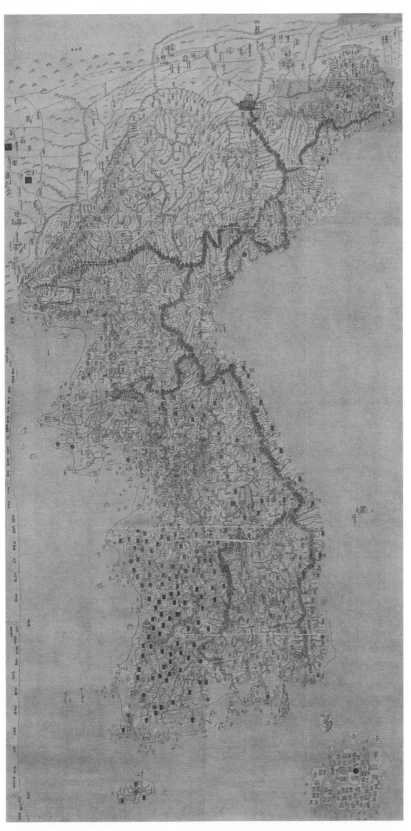

◀ 〈지도 4-1〉
정상기의 『동국대지
도』(국립중앙박물관)

〈지도 4-2〉 백리척이 표시된 『함경북도지도』(서울대학교 규장각)

기가 만든 원도 계열과 정후조(鄭厚祚)의 해주신본 계열로 나누어져 활발하게 모사되어 100여 년간 계속적으로 간행되었다.

제2절 조선 후기 『군현지도집(郡縣地圖集)』의 활발한 제작

조선 후기에는 정상기가 『동국대지도』와 『팔도분도』를 백리척의 축척으로 정확하게 제작한 이후에는 거의 대부분의 전국지도들은 이 두 지도의 유형을 따라 제작되었다. 그러나 군현의 형편을 자세하게 알고 싶을 때에는 두 지도가 너무 방대하였고 내용은 비교적 간략하기 때문에 좀더 편리하고 자세한 군현지도가 필요하였다. 이러한 정책적인 요구에 맞추어서 여러 차례에 걸쳐서 군현지도집이 제작되었는데 회화식 군현지도집과 방안식 군현지도집으로 구분할 수 있다.

1) 조선 후기 회화식 군현지도집 제작시기

(1) 『여지도』(輿地圖 : 한 貴古 朝61-3)

국립중앙도서관에 소장된 『여지도』를 살펴보면 전라도 전도와 전라도 군현 명에 나주목을 금성현(錦城縣)으로 표기하였고, 강원도 도별지도에 원성목(原城牧)으로 감영을 표시하였고 군현지도에서도 원성현 표시하였으며, 충청도 공주를 감영으로 표시하였다. 위에 사실로 보아 이 지도는 1735~1738년 사이에 편찬되었을 것이다.

『여지도』는 「원형천하도」·「중국도」·「유구국도」·「일본도」·「북경도」·「요계관방도」·「조선전도」·「도성도」·「전국도」 등으로 6책으로 구성되었다. 요계관방도를 수록하고 있는 것이 특이하다.

(2) 『팔도여지도』(八道輿地圖:古 貴 2702-14)

국립중앙도서관에 소장된 『팔도여지도』를 살펴보면, 강원도 도별지도에 원성목으로 감영을 표시하였고 군현지도에서도 원성현 표시하였으며, 충청도 공주를 감영으로 표시하였다. 이 군현지도집에는 경기도와 전라도는 결본이기 때문에 나주목의 변천은 알 수 없다. 그러나 위에 두 사실로 보아 이 지도도 1735~1738년 사이에 편찬되었을 것이다.

『팔도여지도』의 4책에 『조선서북양국경계도』가 삽입되었는데 『서북피아양계도』와 비슷하다

(3) 『여지도』(輿地圖:古4709-68)

서울대학교 규장각에 소장된 『여지도』를 살펴보면 도별지도인 호남도에는 나주목을 금성현(錦城縣)으로 표기하였지만 군현지도에는 나주목으로 표시하였으며, 강원도 도별지도에 원성목으로 감영을 표시하였고 군현지도에서도 원성현 표시하였으며, 충청도 공주를 감영으로 표시하였다. 위에 사실로 보아 이 지도는 1735~1738년 사이에 편찬되었을 것이다.

『여지도』에는 전국도와 함께 『성경여지전도』가 수록되었는데, 만주의 심양을 중심으로 그린 국경도이다. 『요계관방도』가 있고, 『조선여진양국경계도』가 있는데 『서북피아양국경도』와 비슷하다.

(4) 『광여도』(廣輿圖:古4790-58)

서울대학교 규장각에 소장된 『광여도』를 살펴보면 도별지도인 호남도에는 금성현으로 표기하였지만 군현지도에는 나주목으로 표시하였고, 강원도 도별지도나 군현지도에서 원주목으로 감영을 표시하였고 충청도 공주를 감영으로 표시하였다. 도성도에서는 소덕문이 소의문으로 개칭

되지 않았다. 나주목과 원주목이 복원된 점으로 미루어 앞의 『여지도』나 『광여도』 등의 군현지도집보다는 후에 편찬되었음을 알 수 있는데 도성 도에 소덕문이 소의문으로 개칭되지 아니 한 점으로 미루어 이 지도집은 1738~1744년 사이에 편찬되었을 것이다.

『광여도』에는 「원형천하도」·「중국도」·「조선도」·「일본도」·「유구국 도」·「조선여진양국경계도」·「요계관방도」·「전국 군현」을 수록하고 있는 데, 「원형천하도」는 다른 어느 지도에서도 볼 수 없는 독특한 천하도이 다. 안남국(安南國), 서천축국(西天竺國), 방갈납해(旁葛臘海), 아랍피해(亞臘皮海), 북 아흑리가(北亞黑利可), 남아흑리가(南亞黑利可), 지중해(地中海) 등 오늘날 사용하고 있는 지명을 사용하고 있는 점이 독특하다. 유구국도는 다른 지도책의 유 구국도와 다르게 가장 자세하고 화려하고 섬세하게 묘사하였다.

그런데 첫 번째 군현지도집인 『여지도』부터 네 번째 군현지도집인 『광여도』까지 자세한 군현의 내용을 부기하였는데 이들 지도집에 수록된 호구 수는 똑같다. 이것은 이들 지도집의 제작시기가 비슷하다는 의미일 것이다.

(5) 『해동지도』(海東地圖:古大4709-41)

서울대학교 규장각에 소장된 『해동지도』는 앞의 4개 군현지도집보 다 크기가 훨씬 크다. 앞에 군현지도집은 28.6~36.8cm인데, 『해동지도』 는 30.5~47cm이며 지도에 부기된 내용도 풍부하다.

이 지도집의 편찬 시기는 전라도지도에서 나주목을 금성현으로 표기 하고 경상도지도에서 안음현이 폐현 된 것으로 표기되어 있다. 그러나 도 성도를 살펴보면 소덕문이 소의문으로 개칭되었고(1744년) 육상묘가 표시 되어 있다. 경리청이 '금상 정묘 이속 총융청(今上丁卯 移屬 摠戎廳)'으로 기록되어 있다. 여기 금상은 영조이고 정묘년은 1747년이므로 경리청은 이 해에 폐기되었다. 충청도지도에는 충주목을 충원현(忠原縣)으로 표기되어 있다.[3] 경리청은 1747년에 총융청으로 합쳤으며 육상묘는 1753년에 육상궁으로 승격되므로 이 지도집은 1747년부터 1753년 사이에 편찬되었을 것이다. 『해동지도』는 부기 내용이 앞선 지도집보다 자세하며 호구 수의 숫자도 훨씬 늘어나 있다.

『해동지도』에는 「관서일로애로(關西一路隘路)」와 「해서일로애로(海西一路隘路)」의 관방지도가 수록되어 있고, 「서북피아양계전도」·「조선여진분계도」의 관방지도가 있다. 「북경궁궐도」·「십삼성도(十三省圖)」·「황성도(皇城圖)」 등의 중국지도가 수록되어 있으며, 「원형천하도」·「왜국지도」·「유구국도」 등도 있다. 다른 군현지도와 비슷하게 『요계관방도』가 있다. 전국도인 『대동총도(大東總圖)』를 수록하고 백리척을 표시하였다.

(6) 『지승』(地乘:奎15423)

서울대학교 규장각에 소장된 『지승』은 경상도의 산음현과 안음현이 산청현과 안의현으로 바뀌었으므로 1767년 이후에 편찬되었고, 평안도의 이산부과 충청도의 니산현이 초산부와 니성현으로 개편되었으므로 1776년 이후에 편찬되었을 것이다.

그런데 1787년에 설치되는 장진부(長津府)가 표기되지 않았으며 1795년에 금천(衿川)이 시흥(始興)으로 바뀌는데 이 지도에는 바뀌지 않았다. 이로 미루어 『지승』은 정조 1년(1776)부터 정조 11년(1787) 사이에 제작된 지도임을 알 수 있다. 『지승』에는 8도의 군현지도와 「조선여진양국경계도」가

---

3 『영조실록』 권47, 영조 14년 12월 3일 신사, (42)608.

수록되어 있다. 그러나 『지승』의 호구 수는 첫째부터 네 번째까지의 지도
첩의 호구수와 기록이 똑같다.

〈표 4-1〉 조선 후기 회화식 군현지도집 편찬 순서

순서	지도명	청구기호	소장처	방식	연대	책수	근거
1	여지도	한귀고 조61-3	국립중앙도서관	회화	1735~1738	6	금성현
2	팔도여지도	고 귀 2702-14	국립중앙도서관	회화	1735~1738	5	원성목
3	여지도	고4709-68	서울대 규장각	회화	1735~1738	6	금성현
4	광여도	고4790-58	서울대 규장각	회화	1738~1744	7	나주목
5	해동지도	고대4709-41	서울대 규장각	회화	1747~1753	8	충원현
6	지승	규15423	서울대 규장각	회화	1776~1787	6	니성현

2) 조선 후기 방안식 군현도집 편찬

(1) 『비변사방안지도』(서울대학교 규장각 소장)

호남도와 전라우도지도, 그리고 군현지도에도 모두 남원부를 일신현
(一新縣)으로 표기하였다.[4]

일신현은 1739년부터 1750년 사이에 남원부를 강등시켜 부르던 군
현명이다. 충청도의 충주목이 충원현으로 강등되었다가 충주목으로 승
격된 것이 1748년인데 이 지도는 충주목으로 표기되었으므로 이 지도
는 1748년 이후에 편찬되었을 것이다. 그러므로 이 지도는 1748년부터
1750년 사이에 편찬되었을 것이다.[5]

이 지도집에는 전국 8도가 도별로 각 군현을 수록하고 있는데, 경기
도와 평안도지도는 결본이다. 강원도지도는 방안식 지도가 아니라 회화
식지도이며 강원도의 일부 군현만 수록되어 있다.

---

4 『영조실록』 권50, 영조 15년 9월 23일 정묘, (42)643.

5 『영조실록』 권71, 영조 26년 4월 6일 무인, (43)366.

(2) 『팔도군현지도(八道郡縣地圖)』(서울대학교 규장각 소장 古4709-111)

충청도의 충주목이 충원현으로 강등되었다가 충주목으로 승격된 것이 1748년인데 이 지도는 충주목으로 표기되었으므로 이 지도는 1748년 이후에 편찬되었을 것이다. 충청도의 니산현(尼山縣)과 평안도의 이산부(理山府)가 바뀌지 않았으므로 1776년 이전에 편찬되었을 것이다. 그러므로 이 지도집은 1748부터 1776년 사이에 편찬되었을 것이다.

경기도와 충청도 그리고 평안도 등 3개도만 존재하기 때문에 더 이상 편찬연대를 좁힐 수 없다. 이 지도집은『조선지도』(奎6030)와 내용상으로는 매우 가깝다.

(3) 『동국지도』경상도(국립중앙도서관 소장 승계貴2702-22)

이 지도는 경상도만 남아 있다. 산음현과 안음현이 산청현과 안의현으로 개칭되어 표시되어 있으므로 이 지도는 1767년 이후에 제작되었을 것이다. 다른 도별 지도가 더 남아 있으면 편찬연대를 더 고찰해 볼 수 있겠지만 경상도지도만 남아 있기 때문에 제작연대를 더 이상 알아 볼 수가 없다.

(4) 『조선지도』(서울대학교 규장각 소장 奎6030)

『조선지도』는 경상도의 산음현과 안음현이 산청현과 안의현으로 개칭된 점으로 보아 1767년 이후에 제작되었고 충청도의 니산현과 평안도의 이산부가 개칭되지 않은 점으로 미루어 1776년 이전에 제작되었을 것이다. 1767년부터 1776년 사이에 편찬되었을 것이다.

이 지도는 1770년에 신경준(申景濬)이 제작한 『열읍도(列邑圖)』로 보고 있다.[6]

(5) 『팔도군현지도』(영국국립도서관 소장, 중앙도서관 2018.12.19. 복사 비치)

『팔도군현지도』의 도성도에 육상궁이 설치되어 있으므로 이 지도는 1753년 이후에 편찬된 지도이다. 함경도의 이원현과 충청도의 노성현으로 미루어 1800년 이후에 제작되었을 것이다. 장진부 지도의 주기난에 '세 계유 함산 통판 윤사모 득본읍읍지소재본 이상증(歲癸酉咸山通判尹査摹得本邑邑誌所載本而相贈)'이라고 적혀 있다. 즉 장진부가 신설 읍이기 때문에 비변사에 비치한 지도가 없어서 순조 계유년(1813)에 읍지도에서 보충한다는 기록으로 보아 이 지도는 1813년 이후에 편찬되었을 것이다. 후주부가 설치되어 있고 경기도의 풍덕현이 아직도 폐현되지 않은 점으로 보아 1822년부터 1823년 사이에 편찬되었을 것이다.

(6) 『팔도지도』(국립중앙도서관 소장 한貴古朝61-21)

충청도의 니성현과 함경도의 이성현이 각각 노성현과 이원현으로 개칭되었으므로 1800년 이후에 제작되었다. 함경도에 후주부가 설치되어 있으므로 1822년 이후에 제작되었다. 경기도의 풍덕이 1823년에 폐현되는데 이 지도에는 아직 폐현되지 않고 표시되었으므로 이 지도는 1822년부터 1823년 사이에 편찬되었을 것이다.

---

6   양보경, 1995, 『대동여지도』를 만들기까지, 『한국사시민강좌』 16.
    이기봉, 2005, 『조선지도』 해설.

순서	지도명	청구기호	소장처	방식	연대	책수	근거
1	비변사방안지도	도서번호 없음	규장각	방안	1748~1750	7	일신현
2	동국지도경상도	승계貴2702-22	중앙도서관	방안	1767이후	1	산청현
3	팔도군현지도	古4709-111	규장각	방안	1748~1776	3	니산현
4	조선지도	奎6030	규장각	방안	1767~1776	7	니산현
5	8도군현지도	2018.12.19비치	영국국립도서관	방안	1822~1823	4	후주 풍덕
6	8도지도	한貴古朝61-21	중앙도서관	방안	1822~1823	8	후주 풍덕

제3절 『해동여지도(海東輿地圖)』 편찬

1) 『해동여지도』의 제작시기

『해동여지도』는 산음·안음이 산청·안의로 개칭되었으므로 1767년 이후에 제작되었고, 이산이 초산으로 개칭되었으므로 1776년 이후에 제작되었다. 1787년에 설치되는 장진부(長津府)가 표기되지 않았으며 1795년에 금천(衿川)이 시흥(始興)으로 바뀌는데 이 지도에는 바뀌지 않았다. 이로 미루어 『해동여지도』는 정조 1년(1776)부터 정조 11년(1787) 사이에 제작된 지도임을 알 수 있다.

2) 『해동여지도』의 내용

이 지도에는 경위선표를 이용하여 전국 8도의 주현을 표시하고 있다. 남북으로는 함경도를 1로 시작하여 전라도 해남을 118로 삼았으며 동서로는 함경도를 역시 1로 시작하여 평안도가 76으로 되어 있다. 우리 나라를 가로 76개의 방안(方眼)과 세로 118개의 방안(方眼) 속에 넣어 경위도 식으로 표현한 것이다.

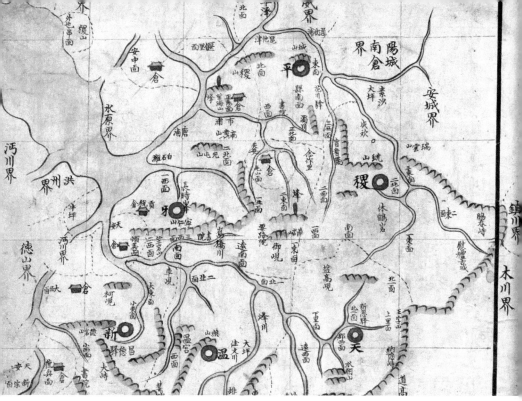

〈지도 4-3〉 『해동여지도』 평택, 직산, 천안, 아산, 온양(국립중앙도서관)

좀 더 자세히 살펴보면 전라도 흥양현의 삼도(三島)는 현재의 거문도
인데 이 섬까지 표시하고 124까지 기록하였으며, 나주목에서는 흑산도와
가거도까지 표시하였는데 77까지 방안을 표시하고 있다. 여기서 제주도
는 경위선을 썼지만 숫자 표시는 없으므로 위의 경위선 숫자에 들어가지
않는다. 제주도의 경위선 10개를 포함시키면 방안의 숫자는 134로 늘어
날 것이다. 표시된 방안으로 살펴보아도 남북 134개 방안과 동서는 77개
의 방안으로 되어 있다. 이 지도가 우리나라를 경위선식으로 표현하여 전
국을 하나로 묶은 최초의 지도이다.

　『해동여지도』는 한 고을을 한 장에 그리는 것이 원칙이었지만 어떤
경우에는 여러 개의 고을을 같이 그렸는데, 8개 고을을 함께 그리기도 하

였다. 경상도의 경우 안동·예안·봉화·영천·순흥·풍기·예천·용궁 등 무려 8개 군현을 같이 그리기도 하였다.

각도의 맨 앞쪽에는 수록된 군현의 명칭을 적어 놓았다. 특히 색인 역할을 할 수 있는 20리 간격의 경위선이 그려지고 각 도의 동서도·남북도·좌우도를 구분 할 수 있는 경위선표(經緯線表)를 그려 놓아 각 도의 색인 역할을 하도록 하였다.

현재 남아 있는『해동여지도』는 앞에 만든 원본지도를 전사한 지도책이다. 황해도 장연현에서 백령도·대청도·소청도를 그려 놓고 원본(原本)에는 빠져 있기 때문에 추서(追書)한다고 하였으며, 함경도 삼수군에서는 폐사군의 경위선수가 구본(舊本)을 가지고 살펴보면 맞지 않는데 이것도 전사하는 과정에서의 오류라고 기록되어 있다. 원본이나 구본이라고 표기한 것으로 보아『해동여지도』원본이 있었는지 아니면 다른 지도를 참고하여『해동여지도』를 만들었는지 확실히 알 수 없다.

고려대학교 해외한국학자료센터의 조사에 의하면『해동여지도』모사본이 두 곳에 소장되어 있음을 밝혀냈다. 일본 동양문고(청구기호 Ⅶ-2-224)에 소장된『강역전도(疆域全圖)』는 1책 145장으로 구성되어 있는데『해동여지도』의 상하권을 한 책으로 묶었으며 다만 제3책의 주기사항만 빠져 있다.

『해동여지도』는 전체적인 지도의 내용이나 필사의 수준으로 볼 때, 개인보다는 국가에서 제작한 것으로 보이는데, 제작시기도 표기되어 있지 않아 지명의 표기로 제작시기를 추정할 수밖에 없다. 1776년 평안도의 이산(理山)과 충청도의 이산(尼山)이 초산(楚山)과 이성(尼城)으로 개명되는데, 지도에는 바뀐 지명으로 표기되어 있다. 1795년에 경기도의 금천(衿川)이 시흥(始興)으로 바뀌는데 이 지도는 금천으로 표기된 점으로 미루어 이 지도책은 1776년 이후 1795년 이전에 모사된 것으로 추정된다.

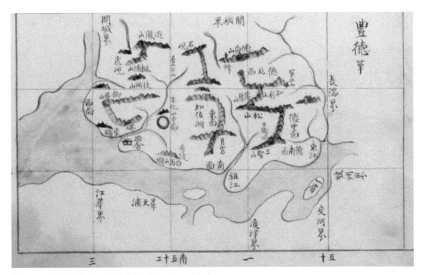

〈지도 4-4〉 해동여도의 革 풍덕 지도(국립중앙도서관)

또 다른 지도책인 『해동여도(海東輿圖)』(일본 오사카부립 나카노시마도서관 韓10-11)도 『해동여지도』 모사본인데 필사시기의 상한과 하한을 알 수 있는 정보가 경기도 풍덕(豊德)의 지도 이름 밑에 '革(혁)'이라는 글자에 담겨 있다. 풍덕 은 1823년에 혁파되면서 개성에 합해졌다가 1866년에 다시 독자적인 군 현으로 독립한다. 풍덕 아래에 적힌 '革(혁)'이라는 글자 필체가 지도책의 다른 글자와 동일하여 필사 이후에 첨가된 것으로 보기 어렵기 때문에 『해동여도』는 1823년과 1866년 사이에 필사된 것으로 볼 수 있다. 그리 고 경기, 충청, 경상, 전라의 4개도 부분만 남아 있는 결본이고 필사의 상 태도 안 좋은 편이다.

3) 방안식 군현지도집과 『해동여도』의 비교

조선 후기에는 회화식 군현지도집이 여러 차례에 걸쳐 편찬되었다.

그 뒤를 이어서 좀 더 정확해진 방안식 군현지도가 제작되게 된다. 그 중에도 비교적 늦은 시기에 제작된 『조선지도』와 『해동여지도』를 비교해 보면 이 지도는 『조선지도』를 참고로 하여 제작되었음을 알 수 있다.

〈표 4-3〉『해동여지도』와 『조선지도』의 경기도 산악 비교표

군현	해동여지도	조선지도
양주	高靈山	高靈山
	道峯山	道峯山
	嶺斤山	嶺斤山
	露積山	露積山
	磨差山	磨差山
	佛谷山	佛谷山
	三角山	三角山
	石積山	石積山
	逍遙山	逍遙山
	水落山	水落山
	峨差山	峨差山
	王方山	王方山
	天磨山	天磨山
	天寶山	天寶山
	弘福山	弘福山
	古雲山	雲吉山
	漢美山	漢美山
	汗伊山	汗伊山
	突壓山	突壓山
	注葉山	注葉山
	深谷山	深谷山
	壺口峽	壺口峽
	佛岩山	佛岩山
	矢里丹山	矢里丹山
	磨峙	磨峙
	栢峴	栢峴
	祝石嶺	祝石嶺
	蟹踰峴	蟹踰峴
	干坡峴	干坡峴

군현	해동여지도	조선지도
양주	鬱峴	鬱峴
	雪馬峙	雪馬峙
개성	孤雲山	孤雲山
	露積山	露積山
	扶蘇山	扶蘇山
	三聖山	三聖山
	聖居山	聖居山
	松岳山	松岳山
	進鳳山	進鳳山
	香炭山	香炭山
	末屹山	末訖山
	御屛山	御屛山
	德勿山	德勿山
	磨淵山	摩淵山
	松山	松山
	帝釋山	帝釋山
	楓陵山	楓陵山
	如利山	如利山
	軍藏山	軍北山
	五冠山	–
	鳳鳴山	–
	馬蹄峙	馬蹄峙
	長池峴	長池峴
	龍峴	龍峴
	石峴	石峴
	禿峴	禿峴
	虎峴	虎峴
	月巖	月巖
통진	守安山	守安山
	藥山	藥山
	童城山	童城山
	烽山	烽山
	文殊山	文殊山
	地境峴	地境峴
	蟹巖	蟹巖
	–	白石峴

군현	해동여지도	조선지도
	高麗山	高麗山
	大母山	大母山
	磨尼山	磨尼山
강화	河陰山	河陰山
	穴口山	穴口山
	鼎足山	鼎足山
	傳烽山	傳烽山
	鎭江山	鎭江山

양주목은 『해동여지도』와 『조선지도』의 산악명이 똑같게 표시되었다. 개성부는 『해동여지도』가 오관산(五冠山)과 봉명산(鳳鳴山)이 『조선지도』보다 많게 표기되었다. 통진부는 『조선지도』가 『해동여지도』보다 백석현(白石峴) 표시가 많다. 강화부는 두 지도에 표기된 산악명이 똑같다. 경기도의 38개 군현의 산악명칭을 비교해보면 두 지도에 표시된 산악명이 거의 일치한다. 이것은 『해동여지도』가 『조선지도』를 저본으로 제작되었음을 알 수 있다.

제작 시기를 비교해도 『조선지도』는 1767부터 1776년 사이에 제작되었고 『해동여지도』는 1776부터 1787 사이에 편찬되었으므로 두 지도집의 편찬시기도 비슷하다.

제4절 『조선도』(朝鮮圖 : 오사카부립도서관) 편찬

1) 『조선도』의 제작시기

일본 오사카 부립 나카노시마도서관(大阪府立中之島圖書館)에 소장되어 있는 『조선도』는 1800년에 충청도의 니성현이 노성현으로, 함경도의 이성현이 이원현으로 바뀌는데 이 지도에는 개칭된 이름으로 군현이 표시되어 있으므로 이 지도는 1800년 이후에 제작되었을 것이다. 그런데 1822년에 처음 설치되는 함경도의 후주부가 표시되어 있지 않다. 이 지도는 1800년부터 1822년 사이에 제작되었다고 볼 수 있다.

이 시기에 충청도 지역의 군현을 살펴보면 특히 청주목과 충주목의 명칭이 여러 번 바뀌는 것을 알 수 있다. 1804년부터 1813년까지는 청주목이 한해옥(韓海玉)의 옥사로 서원현으로 강등되고[7] 충청도의 도명도 공충도(公忠道)로 바뀐다. 얼마 안 되어서 1817년에는 충주목의 명칭이 충원현(忠原縣)으로 강등되고[8] 충청도의 도명도 공청도(公淸道)로 바뀐다.

『조선도』에 표기 된 대로 공주목과 청주목이 계수관이고 공청도로 불리운 기간은 1817년부터 1826년 사이다. 함경도 후주부가 1822년에 설치되는데 이 지도에는 표기되지 않은 점으로 미루어 이 지도는 1817년부터 1822년 사이에 제작된 지도이다.

2) 『조선도』의 체제

일본 오사카 부립 나카노시마도서관에 소장되어 있는 『조선도』는 19세기 전반기에 제작된 채색 필사본 지도이며, 분첩식(分帖式)으로 제책된 최초의 대축척 전국지도이다.[9]

이 지도는 우리나라를 남북으로 100리 간격으로 나누어 26층으로 구분하고 각 층에 해당하는 지역을 각각 한 권의 책에 수록하여 모두 26권

---

7 『순조실록』 6권, 순조 4년 10월 27일 임오, (47)493.
8 『순조실록』 20권, 순조 17년 4월 28일 신축, (48)115.
9 양보경, 1999, 일본 대판부립도서관 소장 『조선도』의 고찰, 『서지학연구』 17.

〈지도 4-5〉『조선지도』 서울, 양천, 시흥, 안산, 과천(국립중앙박물관)

에 전국을 수록하였다. 책의 크기는 가로가 29.4cm이고 세로는 21.2cm로 여기에 남북 100리, 동서 140리의 지리 정보를 수록하고 있다. 세로 길이 21.2cm는 조선 후기에 통용되었던 주척(周尺) 1척(尺)에 해당하며 가로 길이 29.4cm는 약 1척 4촌(寸)에 해당된다. 실제거리 100리를 주척으로 1척, 10리를 1촌으로 표시한 것이다.[10]

각 도곽의 우측 상단에 표시된 간지(干支)는 전체 지도에서 이 지도가 어느 부분인지를 알려주는 좌표 역할을 하고 있다. 국토의 가장 동쪽 부분을 자(子)로 하고 가장 서쪽을 술(戌)로 표기하였다. 제1권은 축(丑)판으로 경원·온성·종성만으로 구성되어 있고, 제2권은 자는 경흥, 축은 경원·경흥·온성·종성·회령, 인(寅)은 무산·회령, 묘(卯)는 무산, 진(辰)은 갑산, 사(巳)는 백지이고, 오(午)는 강계, 미(未)도 강계를 판(板)으로 구성하고 있다. 『조선도』의 뚜렷한 특징은 각 군현에 28수(宿) 별자리를 배치하고 도수(度數)별로 군현에 배치한 점이다. 이것은 하늘과 땅의 구성 원리와 관계방식을 나타낸 것이다.[11]

---

10 장상훈, 2007, 조선 후기 분첩식 대축척 전국지도의 제작과『조선도』,『조선도』해설집.
11 오상학, 2007,『조선도』에 표현된 분야설 고찰,『조선도』해설집.

3) 『조선도』의 영향

조선 후기 정상기가 백리척을 이용하여 제작한 『동국대지도』와 『팔도분도첩』은 우리나라의 고지도 발달사에 획기적인 발전을 가져왔다. 종래에는 지면의 크기에 따라서 지도를 제작하였기 때문에 실제와는 많은 차이가 있었다. 이를 극복하기 위하여 백리척의 축척법을 사용하여 고지도를 제작한 것은 종래의 회화식으로 고지도를 제작하던 틀을 깨고 과학적으로 지도를 제작하기 시작했다는 뜻이다.

〈표 4-4〉 『조선지도』와 『해동여지도』, 『조선도』(오사카도서관) 산악 비교표 1

군현명	조선지도	해동여지도	조선도(오사카도서관)
통진	守安山	守安山	守安山
	藥山	藥山	藥山
	童城山	童城山	童城山
	烽山	烽山	烽山
	文殊山	文殊山	文殊山
	地境峴	地境峴	地境峙
	蟹巖	蟹巖	蟹巖
	白石峴	白石峴	白石峴
강화	高麗山	高麗山	高麗山
	大母山	大母山	大母山
	磨尼山	磨尼山	磨尼山
	河陰山	河陰山	河陰山
	穴口山	穴口山	穴口山
	鼎足山	鼎足山	鼎足山
	傳烽山	傳烽山	傳烽山
	鎭江山	鎭江山	鎭江山
교동	華盖山	華盖山	華盖山
	立石山	立石山	立石山
	欓頭山	欓頭山	欓頭山
파주	城山	城山	城山
	月籠山	月籠山	月籠山

군현명	조선지도	해동여지도	조선도(오사카도서관)
	紫雲山	紫雲山	紫雲山
	坡平山	坡平山	坡平山
	東顧山	東顧山	東顧山
	白雲山	白雲山	白雲山
	雞鳴山	雞鳴山	雞鳴山
파주	牛頭山	牛頭山	牛頭山
	彌勒山	彌勒山	彌勒山
	鳥峴	鳥峴	鳥峴
	車踰嶺	車踰嶺	車嶺
	惠陰岺	惠陰岺	惠陰岺
	蒜峯	蒜峯	蒜峯

　이러한 기술을 이어받아 방안식 군현지도집이 제작되기 시작했으며 신경준이 제작하였다는『열읍도』의 사본으로 알려진 규장각 소장의『조선지도』가 그 대표적이다.『조선지도』는 전국 군현을 주척 2촌(寸)을 일선으로 하여 세로 76개 가로 131개의 방안으로 제작한 지도이다. 이러한『조선지도』의 제작기술을 이어 받아 발전시킨 지도가 국립중앙도서관에 소장된『해동여지도』이다. 이 지도는 세로가 77개이고 가로가 132개로『조선지도』와 방안수가 거의 비슷하다. 내용상으로 경기도의 산악명 표기 내용을 비교하면 두 지도의 산악명이 거의 일치한다.

　경기도의 통진부·강화부·교동부·파주목의 4개 군현을 산악명칭을 비교해보면『조선지도』와『해동여지도』그리고『조선도』(오사카도서관)의 산악명칭이 똑같다. 경기도의 37군현의 산악명칭이 세 지도집에 거의 비슷하게 표기되었다. 이것은『해동여지도』가『조선지도』를 기본도로 삼아 제작하였고,『조선도』(오사카도서관)는『해동여지도』를 기본도로 발전시킨 지도임을 알 수 있다. 차이가 나는 몇 개 군현의 표시하면 다음과 같다.

〈표 4-5〉 『조선지도』와 『해동여지도』 『조선도』(오사카도서관) 산악 비교표

군현명	조선지도	해동여지도	조선도(오사카도서관)
장단	軍莊山	軍莊山	軍莊山
	大德山	大德山	大德山
	龍虎山	龍虎山	龍虎山
	望海山	望海山	望海山
	白鶴山	白鶴山	白鶴山
	月峰山	月峰山	月峰山
	華藏山	華藏山	華藏山
	大興山	大興山	大興山
	月登山	月登山	－
	馬巖山	－	馬巖山
장단	－	五冠山	五冠山
	甘勿峴	葛勿峴	甘勿峴
	烽峴	烽峴	蜂峴
	釜峯	釜峯	釜峯
	卑踰嶺	卑踰嶺	卑踰嶺
삭령	儉伏山	儉伏山	儉伏山
	鷄鳴山	鷄鳴山	鷄鳴山
	連景山	連景山	連景山
	鵬耳山	鵬耳山	鵬耳山
	城山	城山	城山
	僧岑山	僧岑山	僧岑山
	漕令山	漕令山	漕令山
	末應山	末應山	末應山
	寅目山	寅目山	寅目山
	興盛山	－	興盛山
	席峴	席峴	席峴
	陽峴	陽峴	陽峴
	龍腹峙	龍腹峙	龍腹峙
	斧峯	釜峯	釜峯
	榆峴	榆峴	榆峴
	－	－	岱門峙

군현명	조선지도	해동여지도	조선도(오사카도서관)
수원	三峯山	三峯山	三峯山
	曾岳山	曾岳	曾岳山
	乾達山	乾達山	乾達山
	光敎山	光敎山	光敎山
	廣德山	廣德山	廣德山
	摩尼山	摩尼山	摩尼山
	鳴鳳山	鳴鳳山	鳴鳳山
	靑好山	靑好山	菁好山
	龍伏山	龍伏山	龍伏山
	-	-	台山
	琵琶峴	琵琶峴	琵琶峴
	-	-	遲遲峴

장단군의 경우에 『조선지도』에는 오관산이 없고 『해동여지도』에는 마암산이 없으며 『조선도』(오사카도서관)에는 월등산이 표기되어 있지 않다. 삭령군은 『해동여지도』에 홍성산이 표기되지 않았다. 대문치(代門峙)는 『조선도』(오사카도서관)에만 표기되어 있다. 수원부의 경우 태산(台山)이 『조선도』(오사카도서관)에만 표기되어 있다. 지지현(遲遲峴)은 정조가 부친인 사도세자 능을 참배할 때 과천 쪽에서 시흥 쪽으로 참배로를 바꾸었을 때 생겨난 고개 명칭이기 때문에 『조선도』(오사카도서관)에만 표기되어 있다. 이러한 지명의 변천은 『조선도』(오사카도서관)가 이 두 지도집보다 늦은 시기에 편찬되었음을 말해 준다.

제5절 『청구도』의 제작과 발전

김정호는 5종(種)의 지리지(地理志)와 삼대지도(三大地圖)를 남겼다. 물론 지리지와 지도는 밀접한 관련이 있다. 지도와 지리지의 관계는 흔히 '좌도우지(左圖右志)'의 관계로 표현되곤 한다. 5종(種)의 지리지(地理志)는 앞장에서 설명하였으므로 여기서는 삼대지도(三大地圖)를 살펴보고자 한다. 김정호와 지도를 연관시키면 『대동여지도』가 대표적으로 떠오르겠지만 고산자가 평생 노력하여 제작한 지도는 『청구도』이다. 『청구도』는 최근의 연구에 의하면 네 차례에 걸쳐 형태를 달리하여 편찬되었다.

1) 『청구도』 이본 편찬 경위

『청구도』는 현재까지 18종이 알려졌다. 지금까지의 연구에 의하면 『청구도』는 4가지 유형의 『청구도』가 편찬되었다고 알려졌다.[12] 이기봉, 장상훈 연구를 참조하고 인터넷을 통하여 서울대학교 규장각, 국립중앙도서관, 한국학연구원 장서각, 고려대학교 해외한국학자료센터의 자료를 검색하여 대조해보면, 18종의 『청구도』 대부분을 김정호가 직접 편찬한 것이 아니라 모사자(模寫者)들이 최한기의 집에서 『청구도』를 빌려다가 모사한 모사본인 것을 알 수 있다.

필자(筆者)가 조사한 바로는 국립중앙도서관에 소장된 『청구도』와 고려대 도서관에 소장된 『청구도』만이 현존하는 김정호의 친필본 『청구도』

---

12 이기봉, 2004, 김정호의 『청구도』 제작과정과 지도적 특징에 관한 연구, 대한지리학회지 제39권 3호 ; 이기봉, 2009, 『청구도』 이본 4개 유형의 제작시기에 대한 검토, 한국지역지리학회지 ; 장상훈, 2009, 『청구도』 이본 비교 시론, 한국고지도연구 제1권

인 것 같다.[13] 그렇다고 현존하는『청구도』의 대부분이 김정호가 아닌 여러 사람의 손을 빌려 제작하였다고 김정호가 제작한『청구도』가 아니라고 말할 수는 없다. 왜냐하면 모사자들이 대부분 최한기의 집에서『청구도』를 빌려다가 모사하였기 때문이다. 김정호는 적어도 네 종류의『청구도』를 만들어 최한기에게 주었고, 최한기는 이를 모사자들에 빌려 주었을 것이기 때문이다. 최한기가 모사자들에게『청구도』를 빌려줄 때 똑같은『청구도』를 빌려 준 것이 아니라 여러 종류의『청구도』를 여러 부류의 모사자들한테 빌려주었을 것이다. 모사자들은 자기가 소유한 모사본을 다른 친지들에게 빌려주어 모사본이 모사본을 만들어 내는 결과를 가져왔다.『동여도』류의『청구도』만도 모사본이 4종인 것을 확인할 수 있다.

현존하는 18종의『청구도』를 분류하면『동여도』류의『청구도』7종,『여지도』류의『청구도』4종,『청구요람』류『청구도』2종, 고산자류의『청구도』5종으로 나눌 수 있을 것 같다.

　⑴『동여도』(東興圖)類『청구도』편찬 경위
　『동여도』류『청구도』는 겉표지에『동여도』라고 써져 있기 때문에 그렇게 분류할 수 있고『청구도』범례가 수록되어 있지 않은 것이 특징인데 심지어 동양문고본과 장서각본은「청구도제」조차도 실려 있지 않다.
　『동여도』류『청구도』는『해동여지도』의 영향을 받아 제작한『청구도』로 김정호가 제일 먼저 편찬한『청구도』일 것이다. 왜냐하면 8도 분표 다음에 게재되어 있는 경기충청전도·경상전도·전라전도·황해전도·강원전도·함경전도·평안전도 등의 경위선표도는『해동여지도』의 경위선

13　해외에 소장된『청구도』는 직접 열람할 기회가 없어 단정하기는 어렵다.

표와 매우 비슷하기 때문이다.

『동여도』류『청구도』편찬 경위를 살펴보면 다음과 같다.

첫 번째, 『동여도』류의 『청구도』모사는 박규수(朴珪壽)가 헌종 15년(1849)에 평안도 용강 현령(龍岡縣令)으로 임명되어 재직하는 동안에 용강의 선비인 오창선(吳昌善)과 안기수(安基洙)의 도움으로『청구도』를 모사한 것이다.[14]

두 번째, 『동여도』류의『청구도』모사는 안기수가 한장석(韓章錫)에게 『동여도』를 모사할 때의 일을 말하기를 "참교

〈그림 4-1〉『동여도』표시 『청구도』(일본 동양문고)

(參校: 교정)를 여러 달 동안 하면서 필연(筆硯)의 일을 도왔는데, 이제 그 부본(副本)이 김선근(金善根) 공에게 있습니다"라고 하였다. 박규수가『청구도』를 모사할 때 한 부만 만든 것이 아니고 부본을 만들었고, 헌종 15년에 만든 부본은 박규수와 교류가 있었고 당시 황강 군수였던 김선근이 소유하고 있었다.[15]

세 번째, 『동여도』류의『청구도』모사는 한장석(韓章錫)이 용강 현령이고 김선근(金善根)이 황강 군수였던 고종 11년(1874)이다. 한장석 용강 현령은 당시 황강군수였던 김선근이 소유하고 있던 박규수의 부본을 빌려와서 그 부본의 모사에 참여하였던 안기수의 도움을 받아『동여도』를 모사한

14 韓章錫, 1934,『眉山先生文集』卷之七,「東輿圖序」.
15 『고종실록』권11, 고종 11년 11월 13일 임자.

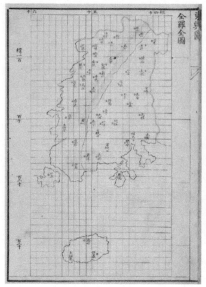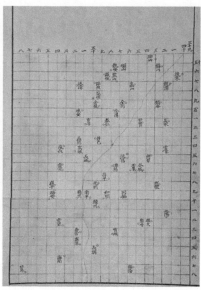

〈지도 4-6〉『동여도』 표시의 『청구도』 중 전라도 경   〈지도 4-7〉『해동여지도』의 전라도 경위선표도(국립
　　　　위선표도(일본 동양문고)　　　　　　　　　　　　　　중앙도서관)

것이다. 이러한 모사는 모사본을 또다시 모사한 경우인데 이러한 사례가
여러 번 있었을 것이라고 추정할 수 있다. 위와 같은 역사적 사실은 한장
석의 문집인 『미산선생문집』에 수록되어 있는 1893년에 한장석이 쓴 『동여
도』 서문을 통해서 알 수 있는 사실이다.

　『동여도』류의 『청구도』는 「청구도 범례」가 없는 것이 가장 큰 특징이고,
동방제국도·4군삼한전도 등의 역사지도도 없으며, 도성도·군국총목표·
본조팔도성경합도 등의 항목도 없다. 경위선표목록·주현총도목록·제표총
목·8도분표와 『해동여지도』처럼 경위선표도가 수록되어 있는 것이 가장 큰
특징이다.

〈『동여도』류의 『청구도』〉

1. 일본천리대 『동여도』 2책 291.1 夕23
청구도제, 경위선표목록, 주현총도목록, 제표총목, 8도분표, 경기충청전
도, 경상전도, 전라전도, 황해전도, 강원전도, 함경전도, 평안전도

2. 동양문고 『동여도』 2책 Ⅶ-2-192
경위선표목록, 주현총도목록, 제표총목, 8도분표, 경기충청전도, 경상전
도, 전라전도, 황해전도, 강원전도, 함경전도, 평안전도.

3. 일본 동양문고 『청구경위도』 2책 Ⅶ-2-677
청구도제, 경위선표목록, 주현총도목록, 제표총목, 8도분표, 경기충청전
도, 경상전도, 전라전도, 황해전도, 강원전도, 함경전도, 평안전도.

4. 한국학중앙연구원 장서각 『청구도』 2책 2-4587
경위선표목록, 주현총도목록, 제표총목, 8도분표, 경기충청전도, 경상전
도, 전라전도, 황해전도, 강원전도, 함경전도, 평안전도.

5. 미국 버클리대 도서관 『여지도』 3책
〈제1책〉 청구도제, 경위선표목록, 주현총도목록, 제표총목, 8도분표, 경기
충청전도, 경상전도, 전라전도, 황해전도, 강원전도, 함경전도, 평안전도.
〈제3책〉 정리표(程里表)

6. 영남대 『여지도』 2책 건곤
청구도제, 경위선표목록, 주현총도목록, 제표총목, 8도분표, 경기충청전
도, 경상전도, 전라전도, 황해전도, 강원전도, 함경전도, 평안전도.

<표 4–6> 『동여도』류의 항목 비교

분류	천리대	동양문고	동양문고2	장서각	버클리대	영남대
청구도제	○	-	○	-	○	○
경위선표목록	○	○	○	○	○	○
주현총도목록	○	○	○	○	○	○
제표총목	○	○	○	○	○	○
8도분표	○	○	○	○	○	○
경기충청전도	○	○	○	○	○	○
경상전도	○	○	○	○	○	○
전라전도	○	○	○	○	○	○
황해전도	○	○	○	○	○	○
강원전도	○	○	○	○	○	○
함경전도	○	○	○	○	○	○
평안전도	○	○	○	○	○	○
정리표	-	-	-	-	○	-

(2) 『여지도(輿地圖)』類 『청구도』의 편찬 경위

일본 오사카부립도서관 소장의 『청구도』는 겉표지에 『여지도(輿地圖)』라고 표기되어 있기 때문에 『여지도』류 『청구도』로 분류한다.

『여지도』류의 『청구도』에도 「청구도 범례」가 없는 것이 가장 큰 특징이고 도성도·군국총목표·본조팔도성경합도 등의 항목이 『동여도』류와 유사하게 빠져있다. 『여지도』류는 동방제국도·4군삼한도·삼국전도·신라9주군현총도·고려5도양계도 등 역사지도가 첨부되어 있는 것이 두드러진다. 『여지도』류의 『청구도』는 김정호가 두 번

<그림 4–2> 『여지도』로 표기된 『청구도』 표지(영남대학교)

째 편찬한『청구도』일 것이다.

일본 오사카부립도서관 소장의『청구도』의「청구도제」에 의하면 이
『청구도』는 1846년(현종 12)에 안변에서 모사되었다.

此題 崔上舍漢綺 所弁卷也 与余隣居知其淹貫博 該偶叩職方之制 此圖示之

余甚珍翫及到鶴城有一章甫姓李名鐘顯者 自言能之簿領之暇借本移寫凡旬有八日訖而

成糾

(오사카부립도서관(한5-110) 소장 청구도제)

위 글의「청구도제」에 등장하는 학성(鶴城)은 안변부의 별칭이며 향설
헌(香雪軒)은 안변부의 관청의 일부이다. 1846년 안변부사로 부임한 ○○도
인(道人)은 최한기와 이웃에 살기 때문에 최한기가 직방(職方)에 대해서 해
박한 지식을 가지고 있음을 잘 알고 있었고『청구도』를 보배처럼 아꼈다.
그가 안변부에 부임한 후에 그곳에 사는 이종현(李鐘顯)이라는 선비에게 부
탁하여『청구도』를 18일 만에 모사를 끝냈고, 책 제목은『여지도』라고 하
였다.

현존하는 이런『여지도』류의『청구도』를 분류하면 다음과 같은데 책
머리에 첨부한 부록들의 항목이 일치함을 알 수 있고,「청구도 범례」가 없으
며 역사지도들을 강조하고 있음을 알 수 있다.

〈표 4-7〉『여지도』류『청구도』의 항목 비교

분류	오사카	천리대	숭실대	규장각
청구도제	○	○	○	○
청구도범례	-	-	-	-
일본국도	-	-	○	-
동방제국도	○	○	○	○

분류	오사카	천리대	숭실대	규장각
4군삼한도	○	○	○	○
삼국전도	○	○	○	○
신라9주군현총도	○	○	○	○
고려5도양계도	○	○	○	○
본조8도주현도	○	○	○	○
본조8도성경합도	-	-	○	○
조선성경합도	○	○	-	-

〈『여지도』류 『청구도』〉

1. 일본 오사카부립도서관 『청구도』 2책 한5-110

청구도제, 동방제국도, 4군삼한도, 삼국전도, 신라9주군현총도, 고려5도양
계도, 본조8도주현도, 조선성경합도.

2. 일본천리대 『청구도』 3책 291.1 타189

청구도제, 동방제국도, 4군삼한도, 삼국전도, 신라9주군현총도, 고려5도양
계도, 본조8도주현도, 조선성경합도.

3. 숭실대 『청구도』 2책

청구도제, 동방제국도, 4군삼한도, 삼국전도, 신라9주군현총도, 고려5도,양
계도, 본조8도주현도, 본조8도성경합도.

4. 서울대학교 규장각 『청구도』 4책 古 4709-21

청구도제, 일본국도, 동방제국도, 4군삼한도, 삼국전도, 신라9주군현총도,
고려5도양계도, 본조8도주현도, 본조8도성경합도.

(3) 『青丘要覽』類 『청구도』

서울대학교 규장각 소장 『청구요람』(古4709-21A)에 실려 있는 최한기의 「청구도제」 끝 부분에 다음과 같은 문장이 부기되어 있다.

得見故贈祭酒崔漢綺家藏靑邱圖本....從余遊者韓主事承履族人秉華 亦其深有意於圖志

遂爲余畵成一本

조협승(曺協承)이 '고 증좌주 최한기(故贈祭酒崔漢綺)'라고 쓴 것은 최한기가 1879년에 죽었기 때문이고 '증좌주(贈祭酒)'은 최한기가 죽은 후에 성균관 좌주에 증직이 되었기 때문에 그렇게 높여 부른 것이다. 조협승은 1895 년에 최한기 집에 소장되어 있는 『청구도』를 빌려와 한승이(韓承履)와 자기 친척인 조병화(曺秉華)를 시켜 『청구도』 모사를 완료하였다.

조협승은 1895년(고종 32)에 호남시찰겸위무관이 되어 호남지방을 순시하였다.[16] 이 과정에서 그는 전라도 진도에 사는 한승이(韓承履)와 친척 조병화의 조력으로 『청구도』를 모사하였다.

조협승(曺協承)류의 『청구도』 범례에 오면 다음과 같이 바뀐다. 신라9주도·고려5도양계도와 본조성경합도는 책 말미에 수록한다. 그리고 동방제국도·삼한도·한사군도·삼국도는 여러 사람이 고증(考證)이 온당치 못하다고 하여서 이 부분은 생략한다고 설명하고 있다.

東方歷代地圖可知沿革損益 故自新羅九州圖 以至勝國高麗五道兩界圖及本朝盛京合

圖付於卷尾 而東方諸國圖三韓圖漢四郡圖三國圖 雖有前修之論 就考歷代地志諸家考

---

16 『承政院日記』, 高宗 32年 2月 19日.

證多未穩當 故删之

(규장각『청구요람』범례)

위의 『청구도』 범례에 뚜렷이 나타나 있는 것처럼 역사지도를 권수에 수록하느냐? 권말에 수록하느냐를 밝히고 동방제국도·삼한도·한사군도·삼국도를 삭제하는 이유를 설명하고 있다. 이러한 범례를 수록한 『청구도』는 규장각의 『청구요람』과 고려대의 『청구도』뿐이다.

이 지도의 『청구도』 범례에서 두 번째로 주목되는 부분은 산을 어떻게 표현하느냐의 방식 차이 일 것이다. 규장각의 『청구요람』 청구도 범례에는 다음 항목이 주목된다.

山脊水脈連絡地面水之所濬削立爲山則從其水源之相分可知山脊之連絡不必連崗接麓
以亂紙面以且易失眞只畵有名山作三四峯

산줄기와 물줄기가 지면에 연결되어 물이 깊이 파인 곳이 뾰족이 서서 산이 되는 법이므로 수원이 서로 갈라진 곳을 따라 산줄기가 연결된 것을 알 수 있으니 반드시 산등성이와 기슭을 다 연결하여 지면(紙面)을 어지럽게 할 것이 없고 그리되면 실지를 잃기가 쉬우므로 다만 유명한 산 서너 봉우리만 그려 넣었다.

라고 밝히고 있다.

우리나라 고지도를 제작할 때 산을 묘사하려면 진산(鎭山)인 경우에는 단독으로 산을 그리지만 대부분 연첩하여 산맥으로 표기하고 있다. 『청구도』의 대부분이 연첩식으로 산맥을 연결하여 그렸지만 위와 같은 청구도 범례가 있는 규장각의 『청구요람』 등은 봉오리 식으로 산을 표현하

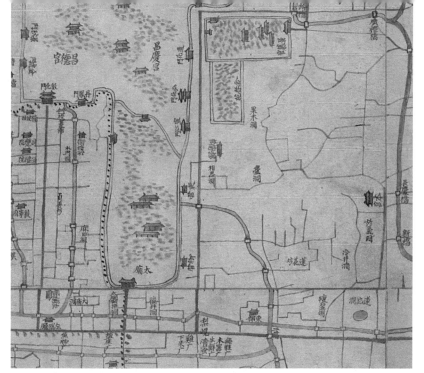

〈지도 4-9〉 『청구요람』 수록 『도성도』의 총위영 표시(고려대학교 도서관)

고 있다. 『청구요람』류의 『청구도』는 모사 시기는 제일 늦지만 청구도 범
례에서 밝힌 것처럼 김정호가 세 번째로 편찬한 『청구도』임을 알 수 있는
형식이다. 이 지도의 청구도 범례에서 도성도를 『5부전도』라고 표시하고
권수에 실린다고 표현하고 있다.

다른 지도의 청구도 범례에서는

京都爲首善之地而宮廟館閣府院所在及坊契橋梁逶迤脈絡多有考閱處 故圖繪全幅亦付
于卷首

라고 표현했는데 조협승의 모사본에는

京都爲首善之地而宮廟臺省之所在橋梁街巷之委曲頗多考閱故以五部全圖弁之於首

라고 표현 방법이 달라지는데 문맥은 똑같다. 도성이 중요지역이기 때문에 책의 앞부분에 수록한다는 뜻이다.

이『청구도』의 도성도를 살펴보면 경모궁 밑에 총위영(摠衛營) 건물이 그려져 있다. 총위영은 헌종이 왕권을 강화하기 위하여 1846년에 설치하였다가 1849년에 폐지된 기구이다. 이를 근거로 김정호가 이『청구도』의 편찬시기를 추정하면 1846년부터 1849년 사이에 제작되었을 것이다. 조협승은 이『청구도』를 빌려다가 1895년에 모사한 것이다.

그런데 프랑스 동양언어문화학교 소장『청구도』는 범례에서는 산을 봉오리 식으로 그린다고 표현하고 실제로는 연첩식으로 산맥을 그렸고, 역사지도는 권미에 붙인다고 범례에서 밝히면서도 권두에 수록하였으며, 동방제국도·삼한도·한사군도·삼국도는 삭제한다고 말했는데 권두에 수록하고 있다.

〈『청구요람』류의『청구도』〉
1. 서울대학교 규장각『청구요람』2책 古4709-21A
청구도제, 청구도 범례, 본조8도주현도, 도성전도, 신라9주군현총도, 고려5도양계도·본조8도성경합도.
2. 고려대『청구도』2책(上下)
청구도제, 청구도 범례, 본조8도주현도, 도성도, 신라9주군현총도, 고려5도양계도, 본조8도성경합도.

지금까지 편찬연대를 알 수 있는『청구도』는 1834년에 김정호가 편

찬한『청구도』가 있고, 1846년에 모사된『여지도』가 있다. 1849년 박규
수본과 김선근본의『동여도』가 있고, 1874년에 모사된 한장석본의『동여
도』가 있으며, 1895년에 모사된 조협승본의『청구요람』이 있다. 모사 연
대는 다르지만 김정호는『동여도』류를 처음 편찬하고 그 다음으로『여지
도』류를 편찬하였으며 그 이후에『청구요람』류의『청구도』를 편찬하였을
가능성이 있다. 네 번째로 고산자류의『청구도』를 편찬하였을 것이다.

　　『청구도』이본의 특별 항목을 정리하면 다음 표와 같다.

〈표 4-8〉『청구도』이본 특별항목 비교표

분류	동여도류	여지도류	청구요람류	고산자류
청구도제	○	○	○	○
청구도 범례	-	-	○	○
경위선표목록	○	-	-	-
주현총도목록	○	-	-	-
제표총목	○	-	-	-
8도분표	○	-	-	-
경기충청전도	○	-	-	-
경상전도	○	-	-	-
전라전도	○	-	-	-
황해전도	○	-	-	-
강원전도	○	-	-	-
함경전도	○	-	-	-
평안전도	○	-	-	-
일본국도	-	○	-	-
동방제국도	-	○	-	○
4군삼한도	-	○	-	○
삼국전도	-	○	-	○
신라9주군현총도	-	○	○	○
고려5도양계도	-	○	○	○
본조8도주현도	-	○	○	○
본조8도성경합도	-	○	○	○

분류	동여도류	여지도류	청구요람류	고산자류
도성전도	-	-	○	○
군국총목표	-	-	-	○

(4) 고산자류의 『청구도』

지금까지 알려진 18종의 『청구도』 중에 고산자 김정호의 친필본은 국립중앙도서관에 소장된 『청구도』와 고려대 도서관에 소장된 『청구도』뿐인 것 같다. 『동여도지』·『여도비지』·『대동지지』는 김정호가 직접 쓴 친필본 지리서이다. 이들 지리서의 필체와 두 도서관에 소장된 『청구도』와 필체를 비교해 보면 쉽게 4책의 필체가 비슷함을 알 수 있을 것이다.

『청구도』 범례는 『청구도』를 왜 만들고 어떻게 만들고 무엇을 내용에 담고 있는지를 밝히는 중요한 사항이다. 현재까지 『청구도』 이본이 18종이 발견되었지만 『청구도』 범례가 수록되어 있는 『청구도』는 국립중앙도서관 『청구도』(건곤), 일본 천리대도서관 『청구전도』(건곤), 고려대 『청구도』(上下), 영남대 『청구도』(上下), 일본 천리대도서관 『청구도』(건곤), 프랑스 동양언어문화학교 소장 『청구도』, 서울대학교 규장각 『청구요람』 등 7종에 불과하다. 이것은 현재 남아 있는 『청구도』가 대부분 모사자에 의하여 모사되었기 때문에 모사하는 과정에서 「청구도 범례」가 없는 『청구도』를 빌려다가 모사하였기 때문일 것이다.

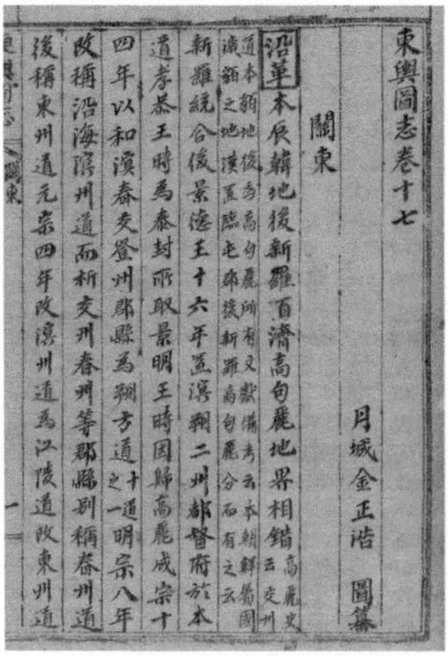
東輿圖志卷十七
月城金正浩 圖纂
關東
沿革 本辰韓地後新羅百濟高句麗地界相錯
新羅統合後景德王十六年置溟州二州都督府於本
道孝恭王時為泰封所取景明王時因歸高麗成宗十
四年以和溟春交登州郡縣為朔方道之十道明宗八年
改稱沿海溟州道而析交州春州等郡縣別稱春州道
後稱東州道元宗四年改溟州道為江陵道改東州道

〈그림 4-3〉 『동여도지』 필체(국립중앙도서관)

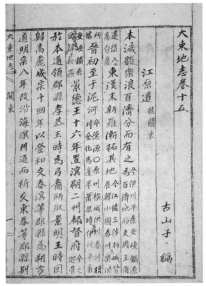

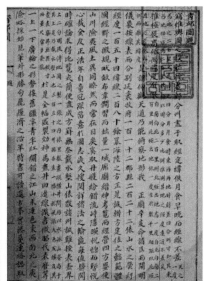

〈그림 4-4〉『대동지지』 필체(고려대학교 도서관)   〈그림 4-5〉『청구도』 필체(국립중앙도서관)

　　『청구도』 범례는 대부분 비슷한데 첫 번째로 주목되는 부분은 국립 중앙도서관『청구도』 범례의 다음 구절이다.

東方歷代地圖可知沿革損益 故自東方諸國圖四郡三韓圖三國全圖新羅九州圖高麗五道 兩界圖以及本朝盛京合圖付於卷首焉 又 京都爲首善之地而宮廟館閣府院所在及坊契 橋梁透迤脈絡多有考閱處 故圖繪全幅亦付于卷首(국립중앙도서관 청구도 범례)

동방의 역대 지도에서 연혁과 손익을 알 수 있으므로 동방제국도·4군3 한도·삼국전도·신라9주도·고려오도양계도와 본조의 성경합도는 책머 리에 수록한다. 또 경도(京都)는 수선지지이고 궁묘·관각·부원의 소재이 며 방계·교량 등이 구불구불 이어져 있어 참고할 곳이 많으므로 전폭을 그려 책머리에 부친다.

위 범례의 내용은 역사지도와 도성도를『청구도』의 책머리에 수록하는 이유를 자세히 설명하고 있다.

국립중앙도서관 소장의『청구도』와 같은 체제로 모사된『청구도』는 다음 5종이 있다. 필자는『청구도』범례가 모두 수록되어 있기 때문에 고산자류로 분류해 보았다. 고산자류의『청구도』는 그가 네 번째 편찬한 『청구도』일 것이다.

국립중앙도서관 소장의『청구도』에 수록된 도성도를 살펴보면 경모궁 밑쪽으로 총위영(總衛營)이 표기되어 있다. 총위영은 총융청을 개편하여 궁궐 호위를 전담하기 위하여 헌종이 13년(1846)에 설치한 군영인데 헌종이 죽으면서 이 기구도 1849년에 폐지된다. 규장각에 소장된『청구요람』에는 총위영 건물까지 그려져 있는데 이 지도에는 이름만 있고 건물이 없는 것으로 미루어 1849년 이후에 편찬되었을 것이다.

〈표 4-9〉 고산자류『청구도』의 항목비교

분류	중앙도서관	천리대1	천리대2	프랑스	영남대(상하)
청구도제	○	○	○	○	○
청구도 범례	○	○	○	○	○
동방제국도	○	○	○	○	-
4군삼한도	○	-	○	○	-
삼국전도	○	-	○	○	-
신라9주군현총도	○	○	○	○	-
고려5도양계도	○	○	○	○	-
본조8도주현도	○	○	○	○	○
도성전도	○	○	○	-	○
경조5부도	-	-	-	-	○
조선성경합도	○	-	○	○	○
본국요심합도	-	○	-	-	-
군국총목표	○	○	-	-	-

〈고산자류의『청구도』〉

1. 국립중앙도서관『청구도』2책(건곤) 古朝 61-81

청구도제, 청구도 범례, 동방제국도, 4군삼한도, 삼국전도, 신라9주군현총
도, 고려5도양계도, 본조8도주현도, 도성도, 군국총목표.

2. 일본천리대도서관『청구전도』2책(건곤) 291.1 夕61

청구도제, 청구도 범례, 본국요심합도, 신라9주군현총도, 고려5도양계도,
본조8도주현도, 도성전도, 동방제국도, 군국총목표.

3. 일본천리대도서관『청구도』2책(건곤) 291.1 夕189②

청구도제, 청구도 범례, 동방제국도, 4군삼한도, 삼국전도, 신라9주군현총
도, 고려5도양계도, 본조8도주현도, 도성전도, 조선성경합도.

4. 프랑스동양언어문화학교 소장『청구도』

청구도제, 청구도 범례, 동방제국도, 4군삼한도, 삼국전도, 신라9주군현총
도, 고려5도양계도, 본조8도주현도, 조선성경합도.

5. 영남대『청구도』2책(上下)

청구도제, 청구도 범례, 본조8도주현도, 도성도, 경조5부도, 본조8도성경합도.

2)『청구도』의 이본 내용 비교

『청구도』의 이본 내용을 자세히 검토하면 많은 차이를 발견할 수 있다.

첫째, 도성도 중에 총위영(總衛營)을 어떻게 표현했느냐를 살펴보면
『동여도』류의『청구도』는 도성도가 없으니까 아예 표시가 없다. 다만 16

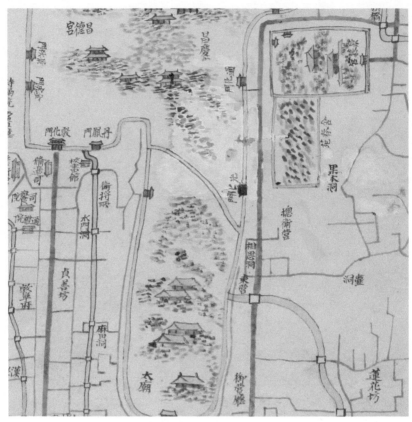

〈지도 4-10〉『청구도』에 수록된 도성도(국립중앙도서관)

충 14면의 서울지도를 보면 북한산 행영에 총위영 표기가 있다.『여지도』
류와 『청구요람』류의 『청구도』에는 총위영이 표기되고 건물까지 그려져
있다. 이는 이들 지도가 1846년부터 1849년 사이에 제작되었음을 말해
준다. 국립중앙도서관에 소장된 고산자류의『청구도』는 총위영의 표기는
있는데 건물 표시가 없다. 이것은 이 지도가 1849년 이후에 제작된『청구
도』임을 나타내고 있다.

둘째, 내용은 경흥에 있는 녹둔도의 부기 내용이다. 『동여도』류와 『여지도』류는 1586년에 녹둔도에 둔전을 설치하였다고 기록하였다. 고 산자류와 『청구요람』류의 청구에는 1586년에 야인들이 침입하여 주민들을 살해하고 약탈한 내용을 기록하고 있다.

셋째, 군현의 호구 등을 기록하는 방식의 차이이다. 『동여도』류는 해 당군현의 난외에 추가로 주기하였다. 고산자류의 청구도는 2권 마지막 부분에 군국총목이라고 전국의 군현 호구를 묶어서 표로 제시하고 있다. 『여지도』류와 『청구요람』류는 해당군현 지도에 호구 사항을 기록하였다.

넷째, 『동여도』류는 장진부의 군현이나 진보 표시가 없다. 다른 청구 도에는 부(府)로 승격한 장진부를 표시하고 있다.

다섯째, 함흥의 도련포에 『동여도』류는 고려시대에 선덕성을 구축했 음만 기록하였는데 『여지도』류와 고산자류 그리고 『청구요람』류에서는 고려의 서북경계가 여기까지였음을 기록하였다.

여섯째, 황해도 구월산에 『여지도』류와 『청구요람』류는 임껵정을 토 벌한 기사가 적혀 있는데 『동여도』류와 고산자류는 그러한 기록이 없다.

일곱째, 울릉도 도형을 『여지도』류와 『청구요람』류는 숙종 때 이준명 이 도형을 그려 온 사실까지만 적었는데 『동여도』류와 고산자류에서는 영조 때 조최수가 울릉도 도형을 바쳤고 그 우측에 우산도가 있음을 기 록하고 있다.

여덟째, 이순신 장군이 노량에서 순국한 사실을 기록하고 있는데 『동 여도』류에는 이러한 기록이 없다. 다른 내용을 비교하면 다음 〈표 4-10〉 과 같다.

〈표 4-10〉 『청구도』 이본간의 내용 비교

청구도 층수	군현	주제	청구동여도	청구여지도	청구도 중앙도서관	청구요람 규장각
	도성도	총위영	없음	총위영, 건물	총위영	총위영, 건물
1-3	온성	군현호구	난외기록	호구 본문기록	군국총목	호구 본문기록
3-1	경흥	녹둔도	宣祖丙戌設屯田	宣祖丙戌設屯田 産鐵	宣祖丙戌虜大入殺掠	宣祖丙戌虜大入殺掠
3-4	회령	야인격퇴	없음	세조5년 야인 양정격퇴	세조5년 야인 양정격퇴	세조5년 야인 양정격퇴
3-4	회령	임진란	없음	두왕자 포로	두왕자 포로	두왕자 포로
3-9	백두산	산해경	산해경	산해경	산해경	산해경
3-9	백두산	비문	없음	비문기록	비문기록	비문기록
3-14	여연	폐여연	여연 역사	여연 역사	여연 역사	여연 역사
3-14	폐4군	폐4군	폐4군 경위	폐4군 경위	폐4군 경위	폐4군 경위
5-9	갑산	白頭山祀	영조정해건립	영조정해건립	영조정해건립	영조정해건립
5-13	삼수	폐사군 활용	폐4군 지역활용	尹耆東啓	尹耆東啓 5-15 기록	尹耆東啓
6-13	장진	장진부	표시없음	府	府	府
7-5	길주	이지란	없음	야인격파	야인격파	야인격파
7-6	길주	정문부	없음	임란시왜대파	임란시왜대파	임란시왜대파
7-13	장진	이성계	원 격파	원 격파	없음	원 격파
9-11	함흥	도련포	선덕성구축	고려북경계	고려북경계	고려북경계
11-20	영유	신미도	모문룡설진	모문룡설진	모문룡설진	모문룡설진
13-18	문화	구월산	없음	임꺽정토벌	없음	임꺽정토벌
17-13	양성	양호	없음	왜적격파	왜적격파	양호복병처
18-3	울릉도	울릉도형	조최수	이준명	조최수	이준명
19-14	공주	이괄의난	공주피신	공주피신	공주피신	공주피신
21-13	전주	견훤	없음	후백제건국	후백제건국	후백제건국
22-12	운봉	이성계	파왜처	파왜비	파왜처	파왜처
22-19	대흑산도	당 항로	당의 항로	당의 항로	당의 항로	당의 항로
23-11	노량	이순신	표시 없음	순국	순국	순국
24-8	거제	이순신	왜 대파	왜 대파	왜 대파	왜 대파
28-15	제주	최영	몽고토벌	몽고토벌	몽고토벌	몽고토벌

3) 『청구도』의 구성

『청구도』는 순조 34년(1834)에 제작된 대지도로 김정호의 첫 업적이다. 『청구도』는 앞에서 살펴 본대로 18종이나 되는 이본(異本)이 있다.

그 구성은 청구도 도제와 청구도 범례, 지도식(地圖式)·도성도(都城圖)·경위선표목록(經緯線表目錄)·팔도주현도(八道州縣圖)를 수록하였고, 부록으로 동방제국도·4군 삼한도·삼국전도·신라9주군현총도(新羅九州郡縣總圖)·고려양계지도(高麗兩界地圖)·본조팔도성경합도(本朝八道盛京合圖) 등으로 되어 있다.

『청구도』는 전국 8도 주현을 가로 22판, 세로 29층으로 나누고 첩(帖)이 되도록 하였다. 그 중에 홀수 층은 건책(乾冊)에, 짝수 층은 곤책(坤冊)에 수록하였다. 『청구요람』은 예외적으로 4책으로 제책되었다. 『청구도』의 1판 1단의 길이는 가로 70리(里), 세로 100리(里)로 나누었는데 이는 우리나라의 폭원(幅員)을 동서 1천 5백 리, 남북 3천 리를 기준으로 나눈 것이다. 즉 남북 3천 리를 100리씩 나누면 30층인데 전라도와 제주도를 잇는 한 층이 생략된 것이고 동서 1천 5백 리를 70리로 나누면 22판이 된다.

『청구도』는 『해동여지도(海東輿地圖)』(국립중앙도서관 소장본, 지도 4-3 참조)와 『조선도』(오사카도서관) 지도를 저본으로 작성된 것으로 추정된다. 『해동여지도』는 산음·안음이 산청·안의로 개칭되었고, 평안도 이산이 초산(楚山)으로 충청도의 니산(尼山)이 니성(尼城)으로 개칭되었는데 후주가 표기되지 않았으며, 금천이 시흥으로 바꾸어 표기되지 않았음을 미루어 정조 1년(1776)부터 정조 11년(1787) 사이에 제작된 지도임을 알 수 있다.

이 지도에는 경위선표를 이용하여 전국 8도의 주현이 표시되어 있다. 남북으로는 함경도를 1로 시작하여 전라도 해남을 118로 삼았으며 동서로는 함경도를 역시 1로 시작하여 평안도가 76으로 되어 있다. 우리나라를 가로 76개의 방안(方眼)과 세로 118개의 방안 속에 넣어 경위도식으로 표현한 것이다. 이 지도가 우리나라를 경위선식으로 표현하여 전국을 하나로 묶은 최초의 지도이다. 이 지도를 선행지도로 삼아『청구도』가 제작되었던 것이다. 실제로『청구도』와『해동여지도』의 내용을 비교하면 〈표 4-11〉와 같다.

〈표 4-11〉『해동여지도』와『청구도』의 내용 비교

	해동여지도	청 구 도	비 고
山 岳	4,455	4,712	257
河 川	875	1,077	202
寺	389	443	54
樓 亭	132	157	25
祠 廟	68	80	12
書 院	199	212	13
驛 院	596	650	54
倉	876	898	22
鎭 堡	26	29	3
浦	250	299	49
碑	4	6	2
山 城	62	76	14
烽 燧	612	669	57
部 曲	106	140	34
橋	40	60	20
坪 洲	53	62	9
軍 營	13	14	1
牧 場	17	17	0
坊 面	3,445	3,755	310
里	207	213	6
島	883	971	88
기 타	853	945	92
계	14,161	15,485	1,324

〈표 4-11〉에서 볼 수 있듯이『청구도』는『해동여지도』의 경위선표식 방법이나 주기 내용을 대체적으로 모방하고 있다.『해동여지도』에는

14,161개의 주기가 있는 데 비하여『청구도』에는 15,485개의 주기가 적혀 있어『청구도』가『해동여지도』보다 1,324개의 주기가 많은 정도이다.

『청구도』의 제작 원리는 최한기가 쓴 「청구도제(靑邱圖題)」와 김정호가 쓴 범례에서 찾을 수 있다.

먼저 최한기의 「청구도제」의 내용을 살펴본다.

첫째, 지도의 제작은 획야분주(劃野分州)에서 시작된다고 하였다. 이는 중국 하(夏)나라 우왕이 대홍수를 다스린 후 중국을 9주(九洲)로 나누어 각 주의 실정에 맞도록 공물을 정했다는 고사에서 비롯된다. 이러한 내용을 담은 지도가 서진(西晉)의 배수가 그린『우공9주지도(禹公九州地圖)』이다. 이 지도는 산맥과 수계에 따라 9주로 나누고 있다. 그러나 지도상에서 지형·방위·위치 등이 정확히 고려된 것은 아니었다. 지형·위치·방위 등은 천문 관측으로 경위도가 밝혀진 후에야 올바르게 되었다.

둘째, 천문 관측에 의한 경위선의 결정이다. 최한기는 "하늘(天)의 1도(一度)는 땅(地)의 200리가 되고 또 시간의 4분(分)에 해당된다."고 하였다. 월식 때 동과 서 두 곳의 시각차가 4분이라면 동서 두 지점의 거리는 200리가 됨을 알 수 있다. 한편 위도 측정은 남에서 북으로 향해서 200리 올라가면 북극의 고도가 1도 높아지고, 북에서 남으로 향해서 200리 내려오면 북극의 고도가 1도 낮아진다. 이와 같이 북극성의 높낮이와 비례하여 위도를 추정하였던 것이다.

셋째, 정조 15년(1791)에 천문 관측한 결과를 가지고 지형·위치·방위 등을 바로잡았다. 숙종 39년(1713)에 청나라 하국주(何國柱) 일행이 와서 한성부 종가에서 북극 고도를 실측하였다. 이렇게 실측한 자료를 기초로 하여 정조 15년(1791)에『여지도』에 입각하여 8도의 경위도를 양정(量定)시켰다. 이와 같이 8도의 경위도가 확실해지자 비로소 8도의 분폭(分幅)과 전국 주

⑅의 분표(分俵)가 자유자재로 이루어졌고 실제의 크기와 큰 착오 없이 지도를 그릴 수 있게 되었다. 이런 원칙에 입각하여 그린『여지도』중 윤영(尹鍈)·황엽(黃燁)·정철조(鄭喆祚)의『여지도』가 특히 우수하였는데 김정호는 이들을 참고하여『청구도』를 만들었던 것이다.

윤영(1611~1691)은 윤휴(尹鑴)의 서형(庶兄)이다. 윤휴가 1617년에 태어났는데 그보다 6살이 많았으므로 윤영은 1611년에 태어났고, 80살을 살았으므로 1691년까지 살았다. 그는 윤효전(尹孝全)의 서자로 충무공 이순신(李舜臣)의 외손이며, 이원익(李元翼)의 서녀(庶女)를 아내로 삼았다. 그는『항부동기(恒符同奇)』와『여지도(輿地圖)』를 편찬하였는데 전해지지 않고, 성신여자대학교 박물관에 소장된 중국고대각성별전도(中國古代各省別全圖)인『황여고실(皇輿攷實)』를 남겼다.[17]

황엽(1666~1736)은 지리(地理)에 깊은 관심을 갖고 지리에 관한 역대 고서를 수집하여 비교 검토하고, 실제로 전국을 일일이 답사하여 멀고 가까운 것, 높고 낮음을 살펴어 수천 리 지방이 한눈에 들어오도록 정밀하고 상세한『여지도』를 만듦으로써 조선 후기 지리학 발전에 크게 공헌했다고 평가받는다. 현재『여지도』(한貴古朝61-3)와『여지도』(古4709~68), 그리고『팔도여지도』(八道輿地圖古 貴 2702~14)가 현존하는데 이 지도집들은 1735~1738년 사이에 제작되었으므로 이『여지도』중에 한 종류는 황엽이 편찬하였을 것이다. 이『여지도』는 김정호가 만든『대동여지도』보다 약 150여 년 전에 만든 것이다. 세인들이 그를 가리켜 특기인(特奇人)이라 하였다.

정철조(1730~1781)는 1730년(영조 6)에 태어나서 1781년(정조 5)에 죽은 조선 후기의 화가이고, 호가 석치(石痴)인 것처럼 벼루의 명인이다. 그의 부친은

---

17   『星湖先生僿說』卷1, 天地門 東國地圖 硏經齋全集卷之五十六 草榭談獻三 尹鍈.

정운유(鄭運維)이고 정상기의 『8도분도』를 해주본으로 발전시킨 정후조(鄭厚祚)가 동생이다. 『동국지도』를 만든 정상기와 교류하였는데, 『여지도』 방면에 심오한 학문적 조예가 있었다.

넷째, 재래 지도의 폐단을 지적하고 있다. 재래 지도는 정상기(鄭尙驥)가 지적하였듯이 종이의 크고 작음에 맞추어 334개 주현을 똑같이 그렸기 때문에 작은 고을은 넓어지고 큰 고을은 도리어 축소되어 있었다. 그러므로 이들 주현도를 일일이 맞추어 전도(全圖)를 만들려면 늘 맞지 않고 어긋남이 많았다는 것이다.

예를 들면 방안을 긋고 지도를 그려 나갈 때 큰 고을은 축척의 비례가 10리를 1치(寸)로 나타냈다면 작은 고을에서는 5리를 1치로 나타내어 그 비례가 같지 않아 혼잡을 가져왔다는 것이다. 그러므로 그는 "표(表)에 따라 경계선을 살핌에 있어서 치(寸)를 맞추어 척(尺)을 헤아림과 다름이 없었다."고 지적하고 있다. 김정호는 이러한 점에 유의하여 방안을 그어 제도하되 전국을 같은 비례로 제도함으로써 축척 비례가 정연하고 주현의 분합(分合)이 가능했다는 설명이다.

다섯째, 배수의 6체(體)를 들어 지도 만드는 원리를 설명하고 있다. 배수는 서진의 정치가이며 지리학자였다. 그는 『우공9주도(禹貢九州圖)』를 제작하였는데 중국 지도학의 기초를 이룬 인물이다. 그는 지도 만드는 격식으로 여섯 가지의 원칙을 제시하였다.

① 분율(分率) : 지형이 동서와 남북의 폭원(幅員)
② 준망(準望) : 이 곳과 저 곳의 지형을 바로잡는 방위를 말함
③ 도리(道里) : 이 곳과 저 곳의 거리
④ 고하(高下) : 지형의 높낮이

⑤ 방사(方邪) : 지형의 모나고 비뚤어진 것

⑥ 우직(迂直) : 지형의 구부러진 것과 곧은 것

이 여섯 가지 원칙이 지도 제작의 기본 원리이고, 이 원칙들은 서로 연관성이 있다. 도상(圖像)이 있으되 분율이 없으면 원근의 차이를 살필 수가 없게 된다. 그러나 분율은 있지만 준망이 없다면 한쪽만 만족시킬 수 있고 다른 쪽에서는 잃게 된다.

준망은 있으되 도리가 없다면 산과 바다가 뚝 떨어져 있는 경우에는 이를 연장해서 그려야 하니 상통하게 하는 것이 불가능하다. 또 도리는 있지만 고하·방사·우직이 없다면 거리에 있어서 지도상의 두 지점 사이의 거리가 실제와 다르게 되므로 준망의 바름을 잃게 된다는 것이다.

4) 『청구도』의 제도 원리

『청구도』는 배수의 지도 제작 6원칙을 매우 착실하게 적용하였다. 즉 방안선(方眼線)을 그을 때 가로 70리, 세로 100리로 나누어 분율을 고려하였고, 지도식에서 준망이라고 할 수 있는 동서남북 4방위 대신에 12간지의 12방위법을 써서 방위를 바르게 하였다. 이러한 준망의 적용으로『동국여지승람』·『동국문헌비고』 등의 지리서에 잘못으로 비정되어 있는 지명을 바로잡기도 하였다. 그리고 거리의 균정(均正)을 위하여 일정한 지점(특히 한양과 각 주현 읍치를 중심 삼음)을 중심으로 원(圓)을 10리마다 둘러 그려서 도리(道里)를 바르게 하였다. 이를 평환법(平環法)이라고 하였다. 종래처럼 방괘법(方罫法)을 쓰면 사우(四隅)의 리수(里數)가 사정(四正)보다 멀기 때문에 거리의 리수(里數) 계산에 균등함을 기할 수 없다는 것이다. 〈지도 4-11〉에서 지도식을 참고하면 쉽게 이해할 수 있다.

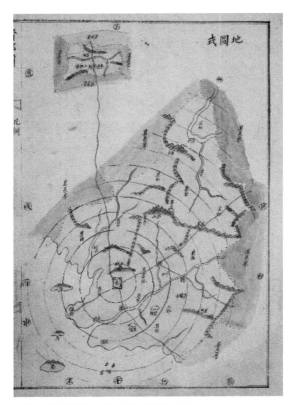

〈지도 4-11〉 『청구도』의 지도식(국립중앙도서관)

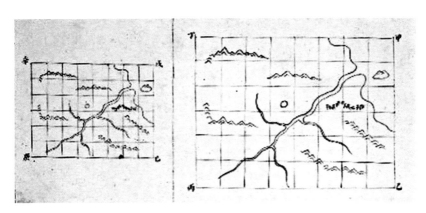

〈지도 4-12〉 지도의 확대 축소법(국립중앙도서관)

그러나 배수의 제도 6원칙은 이미 조선 초기에도 충분히 논의되었기 때문에 『청구도』에만 적용된 독창적인 제도 원리는 아니다. 『청구도』가 지금까지 그려진 지도와 다른 점은 천문 관측에 의한 경위선표식을 적용한 점, 그리고 『기하원본』을 참고하여 서양의 기하학의 원리를 이용한 확대 축소의 정확성을 기한 점 등을 들 수 있다. 『기하원본』의 확대 축소법은 〈지도 4-12〉에 제시되어 있다.

5) 『청구도』의 성격

『청구도』는 건치연혁(建置沿革)을 비롯하여 고적(古蹟)에 이르기까지 38개 항목에 대해서 표기하고 있다. 그 중 약 1/3을 주기(註記)하고 있다. 이처럼 주기가 많은 것은 지도표가 개발되지 않았고 종래의 '지도는 지리지의 부도(附圖)'라는 형식에서 벗어나지 못했기 때문이다.

김정호는 지리지와 지도가 불가분의 관계를 가지고 있음을 다음과 같이 지적하였다.

> 지리지라는 것은 지도에서 다 나타내지 못한 것을 다 적을 수 있으니, 그 항목을 일일이 나열하여 주군현으로 하여금 그 항목에 해당되는 사항이 있고 없음에 따라 이 방식을 어기지 말고 기록하도록 하고 지도와 함께 행하게 할 것이다.

『청구도』의 제작 방식은 전통적인 방안도법을 써서 배수의 지도 제작 6원칙을 충실히 이행하였을 뿐만이 아니라 평환법(平環法)과 유클리드의 기하원리 등을 과학적으로 활용한 획기적인 제작방식이었다.

이제껏 살펴본 『청구도』의 장점을 요약하면 다음과 같다.

첫째, 『청구도』는 전국도로서 가로는 462cm이고 세로는 870cm로 현존하는 지도 중 가장 크며, 축척이 약 1 : 216,000에 해당되는 지도라는 것이다.

둘째, 『청구도』는 이전까지의 어느 지도보다도 과학적으로 제작되었다는 것이다.

셋째, 축척이 동일한 전국도로서는 당시에 가장 정밀한 지도라는 사실이다.

넷째, 『청구도』는 군현의 경계를 확실하게 하였으며 특히 비지(飛地)와 두입지(斗入地)를 표시하여 한 눈에 볼 수 있게 하였는데 이 점에서 『청구도』는 이전의 어느 지도보다 실용적이다.

다섯째, 『청구도』는 편람(便覽)하기에 좋도록 책첩(册帖)으로 만들어졌다는 것이다.

한편, 『청구도』에는 아직 분명하게 해결되지 못한 단점도 있다.

첫째, 도식(圖式)을 전통적 방식으로 택한 점이다.

둘째, 방위는 12방위를 써서 정확하지만 지점(地點) 표현이 보다 불분명하다는 점이다.

셋째, 수계(水系)만을 정확히 표현하고 산맥(山脈)을 표시하지 않고 진산(鎭山) 중심으로 표시함으로써 두 지점 간의 거리가 실제보다 늘어나 산악이 많은 동쪽이 넓게 그려졌다는 점이다.

넷째, 부기(附記)가 많아 지도의 독립성보다는 지리지의 부도(附圖)적인 성격이 두드러지다는 점이다.

그러나 이러한 미흡한 점들은 그가 후에 만들어 낸 『동여도』와 『대동여지도』에서 모두 해결되었다.

제6절 『동여도』 제작

1) 『동여도』의 편찬시기

　　김정호는 1834년에 『청구도』를 제작한 후에 1849년까지 4차에 걸쳐 『청구도』를 발전시켰다. 그는 이 『청구도』를 바탕으로 『동여도』를 편찬하였다.

　　『동여도』를 편찬한 시기는 『여도비지』 편찬시기와도 연관이 있다. 『여도비지』는 1851년부터 1856년 사이에 편찬된 것으로 알려졌다. 김정호가 『여도비지』를 근거로 『동여도』를 편찬하였을 것인데 『여도비지』가 1856년 이전에 편찬되었으므로 『동여도』는 그 이후에 편찬되었을 것이다.

　　『동여도』 6규(紕) 5면에 장진부(長津府)가 강진(降鎭)된 것으로 표기되어 있다. 장진부는 정조 11년(1787)에 처음 설치되었다가 헌종 9년(1843)에 진(鎭)으로 강등된다. 그 후 철종 10년(1859)에 도호부(都護府)로 다시 승격된다. 그러므로 『동여도』의 편찬시기는 1843년에서 1859년 사이임을 알 수 있다. 이 시기에 전라도의 남원부가 일신현(一新縣)으로 강등되었다가 철종 4년(1853)년에 남원부로 승격되는데 『동여도』에는 남원부로 표기되었으므로 『동여도』는 1853년부터 1859년 사이에 편찬되었다고 볼 수 있다.

　　『동여도』의 편찬시기를 좀 더 짐작하게 해주는 또 다른 기록은 『동여도』 제14규(紕)의 여백 란에 표기되어 있는 왕릉의 위치이다. 순조를 낳은 수빈 박씨(綏嬪朴氏)의 무덤인 휘경원(徽慶園)이 순강원(順康園) 옆에 있는 것으로 기록되어 있는데, 휘경원은 철종 6년(1855)에 순강원 옆으로 천장하였다. 또 다른 왕릉 천장 기록을 볼 수 있는데 인릉(仁陵)의 위치가 헌릉 우강(獻陵右岡)으로 되어 있다. 인릉은 순조의 왕릉인데 원래 교하현에 봉안하였다가 철종 7년 2월에 헌릉 우측으로 천봉이 결정되어 그 해 10월에 천봉이 완료되었다. 그러므로『동여도』는 1856년 이후에 제작되었음을 알 수 있다. 여러 가지 사실을 종합하면『동여도』는 1856년에 편찬을 시작하여 1859년 이전에 완성되었음을 알 수 있다.

2)『동여도』편찬자

『동여도』는 23규(糾)로 구성되어 있는 우리나라 고지도 가운데 가장 정밀한 지도이다.『동여도』는 김정호가『대동여지도』를 판각하기 위해 제작한 선행지도로 김정호의 작품이다. 그 추정의 근거는 다음과 같다(그림 4-6 참조).

첫째, 김정호는『청구도』를 4차에 걸쳐 편찬하면서 지도 이용의 편리성을 추구하였다. 고산자가 처음 편찬한『청구도』의 제목이『동여도』였다.

둘째『대동여지도』와『동여도』를 비교해 보면 전체가 23규(糾)로 되어 있고 매 규에 수록되어 있는 지도의 형태나 내용이 거의 일치한다. 다만『대동여지도』에는 13,188여 개의 주기명(註記名)이 있는데『동여도』에는 18,736개의 주기명이 있다.『대동여지도』는『동여도』의 주기명 중 5,548

〈그림 4-6〉『동여도』표지(서울역사박물관)

여 개의 주기명을 생략하고 있다. 3,800여 개의 방리명(坊里名)을 비롯하여 중요도가 2차, 3차적인 사항들이다. 이는 『대동여지도』가 판각의 어려움 때문에 생략한 것이다. 이와 같이 『동여도』는 『대동여지도』를 판각하기 위해 제작된 선행지도인 것이다.

셋째, 신헌은 『대동방여도』 서문에서 "김백원(金百源)에게 위촉하여 『동여도』를 만들게 하였다"고 언급하였다. 백원은 김정호의 자(字)이니 김백원은 바로 김정호를 가리킨다. 그러므로 『동여도』는 김정호의 작품으로 추정할 수 있는 것이다.

넷째, 『동여도』와 『대동여지도』에 실려 있는 지도표가 독특하며 매우 흡사하다는 사실이다. 『동여도』에는 12개의 지도표가 사용되었고 『대동여지도』에는 14개의 지도표가 사용되었다. 『대동여지도』에는 고현(古縣)·고진보(古鎭堡)·고산성(古山城)의 항목을 별도로 구분시켰지만 『동여도』에서는 이 세 항목을 주현(州縣)·진보(鎭堡)·성지(城池)항에 포함시켰으므로 별 차이가 없다. 단지 『동여도』에는 파수(把守)항이 있는데 『대동여지도』에서는 이 지도표가 빠져 있다. 『대동여지도』의 지도표는 『동여도』의 지도표보다 간결하다. 이는 『동여도』는 필사본이고 『대동여지도』는 목판본이기 때문에 판각에 용이하도록 간결화 시켰기 때문이다.

다섯째, 이병기(李秉岐)가 『사조(思潮)』 제1권 제12호의 부록으로 수록한 「한국명저해제(韓國名著解題)」에서 『동여도』를 김정호의 작품으로 분류하여 해설하였으며, 고려대 민족문화연구소에서 편찬한 『한국도서해제(韓國圖書解題)』에서도 이 작품을 김정호의 작품으로 소개한 점을 들 수 있다.

3) 『동여도』의 구성

현재 『동여도』는 서울대학교 규장각에 1부, 서울역사박물관에 1부가

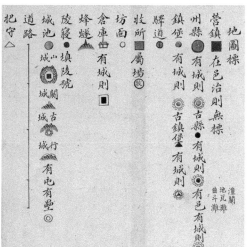

〈지도 4-13〉『동여도』의 지도표(서울역사박물관)

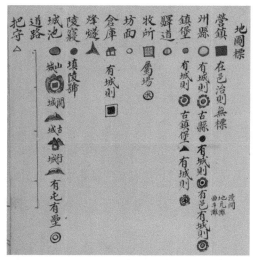

〈지도 4-14〉『동여도』의 지도표(서울대학교 규장각)

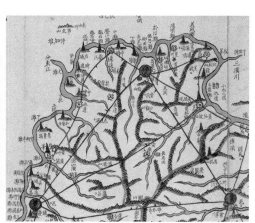

〈지도 4-15〉『동여도』의 온성지역(서울역사박물관)

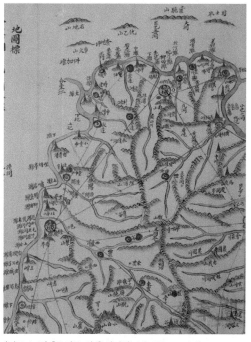

〈지도 4-16〉『동여도』의 온성지역(서울대학교 규장각)

전해 오는데 23규가 완전한 지도이고, 국사편찬위원회에 1부가 전해 오는데 이 지도는 결본이 많다.

서울대학교 규장각본과 서울역사박물관본을 비교해보면 서울역사박물관본이 먼저 만들어졌고 훨씬 더 정교함을 알 수 있다. 두 지도의 지도표와 기호를 비교해 보면 쉽게 알 수 있다.

고현이나 성지 표시 기호가 서울역사박물관은 선명한데 규장각본은 흐릿하다. 실제로 온성지역의 기호 적용을 살펴보면 두 지도가 확실히 차이가 나고 필사 시기의 전후를 짐작하게 한다.

지도표를 보면 진보는 고진보로 표시하였다. 실제 『동여도』를 보면 서울역사박물관 지도는 정교하고 정확하게 기호를 표시하였는데 규장각 지도는 기호의 표시가 정교하지 못해서 구분하기가 어렵다.

『동여도』와 『대동여지도』의 편목을 비교하면 다음 표와 같다.

〈표 4–12〉 서울역사박물관본과 『대동여지도』 비교

차례		동여도(서울역사박물관)	대동여지도(국사편찬위원회)
1첩	1, 2면	경원	훈융진지역
	3, 4면	지도표, 온성 종성	지도표, 온성 종성 경원
	5, 6면	도성도	지도유설1
	7, 8면	경조5부도	지도유설2
	9, 10면		도성도
	11, 12면		경조5부도
2첩	1, 2면	경흥	경흥
	3, 4면	회령	회령
	5, 6면	무산 지도유설1	무산
	7, 8면	백두산	백두산
	9, 10면	여백	전국 주현의 각종통계
	11, 12면	여연, 지도유설2	여연
	13, 14면	폐4군지역	폐4군지역

차례		동여도(서울역사박물관)	대동여지도(국사편찬위원회)
3첩	1, 2면	경위,시각차	조산지역
	3, 4면	부령	부령
	5, 6면	삼산지역	삼산지역
	7, 8면	삼지연지역 방어기요1	삼지연지역
	9, 10면	후주, 방어기요2	후주
	11, 12면	자성지역	자성지역
	13, 14면	우예지역	우예지역
4첩	1, 2면	경성, 백금방	경성
	3, 4면	장백산지역	장백산지역
	5, 6면	갑산	갑산
	7, 8면	삼수	삼수
	9, 10면	우항령지역	우항령지역
	11, 12면	만포진지역	만포진지역
	13, 14면	영조 찬 일통지	청계산지역
5첩	1, 2면	명천	명천
	3, 4면	길주	길주
	5, 6면	황토령지역	황토령지역
	7, 8면	병풍파지역	병풍파지역
	9, 10면	장진(降)	장진
	11, 12면	강계	강계
	13, 14면	위원, 초산	위원, 초산
6첩	1, 2면	마유산지역	마유산지역
	3, 4면	단천	단천
	5, 6면	이원, 북청	이원, 북청
	7, 8면	부전령지역	부전령지역
	9, 10면	낙림산(落林山)지역	낭림산(狼林山)지역
	11, 12면	적유령지역	적유령지역
	13, 14면	벽동	벽동
	15, 16면	창성	창성
7첩	1, 2면	마양도지역	마양도지역
	3, 4면	함흥, 홍원	함흥, 홍원
	5, 6면	영성지역	영성지역

차례		동여도(서울역사박물관)	대동여지도(국사편찬위원회)
	7, 8면	희천	희천
	9, 10면	운산	운산
	11, 12면	삭주, 구성	삭주, 구성
	13, 14면	의주, 사신로	의주
8첩	1, 2면	정평, 영흥	정평, 영흥
	3, 4면	요덕지역	요덕지역
	5, 6면	영원, 맹산, 덕천, 개천	영원, 맹산, 덕천, 개천
	7, 8면	영변, 안주, 박천, 태천, 가산	영변, 안주, 박천, 태천, 가산
	9, 10면	정주, 곽산, 철산, 선천, 용천	정주, 곽산, 철산, 선천, 용천
	11, 12면	용천	용천
9첩	1, 2면	고원, 문천, 덕원	고원, 문천, 덕원
	3, 4면	양덕	양덕
	5, 6면	성천, 강동, 은산, 순천, 자산	성천, 강동, 은산, 순천, 자산
	7, 8면	숙천, 영유, 순안, 증산	숙천, 영유, 순안, 증산
10첩	1, 2면	난도지역	난도지역
	3, 4면	안변, 흡곡, 통천, 회양	안변, 흡곡, 통천, 회양
	5, 6면	하람산지역	하람산지역
	7, 8면	곡산, 수안, 삼등, 상원	곡산, 수안, 삼등, 상원
	9, 10면	평양, 중화, 강서, 함종, 용강, 삼화, 황주, 장연	평양, 중화, 강서, 함종, 용강, 삼화, 황주, 장연
	11, 12면	광양진지역	광양진지역
11첩	1, 2면	고성	고성
	3, 4면	금성, 금강산지역	금성, 금강산지역
	5, 6면	금화, 평강, 철원, 이천, 안협	금화, 평강, 철원, 이천, 안협
	7, 8면	토산, 신계, 서흥,평산	토산, 신계, 서흥, 평산
	9, 10면	봉산, 재령, 안악, 신천, 문화, 은율, 송화	봉산, 재령, 안악, 신천, 문화, 은율, 송화
	11, 12면	풍천, 장연	풍천, 장연
12첩	1, 2면	간성, 양양	간성, 양양
	3, 4면	인제, 양구, 낭천, 춘천	인제, 양구, 낭천, 춘천
	5, 6면	영평, 포천, 영천, 삭녕, 마전, 적성	영평, 포천, 영천, 삭녕, 마전, 적성
	7, 8면	파주, 장단, 개성, 금천, 배천, 연안	파주, 장단, 개성, 금천, 배천, 연안
	9, 10면	해주, 강진, 옹진	해주, 강진, 옹진
	11, 12면	백령도지역	백령도지역

차례		동여도(서울역사박물관)	대동여지도(국사편찬위원회)
13첩	1, 2면	8도감영경위도,왕릉 위치	경포대지역
	3, 4면	강릉, 평창	강릉, 평창
	5, 6면	횡성, 홍천	횡성, 홍천
	7, 8면	지평, 가평, 양근, 광주, 양주, 고양, 경(京), 양천, 시흥, 과천, 안산, 수원	지평, 가평, 양근, 광주, 양주, 고양, 경(京), 양천, 시흥, 과천, 안산, 수원
	9, 10면	교하, 김포, 부평, 인천, 통진, 강화, 교동	교하, 김포, 부평, 인천, 통진, 강화, 교동
	11, 12면	연평지역, 관상감추보	연평지역
14첩	1, 2면	삼척, 울릉도	울릉도
			삼척
	3, 4면	정선, 영월, 영춘	정선, 영월, 영춘
	5, 6면	원주, 단양, 제천, 청풍, 충주,	원주, 단양, 제천, 청풍, 충주
	7, 8면	여주, 이천, 음죽, 용인, 양지, 죽산, 안성, 양성, 진위, 평택, 직산, 아산	여주, 이천, 음죽, 용인, 양지, 죽산, 안성, 양성, 진위, 평택, 직산, 아산
	9, 10면	남양, 당진, 면천	남양, 당진, 면천
15첩	1, 2면	울진, 평해, 영해	울진, 평해, 영해
	3, 4면	영양, 진보, 청송, 안동, 예안, 봉화, 순흥, 영천, 예천	영양, 진보, 청송, 안동, 예안, 봉화, 순흥, 영천, 예천
	5, 6면	풍기, 용궁, 함창, 문경, 연풍, 괴산, 보은	풍기, 용궁, 함창, 문경, 연풍, 괴산, 보은
	7, 8면	청안, 회인, 진천, 청주, 문의, 회덕, 목천, 천안, 온양, 전의, 연기, 공주, 정산	청안, 회인, 진천, 청주, 문의, 회덕, 목천, 천안, 온양, 전의, 연기, 공주, 정산
	9, 10면	예산, 대흥, 청양, 덕산, 홍주, 해미, 서산, 태안, 결성, 보령	예산, 대흥, 청양, 덕산, 홍주, 해미, 서산, 태안, 결성, 보령
	11, 12면	안흥진지역	안흥진지역
16첩	1, 2면	영덕, 청하, 흥해	영덕, 청하, 흥해
	3, 4면	의성, 의흥, 신령, 비안, 군위, 인동	의성, 의흥, 신령, 비안, 군위, 인동
	5, 6면	상주, 선산, 개령, 금산, 황간, 청산, 영동, 무주	상주, 선산, 개령, 금산, 황간, 청산, 영동, 무주
	7, 8면	옥천, 진잠, 연산, 노성, 은진, 석성, 금산, 용담, 진산, 고산, 려산, 익산, 용안	옥천, 진잠, 연산, 노성, 은진, 석성, 금산, 용담, 진산, 고산, 려산, 익산, 용안
	9, 10면	부여, 임천, 홍산, 남포, 비인, 서천, 한산, 함열, 임피, 옥구	부여, 임천, 홍산, 남포, 비인, 서천, 한산, 함열, 임피, 옥구
	11, 12면		어청도지역
17첩	1, 2면	장기, 영일, 경주	장기, 영일, 경주
	3, 4면	영천, 하양, 자인, 경산, 청도, 대구, 칠곡, 현풍, 창령	영천, 하양, 자인, 경산, 청도, 대구, 칠곡, 현풍, 창령

차례		동여도(서울역사박물관)	대동여지도(국사편찬위원회)
	5, 6면	성주, 고령, 초계, 합천, 지례, 거창, 안의	성주, 고령, 초계, 합천, 지례, 거창, 안의
	7, 8면	장수, 진안, 임실, 전주, 금구, 태인	장수, 진안, 임실, 전주, 금구, 태인
	9, 10면	김제, 만경, 부안, 고부, 흥덕, 정읍	김제, 만경, 부안, 고부, 흥덕, 정읍
18첩	1, 2면	울산, 언양, 기장, 양산	울산, 언양, 기장, 양산
	3, 4면	김해, 밀양, 창원, 칠원, 영산, 함안	김해, 밀양, 창원, 칠원, 영산, 함안
	5, 6면	의령, 삼가, 진주, 단성, 산청, 함양	의령, 삼가, 진주, 단성, 산청, 함양
	7, 8면	남원, 운봉, 구례, 곡성, 순창, 옥과, 담양, 창평	남원, 운봉, 구례, 곡성, 순창, 옥과, 담양, 창평
	9, 10면	광주, 장성, 고창, 무장, 영광, 함평	광주, 장성, 고창, 무장, 영광, 함평
	11, 12면	임자도지역	임자도지역
19첩	1, 2면	동래	동래
	3, 4면	웅천, 진해, 고성	웅천, 진해, 고성
	5, 6면	사천, 곤양, 하동, 남해	사천, 곤양, 하동, 남해
	7, 8면	광양, 순천, 낙안, 동복, 보성	광양, 순천, 낙안, 동복, 보성
	9, 10면	화순, 능주, 남평, 장흥, 강진, 영광, 나주, 무안	화순, 능주, 남평, 장흥, 강진, 영광, 나주, 무안
	11, 12면	흑산도지역	흑산도지역
20첩	1, 2면	거제	거제
	3, 4면	돌산도지역	돌산도지역
	5, 6면	흥양	흥양
	7, 8면	해남	해남
	9, 10면	진도	진도
21첩	1, 2면	여백	
	3, 4면	추자도	추자도
22첩	1, 2면	우도지역	
	3, 4면	제주, 대정, 정의	제주, 대정, 정의
23첩		지도목록	

4) 『동여도』의 특별 항목

『동여도』에는 여백에 지도 제작에 필요한 사항을 군데군데 적어 놓았다.

첫째, 1첩 3, 4면에는 지도표를 수록하였는데 다음과 같다.

『대동여지도』의 지도표가『동여도』의 지도표보다 간결해졌음을 알수 있다.『대동여지도』에서는 고현, 고진보, 고산성 항목을 추가하였는데『동여도』에서는 주현, 진보, 성지에 포함되어 있는 항목이다.『동여도』의파수 항이『대동여지도』에는 표기 되지 않았다.

둘째, 지도유설에 해당하는 글을 4번 인용하였다.

2첩 5, 6면에는 관자(管子) 등의 글을 인용하였다.

관자는 "지형을 알지 못하는 자는 행군할 수가 없다"고 말했다. 손자는 "지형은 군인의 도움이 된다"고 말했다. 조착은 다음과 같이 말했습니다. "병사를 동원하여 전투에 맞서면 세 가지가 긴급한데 첫 번째는 지형입니다." 하승천이 말하기를 "산이나 언덕의 높낮이와 강이나 연못의 깊이를 보고 진지의 앞뒤와 좌우를 결정하는 것을 '지진(地陣)'이라 합니다. 예를

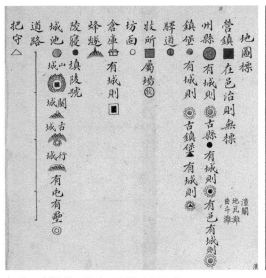

〈그림 4-7〉『동여도』의 지도표(서울역사박물관)

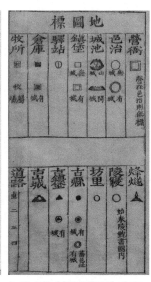

〈그림 4-8〉『대동여지도』의 지도표
(국사편찬위원회)

들어 건강을 보존하려면 음식을 잘 섭취해야 하고, 먼 거리를 여행 하는 자는 수레와 배가 풍부해야합니다."

2첩 11, 12면에는 지도유설에 해당하는 다음과 같은 글을 인용하였다.

어떤 사람이 말하기를 "풍후가 지도를 받아서 9주에 처음으로 반포하였으니 이것이 지도의 시초요, 산해경이 13편인데 이것이 지리서의 시초이다. 주례에 대사도 이하 직방과 사서와 사험의 관리들이 모두 지도를 가지고 지세의 험하고 막힌 것을 두루 알고 각 지방의 이름난 물건들을 구분하여 바로 알았다.

전국시대의 소진·감무의 무리들은 모두 지도에 근거하여서 천하의 험하고 평탄한 것을 말하였다. 소하가 관문에 들어가서 먼저 지도와 지리서를 거두었으며, 등우와 마원은 또한 이로써 광무제를 섬기고 공명을 이루었다. 유학자로는 정현·공안국에서부터 그 아래로 모든 유학자들이 지도와 지리서를 얻어 보아서 주나라와 한나라의 산천을 징험하였으니, 대개 지도로써 그 형상을 살피고 지리서로써 그 수를 밝히었다. 왼편에 지도를 두고 오른편에 지리서를 두는 것이 참다운 학자의 일이다"라고 하였다.

3첩 7, 8면에는 지도유설에 해당하는 「방여기요」를 수록하였다.

「방여기요」에 이르기를 "손자가 이렇게 말하였다. 산과 숲의 험하고 막힌 것과 늪과 못의 형세를 알지 못한 사람은 행군을 할 수가 없으며, 향도를 쓰지 아니하는 사람은 지세의 이로움을 얻을 수 없다. 그러나 내 책을 얻지 못하면 또한 가히 향도를 쓸 수가 없으니 향도를 믿을 수 있겠는가? 왜

그럴까? 향도는 임시로 쓰는 것이고 지세의 이로움은 평소에 알아두는 것이기 때문이다. 평소에 일찍이 9주의 형세와 사방의 험하고 평탄한 것에 대해서 하나하나 그 대강을 판별하고 그 곁가지를 알아두지 아니하고서 임시의 향도에게서 믿음을 취하고자하면 어떻게 적이 어리석게 여기는 바가 되지 않을 수 있겠는가? 그러므로 요새가 되는 곳을 분변하고, 느리고 급한 기미를 살피면, 기습공격 하는 것과 정면공격하는 것이 가슴 속에서 결정되고, 죽고 사는 것이 손바닥 위에서 변하게 되니, 지세의 이로움이 있는 곳을 따라 임기응변하는 것이다. 또한 행군의 일단만이 아니라 천자가 안으로 만국을 위무하고 밖으로 사방의 오랑캐에 임하는 데 있어서 가지와 줄기, 강한 것과 약한 것의 구분과, 가장자리와 중심자리, 중요한 것과 가벼운 것의 형세를 몰라서는 아니 된다. 재상이 천자를 도와서 나라를 다스리는데 무릇 변방 요새의 유리하고 불리한 곳과, 전쟁에 대한 조치의 마땅함 들을 모두 몰라서는 안 되는 것이다.

모든 관원과 여러 부서에서 천자를 위하여 백성과 사물을 모아서 다스리는데 있어서는 재물과 세금이 나오는 곳과 전쟁과 나랏일의 바탕을 모두 알아야 한다. 감사와 수령들은 천자가 백성과 사직을 맡긴 것을 받았으면 그 지역에 뒤섞여 있는 것과 산과 못의 우거지고 숨겨진 것, 그리고 농사 짓고 누에 치고, 샘물을 쓰는데 유리한 것과 백성들의 실정, 풍속이 다스려지는 것을 모두 알아야한다. 사민이 여행하고 왕래하는데 무릇 수로나 육로의 험하고 평탄하고에 따라 나아가고 피하는 내용들을 모두 몰라서는 아니 된다.

세상이 어지러우면 이를 말미암아서 쳐들어오는 적을 막는 일을 돕고 강폭한 무리들을 제거하며, 시절이 평화로우면 이로써 나라를 경영하고 백성을 다스리니 모두 내 글에 따라서 취하는 것이 있을 따름이다"고 하였다.

4첩 1, 2면에는 지도유설에 해당하는 『병벽백금방선련(洴澼百金方選練)』을 인용하였다.

이 책은 혜록주민(惠麓酒民)이 편찬한 14권5책의 중국 병가 총서(叢書)인데 여러 무서(武書)중에서 독특한 병법서이다. 장붕(張鵬)의 서문에 의하면, 본 서를 편찬한 혜록주민(惠麓酒民)은 성명을 밝히지 않았으므로 어떤 사람인 지 알 수 없으나, 악정복(岳正福)의 서문에 영락 때 사람이라 하였으니, 아 마 명나라 혜종 때의 관리로서 영락제에 의해 뜻을 얻지 못하고 은거한 자인 것 같다.

이 책은 본래 12권이었는데, 만력 때 악정복의 7세조인 정곤(正坤)이 2권 을 증보하였다고 한다. 본서는 군대를 조련하고 나라를 지키는 방략을 제 시하고 그 방안을 자세히 제시하였는데, 예비(預備) · 적(積) · 선련(選練) · 제 기(制器) · 청야(淸野) · 험요(險要) · 방략(方略) · 호령(號令) · 금약(禁約) · 설방(設 防) · 거어(拒御) · 영진(營陳) · 수전(水戰) · 제승(制勝) 등 14편으로 분류하고 있 는 공수(攻守) · 완급(緩急)의 중요한 병법서이다. 도광시대에 진계평(陳階平) 이 건륭 때의 초판에 의거하여 교정하면서 「예비록(像備錄)」으로 이름을 바 꾼 일이 있고, 그 후 다시 「자위신지(自衛新知)」로 고친 일도 있다 한다.

위에 네 가지 사실들은 『대동여지도』에서는 맨 앞에 지도유설(地圖類說) 로 정리하여 나온다.

셋째, 3첩 1, 2면에는 경위도와 시각에 의한 거리의 차이를 설명하고 있다.

경위도로 리차(里差)를 알 수 있는데 경위도 1초차가 거리로는 20보의 차이이고, 경위도 18초 차이가 나면 거리로는 1리이다. 경위도로 3분차가 생기면 거리로는 10리 차이가 나며, 경위도로 1도차가 생기면 거리로는 200리 차이가 난다.

시각으로 리차(里差)를 알 수 있는데 시각 1초차가 땅의 300보 차이이고, 시각으로 12초 차이가 나면 거리로는 10리 차이가 난다. 시각적으로 120초 차이가 생기면 거리로는 100리 차이가 난다. 시각 4도와 4분 차이는 거리로는 200리 차이가 난다.

넷째, 4첩 13, 14면에는 영조가 『일통지(一統志)』를 편찬하였다고 인용하고 있는데 이는 『여지도서(輿地圖書)』를 지칭하는 것이다.

이 책은 1757년과 1765년에 사이에 각 읍에서 편찬한 읍지를 모아 성책한 전국 지방지이다.

55책의 필사본으로 295개의 읍지와 17개의 영지(營誌 : 監營誌 6, 兵營誌 7, 水營誌 3, 統營誌 1) 및 1개의 진지(鎭誌) 등 총 313개의 지지가 수록되어 있다.

당시의 행정구역을 상고하면 읍지가 수록되지 않은 결읍(缺邑)이 보이는데, 전라도·경상도·경기도·충청도 등지에서 39개 읍의 읍지가 누락되었다.

『여지도서』의 편찬은 1757년 홍양한(洪良漢)이 임금에게 아뢴 것이 계기가 되었으며, 왕명에 따라 홍문관에서 팔도 감사에게 명을 내려 각 읍에서 읍지를 올려 보내도록 하였다.

그 뒤 김응순(金應淳)과 이은(李溵)이 홍문관에 있을 때 이를 개수하였다고 하나, 현존하는 『여지도서』는 누락된 군현이 많고 결책 순서 등으로 보아 홍문관에 비치되었던 본이 아니라고 추측하고 있다.

또한 대부분 읍지의 호구조의 기준 연도가 1759년(己卯帳籍)인 점으로 볼 때, 1760년 이후에 수집된 읍지들로 이루어졌음을 알 수 있다. 『여지도서』의 편찬 목적은 편성된 지 270여 년이 지난 『신증동국여지승람』의 개수(改修)·속성(續成)에 있었다.

『여지도서』는『동국여지승람』을 기초로 하면서 방리·제언·도로·전결(田結:旱田·水田)·부세(賦稅:進貢·糴糶·田稅·大同·均稅)·군병(軍兵) 등의 항목이 첨가되어 사회·경제적인 내용이 강화되었다. 이러한 체제는 16세기 후반 이래 대두된 새로운 읍지 편찬의 경향을 정리하고 종합한 것으로 18세기 읍지의 종합적 성격을 대표하고 있다.

특히, 주목되는 것은 방리·도로·부세에 관한 여러 조항 및 각 읍 읍지의 첫머리에 수록된 채색지도이다. 일반적으로 읍지의 제일 첫머리에 기재하던 건치연혁조보다도 방리조를 앞에 위치시킴으로써 당시 읍지 편찬자들이 이를 중시하였음을 짐작하게 한다.

이러한 항목 배열순서 및 내용의 상세함을 통하여 18세기 중엽에 이르러 도로가 중시되고 있음을 살필 수 있다. 이는 당시 사회에서 상업의 발달과 더불어 도로의 중요성이 커지고, 지역 간의 교류가 증대되면서 지역 간 및 지역 내의 구체적인 유통망을 파악할 필요가 있었음을 반영하는 것이라고 하겠다.

또한『여지도서』에는 읍지 편찬의 역사에서 중요한 진전이 이룩됨을 볼 수 있다. 각 읍의 첫머리에 각 읍별 채색지도가 부착되어 있는 점이다. 여지도(輿地圖)와 지리서(地理書)의 결합이라는 의미로『여지도서』라는 서명을 붙일 정도로 지도가 중시된 것이다.

각 읍지마다 거리와 방위 등이 정확한 대축척지도가 첨부되어 지도와 읍지가 밀접하게 결부된다. 읍지의 내용을 지도로 도식화함에 따라 읍지의 내용에 정확성이 증가되고, 지도의 이용으로 당시 사람들의 공간적 인식에 변화를 초래하게 되었을 것으로 보인다. 그런데 각 지역에서 화사(畵師)의 도움 없이 자체적으로 읍지도를 제작하였기 때문에 수록된 읍지

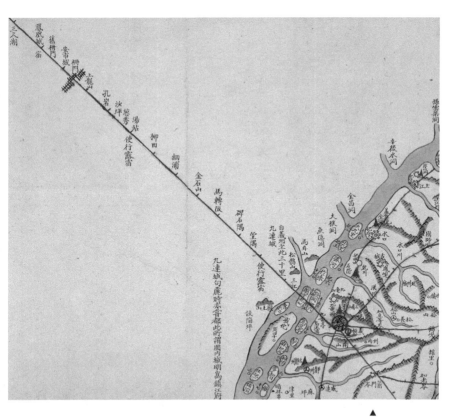

〈지도 4-17〉 중국 가는 사신로(서울역사박물관)

〈그림 4-9〉 팔도감영의 경위도(서울역사박물관)

京都北極高三十七度三十九分二十五秒

肅宗三十九年癸巳清使何國柱率五官司曆來到象限大儀實測北極高度于漢城府鐘街得三十七度三十九分二十五秒準北京順天府中線漢陽編東十度三十分○北京北極出地四十度此是暢春園實測 戴曆象考成

正宗十五年辛亥命監臣金泳依漢陽北極高度準 輿地圖經緯線量定八道觀象使營北極高及編東西度 戴辛亥所定之曆象考

	極高	編京都東西度
湖西公州牧	三十六度六分	編京都西九分
嶺南大邱府	三十五度二十一分	東一度三十九分
湖南全州府	三十五度十五分	西九分
關東原州牧	三十七度六分	東一度三分
海西海州牧	三十八度十八分	西二度二十四分
關北咸興府	四十度五十七分	東一度
關西平壤府	三十九度三十二分	西一度十五分

公州		
大邱	三十七度十七分	東五十分
全州		
原州		
海州	三十八度十四分	西一度九分
咸興		
平壤		

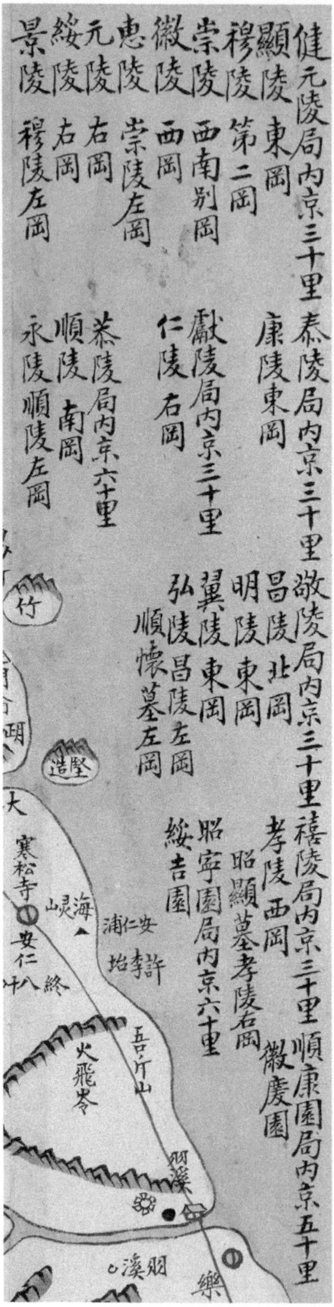

健元陵局內京三十里
　顯陵　東岡
　穆陵　第二岡
　崇陵　西南別岡
　徽陵　西岡
　惠陵　崇陵左岡
　綏陵　右岡
　元陵　右岡
　景陵　穆陵左岡
泰陵局內京三十里
　康陵　東岡
獻陵局內京三十里
　仁陵　右岡
敬陵局內京三十里
　昌陵　北岡
　明陵　東岡
　翼陵　東岡
　弘陵　昌陵左岡
　順懷墓　左岡
恭陵局內京六十里
　順陵　南岡
永陵　順陵左岡
禧陵局內京三十里
　孝陵　西岡
　昭顯墓　孝陵右岡
昭寧園局內京六十里
　綏吉園
順康園局內京五十里
　徽慶園

〈그림 4-10〉 왕릉의 위치 표시(서울역사박물관)

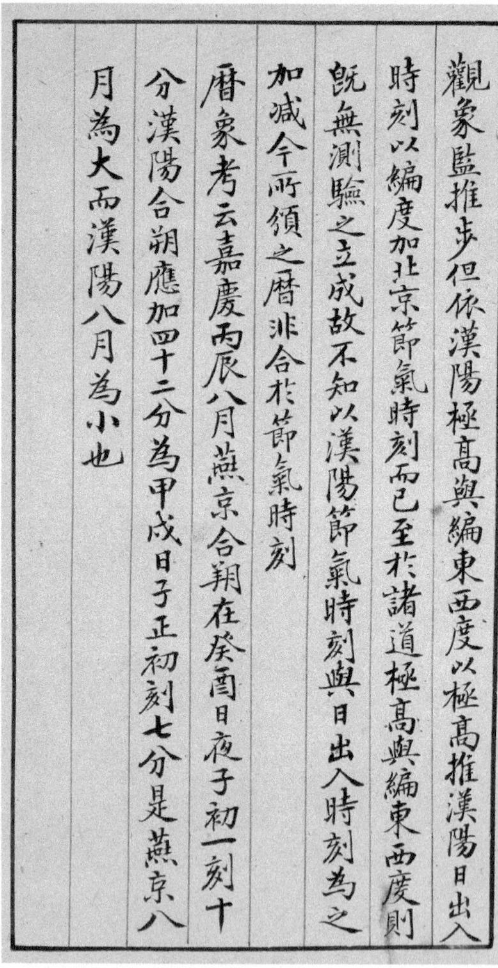

觀象監推步但依漢陽極高與編東西度以極高推漢陽日出入
時刻以編度加北京節氣時刻而已至於諸道極高與編東西度則
既無測驗之立成故不知以漢陽節氣時刻與日出入時刻為之
加減今所頒之曆非合於節氣時刻
曆象考云嘉慶丙辰八月燕京合朔在癸酉日夜子初一刻十
分漢陽合朔應加四十二分為甲戌日子正初刻七分是燕京八
月為大而漢陽八月為小也

〈그림 4-11〉 관상감 추보법(서울역사박물관)

도의 수준 차이가 많이 나고 있는 점이 아쉽다.

이 밖에도 『여지도서』는 비슷한 시기의 기록이라는 점에 의의가 있다. 전국에 걸쳐 동일한 시기에 작성된 읍지들로 이루어져 있기 때문에 18세기 중엽의 지방 사회를 전국적으로 이해하는 데 중요한 자료가 된다. 한국교회사연구소에 소장되어 있다. 1973년 국사편찬위원회에서 영인, 간행하였다.

다섯째, 7첩 13, 14면에 의주에서 중국으로 가는 사신로를 소개하고 있다. 의주에서 봉황성까지의 사신로를 그려 넣었고 특히 책문(柵門)은 붉은 건물을 표시하고 있다(지도 4-17 참조).

여섯째, 13첩 1, 2면에는 8도감영의 경위도를 기록하였다(그림 4-9 참조).

일곱째, 13첩 1, 2면에는 각 왕릉의 위치를 표시하였다. 1855년에 옮긴 휘경원(徽慶園)과 1856년에 천장한 인릉(仁陵)의 위치도 표시되어 있다(그림 4-10 참조).

여덟째, 13첩 11, 12면에는 관상감에서 추보하는 방법을 제시하고 있다. 한양의 극고(極高)를 기준으로 동서의 편차를 가름하여 시각을 정하는 방법을 제시하고 있다(그림 4-11 참조).

5) 『동여도』와 『대동여지도』의 지명 대조표

『동여도』는 현재 서울역사박물관과 서울대학교 규장각에 소장되어 있고 국사편찬위원회에 낙질본이 있다.

〈표 4-13〉 『동여도』와 『대동여지도』의 지명 대조표

층수	군현	잘못된 지명	동여도 역박	중앙도서관 18첩	대동방여도	국편신유본	하버드 갑자본
6-9	영원	樂林山	樂林山	狼林山	狼林山	狼林山	狼林山
7-8	의주	使臣路	使臣路 있음	표시없음	표시없음	표시없음	표시없음

층수	군현	잘못된 지명	동여도 역박	중앙도서관 18첩	대동방여도	국편신유본	하버드 갑자본
9-3	은산	委架山	倭架山	倭架山	倭架山	倭架山	倭架山
9-3	자산	波灘	歧灘	없음	歧灘	歧灘	歧灘
9-3	성천	沸流江	沸流江 붉은 글씨로 추가	없음	沸流江	沸流江	沸流江
9-3	성천	車峴	車峴 붉은 글씨로 추가	車峴	車峴	車峴	車峴
9-3	성천	無累所	無累所 붉은 글씨로 추가	없음	無累所	無累所	無累所
10-3	양덕	霞風山	霞嵐山	霞嵐山	霞嵐山	霞嵐山	霞嵐山
10-5	장연	望德	望德山	望德山	望德山	望德山	望德山
10-6	삼화	廣梁鎭	기호, 이름 없음	廣梁鎭	廣梁鎭	廣梁鎭	廣梁鎭
11-3	평강	來氷山	朱氷山	朱氷山	朱氷山	朱氷山	朱氷山
12-3	연천	牌僧嶺	牌僧嶺	없음	牌僧嶺	牌僧嶺	牌僧嶺
12-3	연천	佛見山	佛見山	佛峴	佛見山	佛見山	佛峴
12-4	개성	杜門同	杜門洞	杜門洞	杜門洞	杜門洞	杜門洞
14-5	아산	中木浦	中方浦	없음	中方浦	中木浦	中方浦
15-1	울진	虛臺	凌虛臺	凌虛臺	凌虛臺	凌虛臺	凌虛臺
15-4	목천	細雲峙	納雲峙	納隱峙	納雲峙	納雲峙	納雲峙
16-3	영동	松川	松川	松川	松川	松川	松川
16-4	연산	少峴	沙峴	沙乙浦峙	沙峴	沙峴	沙峴
16-4	용안	豊是	豐堤	없음	豐堤	豐堤	豐堤
18-2	칠원	葛嵎	葛峴	葛峙	葛峴	葛嵎	葛嵎
20-5	진도	大十八里	大十八里	없음	大十八里	大十八里	大千八里
20-5	진도	小十八里	小十八里	없음	小十八里	小十八里	小千八里
8-4	영변	延山	방리기호	방리기호	방리기호	고현기호	고현기호
4-4	삼수	李松嶺	삼수지역 경계없음	삼수지역 경계없음	삼수지역 경계없음	삼수지역 경계없음	경계로 삼음
9-1	고원	通達驛	역기호,역명 없음	역있음	역 없음	역 없음	역 있음
17-1	경주	東津	표시 있음	표시 없음	표시있음	표시있음	울산 표시
17-3	성주	安偃驛	역기호	역기호	역기호	역기호	역기호
19-3	곤양	浣紗驛	역 기호	역참기호	역기호 아님	역기호 없음	역 기호

제7절 『대동여지도(大東輿地圖)』편찬

1) 『청구도』와 『대동여지도』의 구성

『대동여지도』는 『동여도』와 같이 가로 80리, 세로 120리를 한 개의 방안(方眼)으로 하여 한 개 면(面)으로 하고, 2개면은 한 개 도엽(圖葉)인 목판 한 장에 수용하였다. 그러므로 『대동여지도』의 전체 지도 도엽은 목판 121매이고 제책(製冊)이 되었을 때의 면수는 213면이다. 그러나 여기에 부록격인 지도유설(地圖類說)·도성도(都城圖)·경조오부도(京兆五部圖) 등이 첨가되었기 때문에 실제로는 도엽으로 126목판이고 전체 면수는 227면으로 구성되었다. 그런데 최근에 국립중앙박물관에 소장된 『대동여지도』의 판목을 살펴보면 목판 양면에 지도를 판각하였기 때문에 60여 매의 목판만 있어도 가능할 것 같다.

이는 가로 70리, 세로 100리를 한 개 방안으로 한 개 면을 이루어 총 321면인 『청구도』와 비교할 때 94면이 줄어든 숫자이다. 『대동여지도』의 면수가 『청구도』의 면수보다 줄어든 것은 『대동여지도』가 『청구도』보다 가로 10리, 세로 20리를 한 개 방안에 더 수용하고 도서를 육지에 가깝게 배열하여 그렸기 때문이다. 그러므로 『청구도』는 동서 22판 남북 29층이고, 『대동여지도』는 동서 19판 남북 22층으로 구성되어 있다. 이를 전체 거리로 환산하면 『청구도』는 동서가 1,540리이고 남북은 2,900리이고, 『대동여지도』는 동서가 1,520리이고 남북은 2,640리이다.

두 지도는 10리를 1촌(寸)으로 그린 같은 축척의 지도로서 동서는 20리 차이가 나고 남북은 260리 차이가 난다. 동서 20리 차이는 별문제가 되지 않지만 남북 260리 차이는 어디에서 오는 걸까?

『청구도』는 육지와 제주도 사이의 바다를 제26·제27·제28층으로

大東輿地圖

當宁十二年辛酉

古山子校刊

〈지도 4-18〉『대동여지도』(서울대학교 규장각)

편성하였지만 공백(空白)과 여백층(餘白層)으로 되어 있다. 반면『대동여지도』에서는 그와 같은 바다의 공간을 두지 않고 제주도를 별도의 지도로 처리하였기 때문에 260리의 공간 층이 없다. 그러므로 육지만의 남북 거리는 두 지도가 2,400여 리로 동일함을 알 수 있다. 이처럼 도엽을 재구성하여 100여 면을 줄인 이유는 보다 넓은 지역을 하나의 도엽에 수용하여 지도를 읽는데 도움을 주고 판각이라는 제작상의 어려움도 덜고자 했기 때문이다.

도엽의 재구성으로 나타난 변화로는 한양 부분이 상당히 변했다는 것이다.『청구도』16층 14면과『대동여지도』의 13층 12면을 면밀히 비교하면,『청구도』는 한양이 오른쪽으로 치우쳐 동쪽 경계선이 12면을 넘어가 있어 2개 면을 잇대어 보아야 하는 불편이 있으나,『대동여지도』는 한양이 한 면의 중앙 부위에 위치하여 한양을 둘러싼 경계(境界)가 모두 수용되었으며 북쪽과 남쪽 끝에 양주와 수원을, 서쪽과 동쪽에 양천과 광주, 그리고 동북쪽 지역의 능원(陵園)을 포함하고 있다. 이러한 포괄적 구성은 당시 수도권의 지역적 범위를 파악할 수 있게 하는 것으로,『대동여지도』가 훨씬 더 합리적으로 구성되었음을 알 수 있다.

『청구도』는 건곤(乾坤) 두 책으로 구성되어 건권에서는 1·3·5의 홀수 층을, 곤권에서는 2·4·6의 짝수층의 면을 동에서 서로 제책(製冊)하여, 두 권을 상하로 펴면 네 개의 지도면을 동시에 볼 수 있게 하였다. 그러나 그 이상의 지도면은 서로 인접하여 볼 수 없는 불편함이 있었다. 그러나 『대동여지도』는 각 층의 도엽(圖葉)을 연폭(連幅)으로 동에서 서로 길게 잇고 이것을 병풍식으로 접어 모두 22층으로 하는 분첩절루(分帖折疊)의 방법으로 제책하여 한 질이 되게 하였다. 이 때 책의 크기는 가로 20cm, 세로 30cm로서 당시 서지류(書誌類)의 크기와 비슷하게 만들어 마치 한 권의 책처럼 편리하게 되었다. 이로써『대동여지도』는 개개 층별로 동에서 서로, 남북으로 22층을 계속 인접하면 가로 4m, 세로 8m의 거대한 우리나라 전도(全圖)가 된다(지도 4-18).

2)『청구도』와『대동여지도』의 내용 비교

『청구도』는『해동여지도』를 저본으로 제작되었음은 앞서 이야기하였다.『청구도』는 필사본이다. 필사본은 기본적으로 필사자가 필사할 때 저지르는 오류가 있을 수밖에 없는데 김정호는 이를 덜기 위하여 목판본인『대동여지도』를 만들었다. 두 지도의 내용을 항목별로 비교하면〈표 4-14〉와 같다.

〈표 4-14〉『청구도』와『대동여지도』의 내용 비교

	청 구 도	대 동 여 지 도	비 고
山 岳	4,712	4,572	140
河 川	1,077	1,374	-297
寺	443	229	214
樓 亭	157	169	-12
祠 廟	80	34	46
書 院	212	0	212
驛 院	650	617	33
倉	898	815	83
鎭 堡	29	400	-371
浦	299	514	-215
碑	6	1	5
山 城	76	31	45
烽 燧	669	560	109
部 曲	140	665	-525
橋	60	110	-50
坪 洲	62	91	-29

	청 구 도	대 동 여 지 도	비 고
軍 營	14	8	6
牧 場	17	47	-30
坊 面	3,755	613	3,142
里	213	248	-35
島	971	911	60
기 타	945	1,179	-234
계	15,485	13,188	2,297

3)『동여도』와『대동여지도』의 내용 비교

〈표 4-14〉에서 볼 수 있듯이『대동여지도』는 후에 만들어졌지만 목판본이기 때문에 판각의 어려움이 있어 주기 내용을『청구도』보다 많이 생략하였다. 하천(河川)·누정(樓亭)·진보(鎭堡)·포(浦)·부곡(部曲)·교(橋)·평주(坪洲)·목장(牧場)·리(里)·항만(港灣) 등이『청구도』보다 많을 뿐이고, 대부분의 항목이『대동여지도』에서는 적게 판각되었다. 총 2,297개의 주기 내용이『대동여지도』에는 적게 판각되었던 것이다.

『동여도』는 현존하는 고지도 중 제일 자세한 지도이다. 이 지도는『대동여지도』를 판각하기 위하여 제작한 선행지도이다. 〈표 4-15〉에서 두 지도 내용을 항목별로 구분 비교하였다.

산악(山岳)·하천(河川)·방면(坊面) 등은『동여도』의 주기 내용이『대동여지도』의 배에 해당된다. 그러나 역원(驛院)·창(倉)·진보(鎭堡) 등의 항목은 두 지도의 기재 내용이 비슷하다. 전체적으로『대동여지도』의 주기(註記) 내용은 총 13,188개인 데 비하여,『동여도』는 18,736개의 주기 내용이 있다.『동여도』의 주기 내용이『대동여지도』보다 5,548개가 더 많은 것이다.『대동여지도』에서는 판각의 어려움 때문에 상당량의 주기 내용을 줄였기 때문이다.

『청구도』와 비교하면『청구도』에는 15,485개의 주기가 있으므로『청구도』가『대동여지도』보다 2,297개의 주기 내용을 더 기록하고 있다.『동여도』는『청구도』보다 3,251개의 주기 내용을 더 많이 담고 있는 가장 정밀한 지도인 것이다.

〈표 4-15〉『대동여지도』와『동여도』의 내용 비교

	대동여지도	동 여 도	비 고
山 岳	4,572	5,419	847
河 川	1,374	1,939	565
寺	229	520	291
樓 亭	169	254	85
祠 廟	34	48	14
書 院	0	4	4
驛 院	617	152	35
倉	815	819	4
鎭 堡	400	403	3
浦	514	705	191
碑	1	6	5
山 城	31	33	2
烽 燧	560	571	11
部 曲	665	671	6
橋	110	158	48
坪 洲	91	121	30
軍 營	8	10	2
牧 場	47	77	30
坊 面	613	1,994	1,381
里	248	364	116
島	911	1,131	220
기 타	1,179	2,837	1,658
계	13,188	18,736	5,548

4)『동여도』와『대동여지도』지명 비교

『동여도』는『대동여지도』를 판각하기 위하여 만든 필사본이다. 그러나 두 지도를 비교해보면 여러 군데에서 서로 다른 점을 발견할 수 있다. 이것은『대동여지도』를 판각하는 과정에서의 어려움 때문일 것이고 그만큼 방대한 작업이기 때문에 오류가 나왔다고 생각된다.

첫째, 6층 9면의 영원군에 낭림산이 있는데『동여도』에는 낙림산(樂林山)이라고 표기했는데『대동여지도』에서는 낭림산(狼林山)이라고 정확히 판각되었다.

둘째, 7층 8면의 의주부에 사신로(使臣路)가『동여도』에는 잘 그려져 있는데『대동여지도』에서는 찾아 볼 수 없다. 이것은 판목을 줄이기 위한 조치일 것이다.

셋째, 9층 3면의 은산군에 왜가산(倭架山)이 있는데『동여도』에는 잘 쓰여져 있는데『대동여지도』에서는 왜(倭)자가 잘못 판각되어 인(亻)변에서 /변만 살아있는 이상한 글자가 판각되어 있다. 이것은 판각하는 과정에서 빠트린 경우일 것이다.

넷째, 9층 3면의 성천군에 비류강(沸流江), 차현(車峴), 무루소(無累所) 세 곳의 지명이 처음에는 빠져 있었는데 후에 붉은 글씨로 추가로 써넣었다. 필사본『대동여지도』에는 세 지명이 빠져 있는데 판각한『대동여지도』에는 모두 판각되어 있다.

다섯째, 10층 6면의 삼화현에 광량진(廣梁鎭) 수군영이『동여도』에는 빠져 있는데『대동여지도』에는 수군영 표시와 명칭이 잘 들어가 있다.

여섯째, 12층 3면의 연천군에 불견산(佛見山)이 있는데 필사본『대동여지도』에는 불현(佛峴)으로 기록되어 있는데 목판본『대동여지도』에는 불견산으로 판각되었다.

일곱째, 14층 5면의 아산군에 중방포(中方浦)가 있는데 『동여도』에는 잘 기록되어 있는데 신유본 『대동여지도』에는 중목포(中木浦)로 잘못 판각되어 있다.

여덟째, 15층 4면의 목천현에 납운치(納雲峙)가 있는데 『동여도』와 『대동여지도』에는 납운치로 잘 기록되어 있는데 필사본 『대동여지도』에는 납은치(納德峙)로 잘못 표기되어 있다.

아홉째, 16층 3면의 영동군에 송천(松川)이 있는데 대부분 잘 표기하였는데 신유본 『대동여지도』에는 송천(松川)으로 잘못 판각되어 있다.

열째, 4층 4면의 삼수군 지역에 이송령(李松嶺)이 있어 강계군과의 경계로 삼는데 『동여도』를 비롯한 대부분의 『대동여지도』에 삼수군 지역에 표시하다가 갑자본 『대동여지도』에 와서 비로소 삼수군과 강계군의 경계로 정확히 판각되어 있다.

이외에도 많은 곳에서 오류를 발견할 수 있는데 〈표 4-16〉을 참조하기 바란다.

〈표 4-16〉 『동여도』와 『대동여지도』 지명 비교

층수	군현	잘못된 지명	동여도 역박	중앙도서관 18첩	대동방여도	국편 신유본	하버드 갑자본
6-9	영원	樂林山	樂林山	狼林山	狼林山	狼林山	狼林山
7-8	의주	使臣路	使臣路 있음	표시없음	표시없음	표시없음	표시없음
9-3	은산	委架山	倭架山	倭架山	倭架山	倭架山	倭架山
9-3	은산	波灘	歧灘	없음	歧灘	歧灘	歧灘
9-3	성천	沸流江	沸流江 붉은 글씨로 추가	없음	沸流江	沸流江	沸流江
9-3	성천	車峴	車峴 붉은 글씨로 추가	車峴	車峴	車峴	車峴
9-3	성천	無累所	無累所 붉은 글씨로 추가	없음	無累所	無累所	無累所
10-3	양덕	霞風山	霞嵐山	霞嵐山	霞嵐山	霞嵐山	霞嵐山
10-5	장연	望德	望德山	望德山	望德山	望德山	望德山

층수	군현	잘못된 지명	동여도 역박	중앙도서관 18첩	대동방여도	국편 신유본	하버드 갑자본
10-6	삼화	廣梁鎭	기호, 이름 없음	廣梁鎭	廣梁鎭	廣梁鎭	廣梁鎭
11-3	평강	來氷山	朱氷山	朱氷山	朱氷山	朱氷山	朱氷山
12-3	연천	牌儈嶺	牌儈嶺	없음	牌儈嶺	牌儈嶺	牌儈嶺
12-3	연천	佛見山	佛見山	佛峴	佛見山	佛見山	佛見山
12-4	개성	杜門同	杜門洞	杜門洞	杜門洞	杜門洞	杜門洞
13-7	인천	山延平	山延平	山延平	山延平	山延平	山延平
14-5	아산	中木浦	中方浦	없음	中方浦	中木浦	中方浦
15-1	울진	虛臺	凌虛臺	凌虛臺	凌虛臺	凌虛臺	凌虛臺
15-4	목천	細雲峙	納雲峙	納隱峙	納雲峙	納雲峙	納雲峙
16-3	영동	柗川	松川	松川	松川	柗川	松川
16-4	연산	少峴	沙峴	沙乙浦峙	沙峴	沙峴	沙峴
16-4	용안	豐是	豐堤	없음	豐堤	豐堤	豐堤
16-5	한산	瓦甫	瓦浦	瓦浦	瓦浦	瓦浦	瓦浦
17-4	순창	沙瑟寺	沙瑟峙	沙瑟峙	沙瑟峙	沙瑟峙	沙瑟峙
18-2	칠원	葛嵑	葛峴	葛峙	葛嵑	葛嵑	葛嵑
20-5	진도	大十八里	大十八里	없음	大十八里	大十八里	大千八里
20-5	진도	小十八里	小十八里	없음	小十八里	小十八里	小千八里
8-4	영변	延山	방리기호	방리기호	방리기호	고현기호	고현기호
4-4	삼수	李松嶺	삼수지역 경계없음	삼수지역 경계없음	삼수지역 경계없음	삼수지역 경계없음	경계로삼 음
9-1	고원	通達驛	역기호, 역명없음	역있음	역 없음	역 없음	역 있음
17-1	경주	東津	표시 있음	표시 없음	표시있음	표시있음	울산 표시
17-3	성주	安偘驛	역기호	역기호	역기호	역기호	역기호
19-3	곤양	浣紗驛	역 기호	역참기호	역기호 아님	역기호없음	역 기호

5) 국립중앙박물관 소장의 『대동여지도』 목판

국립중앙박물관에서 『대동여지도』 목판을 소장하고 있는 사실이 세상에 알려진 것은 1995년에 국사편찬위원회에서 전국의 공공기관에 소장하고 있는 고지도를 조사하는 과정에서 국립중앙박물관 수장고에서 전부 11판의 『대동여지도』 판목을 발견하였다.

국립중앙도서관 목판의 내용은 다음 〈표 4-17〉과 같다.

〈표 4-17〉 국립중앙도서관 소장 『대동여지도』의 목록 내용

목판의 차례	목판의 층수	내용
1	표제 앞면	表題, 연호는 깎이어 있음
	뒷면	없음
2	앞면4層 3-4面	咸鏡道 長白山
	뒤면4層 5-6面	咸鏡道 甲山
3	앞 4層 9-10面	咸鏡道 長津의 十萬嶺
	뒤 5層 5-6面	咸鏡道 북청의 聖代山
4	앞 7層 7-8面	平安道 熙川
	뒤 19層 1-2面	慶尙道 東萊
	뒤 19層 11-12面	全羅道 黑山島
5	앞 6層 1-2面 6層 3-4面	咸鏡道 明川의 馬乳山, 함경도 端川
5	뒤 7層 1-2面 8層 11-12面 13層 5-6面	함경도 북청 馬養島 평안도 龍川 京畿道 喬洞 島嶼
6	앞 7層 3-4面	함경도 咸興
	뒤	없음
7	앞 9層 1-2面	함경도 高原
	뒤 9層 5-6面	평안도 成川 江東
8	앞 8層 5-6면	평안도 德川 价川
	뒤 8層 7-8面	평안도 安州 泰川
9	앞 9層 3-4面	평안도 陽德
	뒤 19層 9-10面	全羅道 務安 長興
10	앞 17層 3-4面	경상도 大邱 永川
	뒤 17層 5-6面	경상도 居昌 星州
11	앞 18層 1-2面 18層 11-12面	경상도 蔚山 전라도 智島 荏子島
	뒤 18層 9-10면	전라도 光州 靈光

일반적으로『대동여지도』의 목판은 1개면에 한 장에 들어갈 군현만 새겼을 거라고 생각하는데 실제로 목판을 보면 매우 복잡하다. 위 표에서 볼 수 있는 것처럼 5층의 앞면에는 함경도 명천(明川)의 마유산(馬乳山)과 함경도 단천(端川)을 같이 새겼으며, 뒷면에는 7층 1~2면의 함경도 북청 마양도(馬養島)와 8층 11~12면의 평안도 용천(龍川)과 13층 5~6면의 경기도 교동 도서(島嶼) 등을 함께 판각하였다.

그러므로『대동여지도』의 목판은 전체 126도엽에 227면으로 앞과 뒤로 새기면 목판 60여 판목이 필요할 거라고 추정했는데 중앙박물관에서 찾은 목판의 구성 형태로 짐작하면 목판 50여 판이면 가능했으리라고 추정된다.

목판의 재질은 수령 100년 정도의 피나무이며, 크기는 대체로 가로 43cm, 세로 32cm 내외이며 두께는 1.5cm 내외이다.[18] 인쇄용 목판과는 달리 손잡이 부분이 없다. 어떤 틀에 넣어서 찍었을 터인데 주변에 문의해도 시원한 해답을 제시하는 분이 없다.

각각의 목판에는 남북으로 120리, 동서로 160리에 해당하는 공간의 지리정보가 판각되어 있는데, 이는『대동여지도』의 두 면에 해당한다. 현존 목판 중『대동여지도』의 표제가 판각된 목판과 7층이 앞면에만 판각이 되어 있고, 나머지 10매의 목판은 앞뒤 양면에 모두 판각이 되어 있다.

국립중앙박물관이 이 목판을 소장하게 된 경위는 1924년(대정 13)에 최한웅(崔漢雄, 1917~2002)에게서 구입하여 소장하였다. 아래의 목판대금 청구서에 보면『대동여지도』판목 1조(組)를 판매하였고 대금을 지출한 지출 결의

---

18 이태호, 2011,「판화 예술로 본 金正浩의『大東輿地圖』」,『한국고지도연구』제3권 제2호.

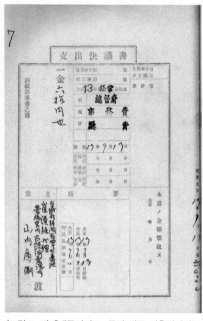

〈그림 4-12〉『대동여지도』목판 대금 청구서(국립중앙박물관)

〈그림 4-13〉『대동여지도』목판 대금 지출결의서(국립중앙박물관)

서도 있다.[19] 대금 청구인은 최한웅인데 일본인이 대리인으로 나와 있다.

　최한웅은 최남선의 큰 아들인데 1917년에 태어났으므로 이때의 나이는 7살이었다. 일본인을 대리인으로 내 세웠지만 이 판목은 최남선이 소장하고 있다가 조선총독부 박물관에 판매한 것 같다(그림 4-12, 그림 4-13 참조).

6) 18첩 필사본 『대동여지도』 검토

　김정호는 1834년에 『청구도』를 제작한 이후에도 1849년까지 여러

---

19 1920년대의 쌀 한 가마니가 4원 50전이었으므로 60원에 목판 11매를 판 대금으로는 너무 적은 액수이다.

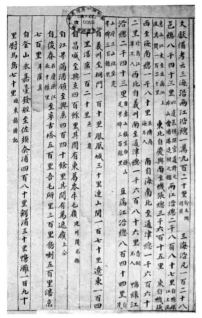

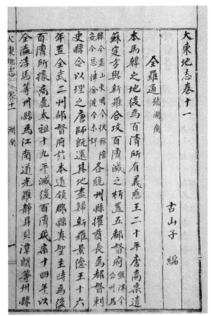

〈그림 4-14〉 국립중앙도서관 소장 18첩 『대동여지
도』의 문헌통고(국립중앙도서관)

〈그림 4-15〉 고려대학교에 소장된 『대동지지』 전라
도편(고려대학교 도서관)

차례에 걸쳐서 내용을 보완하거나 체제를 발전시켜 왔다. 그 이후에는
『동여도』를 제작하여 『대동여지도』를 판각하기 위한 준비를 하였다. 그
러나 『동여도』로 바로 판각한 것이 아니라 여러 차례 필사본 『대동여지
도』를 제작하였다. 일본의 동양문고에는 네 종류의 『대동여지도』가 있는
데 14첩·18첩·22첩·24첩으로 구성되어 있다. 이들 『대동여지도』를 실제
로 조사해 볼 수는 없지만 국내에도 국립중앙박물관에 14첩의 『대동여
지도』가 있고 국립중앙도서관에는 18첩의 『대동여지도』가 소장되어 있다.

18첩의 필사본 『대동여지도』는 앞쪽에 여러 가지 항목들을 수록하고
있다. 필체를 비교해보면 김정호가 편찬했다는 것을 짐작할 수 있다.

첫 번째 항목이 『문헌통고』에 수록된 우리나라의 총 둘레를 인용해

〈그림 4–16〉 18첩 『대동여지도』의 지도표(국립중앙도서관)

놓았다.[20]

『문헌통고』에 이르기를 "3해 연변과 양강의 연변의 총 길이가 10,920리인데 이것은 우리나라 총 둘레를 말한다. 삼해 연변은 128읍으로 총 8,043리이다. 양강 연변은 총 2,887리이다. 동북 경흥에서 남쪽 기장에 이르는 거리는 3,615리이다. 동쪽 기장에서 서쪽 해남까지는 1,080리이다. 남쪽 해남에서 북쪽 통진까지는 1,622리이다. 서북쪽 의주에서 남쪽 통진까지는 1,686리이다." 삼해 연변은 전부 합치면 8,003리인데 앞에 기록과 40리 차이가 있다.

두 번째는 지도표인데 영아·주현·진보·역도·방면·창고·봉수 등 7가지만 표기하고 있다.

셋째, 전국도를 수록하였는데 장진부가 표시되어 있지 않다. 1859년 이전에 제작하였음을 알 수 있다.

넷째, 서울 도성도를 수록하고 있다(지도 4–20 참조).

다섯째, 경조5부도를 수록하였다(지도 4–21 참조).

여섯째, 한성부의 연혁을 수록하였다.

『고려사』에 쓰기를 북쪽은 화산에 의거하고 있고 남쪽은 한수(漢水)에 임했는데 땅은 평평하고 풍요롭고 번화하다.

『여지승람』에 이르기를 북쪽은 화산에 진치고 있는데 용이 서리고 호랑이가 웅크리고 있는 형세이며, 남쪽은 한강으로서 띠를 두르고 있으

---

20 『문헌통고』는 마단림(馬端臨 : 1254?~1323)이 지었으며 모두 348권이다.

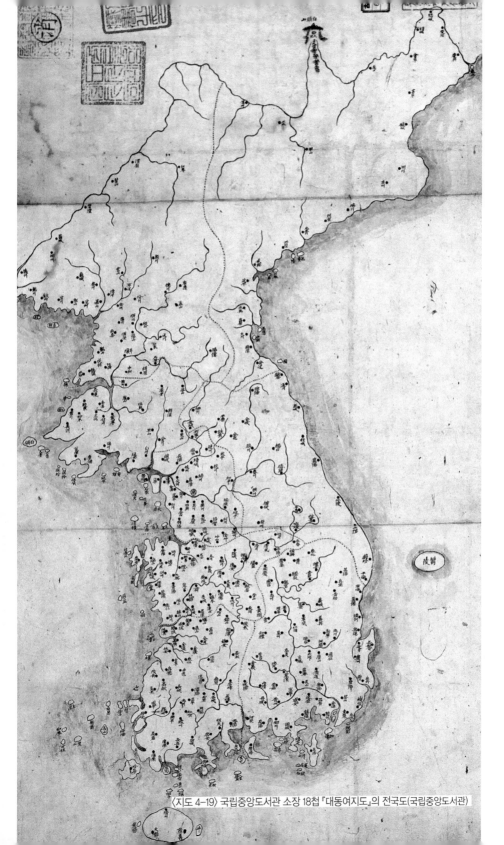

〈지도 4−19〉 국립중앙도서관 소장 18첩 『대동여지도』의 전국도(국립중앙도서관)

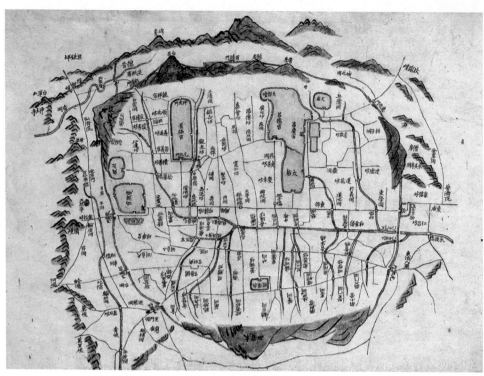

〈지도 4-20〉 국립중앙도서관 소장 18첩 『대동여지도』의 도성도(국립중앙도서관)

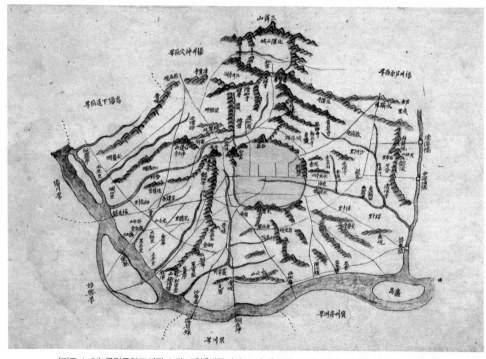

〈지도 4-21〉 국립중앙도서관 소장 18첩 『대동여지도』의 경조오부도(국립중앙도서관)

며, 좌측은 대관령이 있고 우측은 발해가 둘러싸고 있는 그 형승이 동방의 제일이요 진실로 산하가 험준한 땅이다.

(1) 국조도성(國朝都城)

태조 5년에 도성을 쌓고 11월에 송도로부터 이주하였다. 세종 3년에 도성을 다시 쌓았는데 성문에 8개로 동문은 흥인지문이고 남문은 숭례문이고, 서문은 돈의문이고 북문은 숙정문이다. 동북문은 혜화문이고, 동남문은 광희문이며, 서남문은 소의문이고, 서북문은 창의문이다.

창덕궁의 돈화문에서 파자교를 거쳐 동쪽으로 흥인문에 이르는데 1,489보이다. 파자교를 거쳐 서쪽으로는 종가에 이르고 또 남쪽으로 숭례문에 이르는데 1,826보이다. 파자교를 거쳐 서쪽으로 돈의문까지는 1,715보이다. 종가에서 동쪽으로 흥인문까지는 1,408보이고, 남쪽으로 숭례문까지는 999보이다. 서쪽으로 돈의문까지는 868보이다.(주척으로서 6척이 1보이고 360보가 1리이다. 3,600보가 10리이다.)

(2) 한성부(漢城府)

백제시조 원년이 위례성을 부아악의 남쪽에 쌓았다. 14년에 남한산으로 옮겼다. 후에 북한산성을 개축하였다. 근초고왕 26년에 남한산으로부터 여기로 이사하였다. 105년이 지나서 고구려가 침입해 와서 웅진으로 도읍을 옮겼다. 고구려 장수왕 63년에 이곳에 남평양을 설치하였다. 77년이 지나서 신라의 진흥왕이 침입하여 취하고 북한산주 군주를 두었는데 후에 도독으로 개정하였다. 경덕왕 16년 한양군으로 개정하고 태수와 소수를 각 1인씩 두었다.

고려 태조 23년에 양주로 고쳤다. 성종 14년에 좌신책군 절도사를 두었다. 현종 3년에 안무사로 바꾸었는데, 9년에 양주 주지사로 바꾸었다. 문종 2년에 남경유수와 부유수를 두었다. 숙종 6년에 백악의 남쪽에 큰 궁궐을 지었다. 충렬왕 34년에 한양부라고 고치고 윤과 소윤을 각각 1인씩 두었다. 신우 8년 8월에 한양으로 천도하였고, 9년 2월에 송경으로 돌아갔다. 공양왕 2년 7월에 한양으로 천도하였는데 3년 2월에 송악으로 환도하였다.

본조 태조 3년에 이곳을 도읍으로 정하고 한양부 동촌 대동리로 옮겼다. 5년 이곳으로 도읍을 옮기고 한성부를 두고 5부로 나누고 방리를 정하였다. 정종 원년 송경으로 돌아갔다가 태종 5년에 한양으로 돌아 왔다.

진나라 배수의 우공9주제 지도론에 의하면 도서지설의 유래는 오래되었다. 예로부터 수상입제는 쓰임에 의지하여 삼대에는 관리를 두어 그 직을 담당하게 하였다.

또 지도를 제작하는 데는 6가지가 있는데 첫째가 분율인데 눈금이 그려진 축척을 말하며, 둘째는 준망인데 가로·세로 격자망을 가리키며, 셋째는 도리로 거리를 측정하는 것이고, 넷째는 고하(高下)인데 땅의 고저를 측정하는 것이며, 다섯째는 방사(方邪)인데 직각과 예각을 측정하는 것이고, 여섯째, 우직(迂直)은 곡선과 직선을 측정하는 것을 말한다. 이 여섯 가지는 땅의 형태와 험이를 알 수 있는 바이다.

일곱 번째, 경위선 여지도라고 제목을 부쳤지만 방안을 설명하고 두 책으로 나누었을 때 어떻게 구분되는가를 밝히고 있다. 매판의 반편 종직선은 150리이고 횡선은 100리이다. 전도를 17폭으로 잘라 1, 3, 5, 7, 9, 11, 13, 15, 17을 한규(紃)로 만들고 2, 4, 6, 8, 10, 12, 14, 16을 한규(紃)로 만들어, 두 책으로 나누었다. 상하와 서로 맞추어 살펴보면 한 폭의 전도가 된다.

여덟 번째, 경위도리를 설명하고 있다. 우리나라 전국의 폭원을 정리하여 놓았다.

명사에 이르기를 그 나라는 큰 도시가 3개이며, 8도인데 면적은 6천여리이다.

『고려사』에 이르기를 우리 해동은 3면이 바다에 닿았고 한 면만 육지와 연결되어 있다.

폭원의 넓기는 거의 만리이다.

명의 동월부에 이르기를 "서쪽은 압록강이며 동쪽은 상돈(桑暾)과 접하고 있다. 천지가 그 남쪽 창문이며 말갈이 그 북문이다."

경도를 표준으로 정동은 강릉이고, 정서는 강화이며, 정남은 흥양이고 정북은 폐여연이다.

동쪽 경흥에서 서쪽 폐우예까지 1천 리이다. 동쪽 명천에서 서쪽 초산까지 1천 리이다.

동쪽 함흥에서 서쪽 의주까지 800리이다. 동쪽 덕원에서 서쪽 증산까지 500리이다.

동쪽 고성에서 서쪽 장연까지 800리이다. 동쪽 강릉에서 서쪽 강화까지 550리이다.

동쪽 울진에서 서쪽 태안까지 800리이다. 동쪽 경주에서 서쪽 부안까지 800리이다.

동쪽 동래에서 서쪽 부안까지 700리이다. 남쪽 하동에서 북쪽 후주까지 1,900리이다.

남쪽 흥양에서 북쪽 폐여연까지 2,200리이다. 남쪽 진도에서 북쪽 위원까지 1,900리이다.

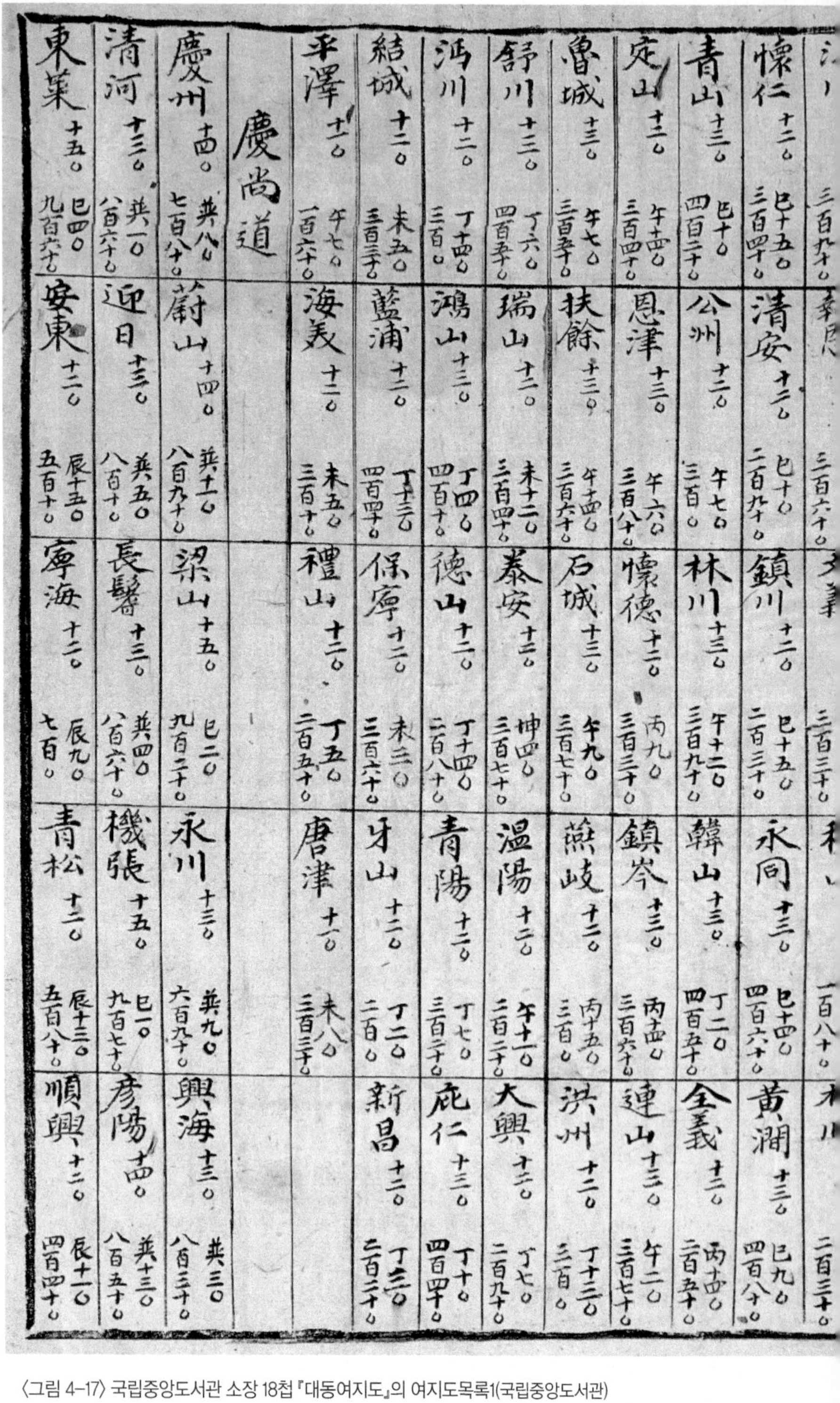

※ 세로쓰기 표를 오른쪽에서 왼쪽, 각 칸은 위에서 아래 순서로 옮김. 각 항목은 고을 이름·첩수(十二 등)와 하단의 도엽 위치 주기를 함께 적음. 작은 글씨 주기는 판독 최선.

(맨 오른쪽 열 — 일부 잘림)
… / 文義 … 三百六十 / 利川(?) … 三百三十 / … 一百八十 / … 二百三十 〔잘림·판독 불확실〕

懷仁 열
- 懷仁 十二 — 巳十五 三百四十
- 淸安 十二 — 巳十 三百九十
- 懷德 十二 — 午九 三百三十
- 永同 十三 — 巳四 四百六十
- 黃澗 十三 — 巳九 四百分

靑山 열
- 靑山 十二 — 巳十 四百二十
- 公州 十二 — 午七 三百
- 林川 十三 — 午十二 三百四十
- 韓山 十三 — 丁二 四百五十
- 全義 十二 — 丁二 四百五十

定山 열
- 定山 十二 — 午半 三百四十
- 恩津 十三 — 午六 三百四十
- 石城 十三 — 午西 三百七十
- 鎭岑 十三 — 午十五 三百
- 連山 十三 — 午二 三百七十

魯城 열
- 魯城 十三 — 午七 三百半
- 扶餘 十三 — 未十二 三百六十
- 泰安 十二 — 坤四 三百七十
- 溫陽 十二 — 午十一 三百二十
- 洪州 十三 — 丙十五 三百

舒川 열
- 舒川 十三 — 丁西 四百半
- 瑞山 十二 — 未十二 三百十
- 德山 十二 — 丁十四 二百八十
- 靑陽 十二 — 丁七 三百二十
- 大興 十二 — 丁七 二百九十

鴻川 열
- 鴻川 十二 — 丁西 三百
- 鴻山 十三 — 丁四 四百十
- 保寧 十二 — 未三 三百六十
- 牙山 十二 — 丁二 二百
- 庇仁 十二 — 丁十 四百四十

結城 열
- 結城 十二 — 未五 三百二十
- 藍浦 十二 — 丁二 四百十
- 禮山 十二 — 丁五 二百五十
- 唐津 十六 — 未八 三百三十
- 新昌 十二 — 丁二 二百三十

平澤 열
- 平澤 十二 — 午七 一百六十
- 海美 十二 — 未五 三百十

慶尙道 (도 이름 표제)

慶州 열
- 慶州 古 — 共八 七百分
- 蔚山 十四 — 共六 八百九十
- 梁山 十五 — 巳二 九百二十
- 永川 十三 — 巳一 六百九十
- 興海 十三 — 共三 八百三十

淸河 열
- 淸河 十三 — 共十 一百六十
- 迎日 十三 — 英五 八百十
- 長鬐 十三 — 英四 一百六十
- 機張 十五 — 巳一 九百七十
- 彦陽 古 — 辰十三 八百五十

東萊 열
- 東萊 十五 — 巳四 九百六十
- 安東 十二 — 辰十五 五百十
- 寧海 十二 — 辰九 七百
- 靑松 十二 — 辰十三 五百八十
- 順興 十二 — 辰十 四百四十

〈그림 4-17〉 국립중앙도서관 소장 18첩 『대동여지도』의 여지도목록1(국립중앙도서관)

輿地圖目錄

京畿道

郡縣	圖數	分野	距京
漢城府	十。		
水原	十二。	午六度	距京七十里
廣州	十二。	英三度	四十。
開城	十。	乾十。	一百六十。
江華	十。	戌一。	一百二十。
驪州	十一。	乙二十四。	一百六十。
竹山	十二。	巳二十。	一百七十。
利川	十二。	英六。	一百二十。
楊根	十二。	辰三。	一百二十。
果川	十二。	午八。	三十。
砥平	十二。	乙二十四。	一百五十。
陰竹	十二。	巳二十。	一百八十。
陽智	十二。	巳二十。	一百二十。
南陽	十二。	丁十四。	一百。
仁川	十二。	申十一。	七十。
富平	十。	庚四。	一百五十五。
通津	十。	戌二十。	一百。
安山	十。	未八。	五十五。
金浦	十。	辛一。	六十。
安城	十二。	酉十二。	一百六十。
振威	十。	午二。	一百二十。
龍仁	十二。	巳二十三。	八十。
陽川	十二。	亥八。	三十。
始興	十二。	未五。	三十。
陽城	十二。	酉十。	一百二十。
楊州	十。	癸三。	六十。
高陽	十二。	亥二。	四十五。
交河	十。	乾十。	八十。
加平	十。	壬十五。	一百六十。
永平	十。	壬十二。	一百三十。
抱川	十。	艮一。	一百。
積城	十。	艮二。	一百二十。
坡州	十二。	壬十。	八十五。
喬桐	十。	癸七。	一百六十。
長湍	十。	亥十。	一百二十。
朔寧	九。	子九。	二百十。
麻田	十。	子十一。	一百三十。
漣川	十。	癸七。	一百四十。

忠清道

郡縣	圖數	分野	距京
忠州	十二。		
清風	十二。	辰十二。	三百四十。
丹陽	十二。	辰四。	三百八十。
槐山	十二。	巳三十。	三百卒。
堤川	十二。	辰四。	三百三十。
永春	十二。	辰五。	二百八十。四百。
陰城	十三。	巳二十。	三百。
延豊	十二。	辰四。	三百三十。
青州	十三。	丙三十。	三百三十。
天安	十二。	午五。	三百三十。

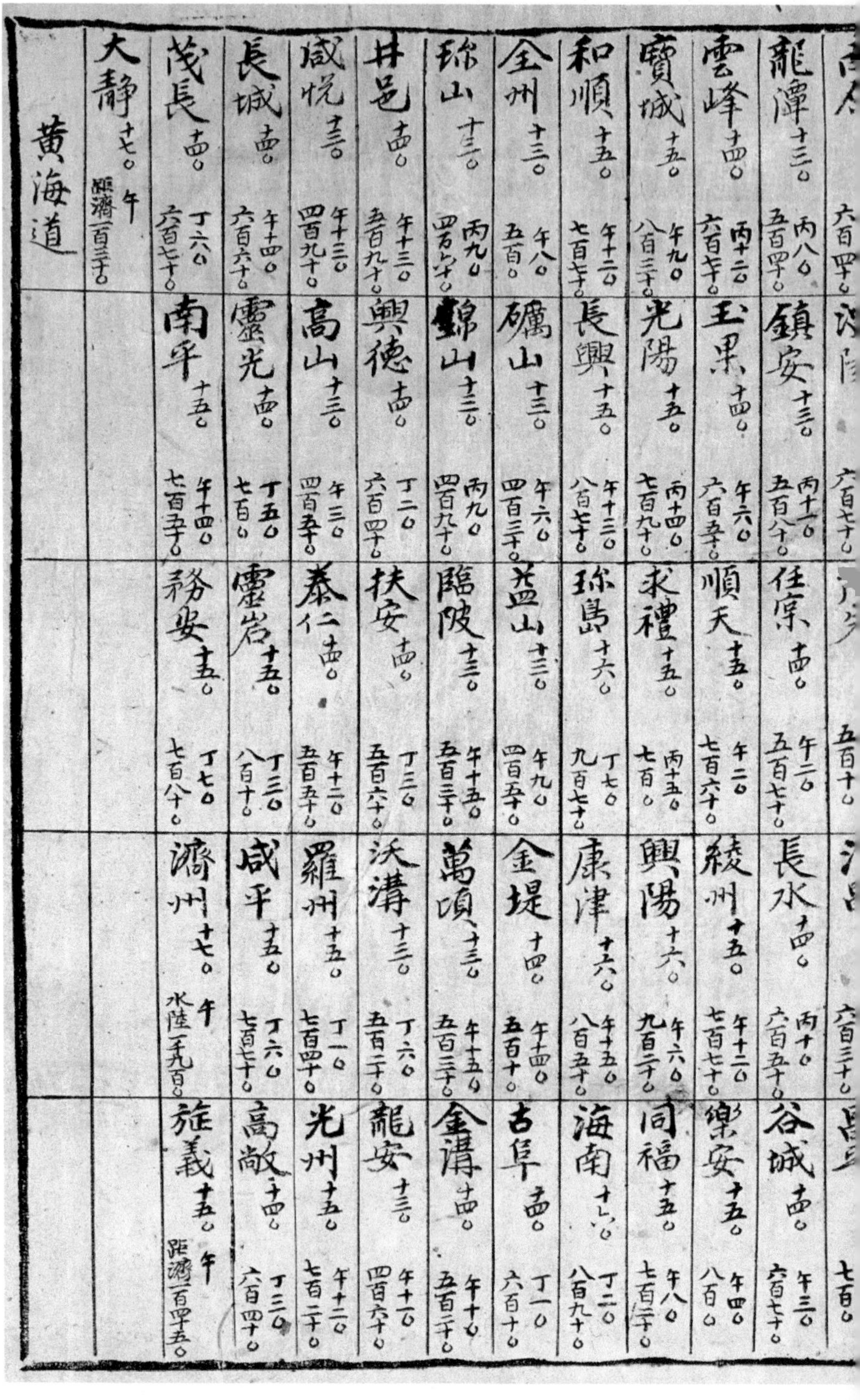

龍潭 十三	雲峰 十五	寶城 十五	和順 十三	全州 十三	珍山 十三	井邑 十五	咸悦 十三	長城 十四	茂長 十四	大靜 十七
六百卒	五百卒	八百三十	七百卒	七百卒	五百	男女…	五百九十	六百六十	丁六 六百七十	丁六 六百七十
鎮安 十三	玉果 十三	光陽 十五	長興 十五	礪山 十三	錦山 十三	興德 十四	高山 十三	靈光 十四	南平 十五	**黃海道**
五百卒	六百卒	七百九十	八百卒	四百卒	四百九十	丁二 四百卒	四百卒	丁五 七百卒	七百三十	
順天 十三	求禮 十三	珍島 十六	藍山 十三	臨陂 十三	扶安 十三	泰仁 十三	靈岩 十五	務安 十五		
五百卒	七百六十	九百五十	四百卒	五百三十	五百六十	五百五十	丁三 八百十	丁卒 七百十卒		
綾州 十五	興陽 十六	康津 十六	金堤 十四	萬頃 十三	沃溝 十三	羅州 十五	咸平 十五	濟州 十七		
長水 十五								水陸二九百 午		
樂安 十五	同福 十五	海南 十…	古阜 十五	金溝 十…	龍安 十三	光州 十五	高敞 十四	旌義 十五		
谷城 十三								距濟一百四十五 午		

〈그림 4-18〉 국립중앙도서관 소장 18첩 『대동여지도』의 여지도목록2(국립중앙도서관)

慶尙道 지리 표

地名	等	備考	戶數
醴泉	十二。	共四。	五百。
榮川	十二。	辰十二。	四百三十。
豊基	十二。	辰十四。	四百四十。
義城	十三。	共六。	五百九十。
奉化	十二。	辰六。	四百八十。
真寶	十二。		五百。
軍威	十三。	共十二。	五百七十。
比安	十三。	共九。	五百四十。
禮安	十二。	辰十二。	五百四十。
盈德	十三。	辰十二。	七百。
龍宮	十二。	共九。	四百四十。
英陽	十二。	辰七。	六百四十。
大邱	十四。	巳三。	六百七十。
漆谷	十三。	共十三。	六百五十。
密陽	十四。	巳五。	八百十。
仁同	十三。	巳二。	四百八十。
清道	十四。	巳九。	七百三十。
慶山	十四。	巳一。	七百十。
河陽	十三。	共十。	六百四十。
玄風	十四。	巳七。	七百。
新寧	十三。	共十。	六百七十。
靈山	十四。	巳六。	七百二十。
昌寧	十四。	巳七。	七百五十。
義興	十三。	巳四。	五百六十。
慈仁	十四。	共十二。	六百二十。
尚州	十二。	巳十。	五百八十。
星州	十三。	巳六。	六百三十。
金山	十三。	共十二。	五百五十。
開寧	十三。	巳四。	五百六十。
知禮	十三。	巳二。	六百二十。
高靈	十四。		六百四十。
聞慶	十二。	辰十。	三百八十。
善山	十三。	巳八。	七百二十。
咸昌	十三。	巳一。	五百四十。
晋州	十五。	丙二。	八百七十。
居昌	十四。	丙三。	七百三十。
河東	十四。	丙七。	六百六十。
咸陽	十四。	丙八。	六百五十。
草溪	十四。	巳五。	七百二十。
陝川	十四。	巳四。	七百三十。
昆陽	十五。	丙七。	九百四十。
南海	十六。	巳十二。	九百七十。
泗川	十五。	丙四。	九百七十。
三嘉	十四。	巳五。	七百八十。
宜寧	十五。	巳十二。	八百三十。
山清	十四。	丙四。	八百四十。
安義	十五。	丙六。	七百五十。
丹城	十四。	丙三。	八百四十。
金海	十五。	巳六。	八百四十。
昌原	十五。	巳九。	八百。
巨濟	十六。	巳十四。	一千一百。
咸安	十五。	巳十二。	八百六十。
固城	十五。	丙一。	九百五十。
熊川	十五。	巳八。	九百。
漆原	十四。	巳九。	八百三十。
鎮海	十五。	巳十二。	九百。

全羅道 一

아홉 번째, 여지도 목록인데 전국을 8도로 나누어 각 군현의 경위도와 서울까지의 거리를 설명하고 있다(그림 4-17 참조).

열 번째, 경도분로(京都分路)로 전국의 10대 간선 도로를 설명하고 있다.

열한 번째, 8도의 도별 관청수와 관원수를 등급을 나누어서 자세하게 기록하였다.

18첩의 필사본 『대동여지도』는 위에서 살펴 본대로 다른 『대동여지도』에서 찾아 볼 수 없는 여러 가지 항목들을 서술하고 있는데 『여도비지』를 많이 참고한 것 같다. 지도는 17첩으로 구성되었고 1첩은 목록이다.

이 지도의 첩별 내용을 살펴보면 다음과 같다.

〈표 4-18〉 18첩 『대동여지도』의 군현명

층수	도명	군현명
1		도리표 지도표 전국도 도성도 경조5부도 한성부 경위선 경위도리 여지도목록 경도분로 팔도관원수
2	함경	경원 온성 종성
3	함경	경흥 회령 부령 무산 후주
4	함경	경성 삼수 갑산
5	함경	명천 길주 장진
	평안	강계 위원 초산
6	함경	단천 이원 북청 홍원
	평안	벽동 창성 삭주
7	함경	함흥 정평
	평안	영원 희천 덕천 운산 영변 개천 박천 가산 정주 태천 구성 의주 용천 철산 선천 곽산
8	함경	영흥 고원 문천 덕원
8	평안	맹산 성천 강동 은산 순천 안주 자산 순안 숙천 영유
9	강원	흡곡 통천 회양
	함경	안변
	평안	양덕 상원 삼등 증산 함종 강서 용강 삼화 중화 평양
	황해	수안 곡산 장연 봉산 황주

층수	도명	군현명
10	강원	금성 낭천 김화 철원 평강 고성 간성 이천 안협
	경기	삭녕
	황해	토산 금천 평산 신계 서흥 해주 재령 신천 안악 문화 은율 송화 풍천 장연
11	강원	양양 강릉 인제 양구 홍천 춘천
	황해	백천 연안 옹진 강령
	경기	가평 영평 포천 연천 마전 양주 적성 한성 고양 파주 장단 교하 양천 김포 부평 개성 통진 강화 교동
12	강원	삼척 정선 평창 영월 횡성 원주
	충청	영춘 제천 청풍 충주 당진
	경기	지평 여주 양근 이천 음죽 죽산 양지 안성 양성 광주 용인 과천 수원 진위 평택 시흥 안산 남양 인천
13	강원	울진 평해 영해
13	경상	영양 진보 청송 안동 예천 상주 용궁 영천 순흥 풍기 문경 함창
	충청	단양 연풍 괴산 음성 청안 보은 진천 청주 회인 문의 목천 전의 연기 회덕 직산 천안 온양 아산 대흥 면천 공주 정산 청양 해미 덕산 홍주 서산 태안 결성 보령 남포
14	경상	영덕 청하 홍해 영일 장기 영천 의성 비안 의흥 군위 신녕 하양 칠곡 안동 성주 김산 개녕
	충청	황간 청산 영동 옥천 진잠 연산 노성 은진 석성 부여 임천 홍산 한산 비인 서천
	전라	무주 지례 고산 금산 용담 진안 여산 용안 함열 전주 익산 임피 만경 옥구
15	경상	경주 울산 언양 자인 경산 대구 청도 창녕 밀양 칠원 영산 삼가 초계 합천 현풍 고령 거창 안의 산청 단성 함양
	전라	운봉 남원 곡성 장수 임실 금구 김제 태인 고부 정읍 곡성 순창 옥과 담양 장성 흥덕 고창 무장 영광 부안
16	경상	양산 동래 기장 김해 웅천 함안 의령 진해 고성 진주 사천 창원 곤양 하동
	전라	동복 창평 광주 화순 남평 능주 낙안 영암 나주 함평 무안 보성 광양 순천 구례
17	경상	남해 흥양 거제
	전라	해남 강진 장흥 진도

18첩 『대동여지도』를 다른 『대동여지도』와 내용을 비교해 보면 다음
과 같다.

층수	군현	잘못된 지명	중앙도 18첩	대동방여도	국편신유본	장서각신유본	규장각신유본	하버드갑자본	교회사갑자본
9-3	은산	委架山	倭架山	倭架山	ﾉ委架山	ﾉ委架山	ﾉ委架山	倭架山	倭架山
9-3	은산	波灘	없음	歧灘	歧灘	歧灘	歧灘	歧灘	歧灘
10-3	양덕	霞風山	霞嵐山	霞嵐山	霞嵐山	霞嵐山	霞風山	霞嵐山	霞嵐山
10-5	장연	望德	望德山	望德山	望德山	望德山	望德山	望德山	望德山
11-3	평강	來氷山	朱氷山	朱氷山	朱氷山	朱氷山	朱氷山	朱氷山	朱氷山
12-3	연천	牌喩嶺	없음	牌喩嶺	牌喩嶺	牌喩嶺	牌喩嶺	牌喩嶺	牌喩嶺
12-3	연천	佛見山	佛峴	佛見山	佛見山	佛見山	佛見山	佛見山	佛見山
12-4	개성	杜門同	杜門洞	杜門洞	杜門洞	杜門洞	杜門洞	杜門洞	杜門洞
14-5	아산	中木浦	없음	中方浦	中木浦	中木浦	中木浦	中方浦	中方浦
15-1	울진	虛臺	凌虛臺	凌虛臺	凌虛臺	凌虛臺	凌虛臺	凌虛臺	凌虛臺
15-4	목천	細雲峙	納隱峙	納雲峙	納雲峙	納雲峙	納雲峙	納雲峙	納雲峙
16-3	영동	松川	松川	松川	松川	松川	松川	松川	松川
16-4	연산	少峴	없음	沙峴	沙峴	沙峴	沙峴	沙峴	沙峴
16-4	용안	豊是	없음	豊堤	豊堤	豊堤	豊堤	豊堤	豊堤
16-5	한산	瓦甫	瓦浦	瓦浦	瓦浦	瓦浦	瓦浦	瓦浦	瓦浦
17-4	순창	沙瑟寺	沙瑟峙	沙瑟峙	沙瑟峙	沙瑟峙	沙瑟峙	沙瑟峙	沙瑟峙
18-2	칠원	葛嵫	葛峙	葛峴	葛嵫	葛嵫	葛嵫	葛嵫	葛峴
20-5	진도	大十八里	없음	大十八里	大十八里	大十八里	大十八里	大千八里	大千八里
20-5	진도	小十八里	없음	小十八里	小十八里	小十八里	小十八里	小千八里	小千八里
8-4	영변	延山	방리기호	방리기호	고현기호	방리기호	고현기호	고현기호	방리기호
4-4	삼수	李松嶺	삼수지역 경계없음	삼수지역 경계없음	삼수지역 경계없음	삼수지역 경계없음	삼수지역 경계없음	경계로 삼음	
9-1	고원	通達驛	역있음	역없음	역없음	역없음	역없음	역 있음	
17-1	경주	東津	표시없음	표시있음	표시있음	표시있음	표시있음	울산 표시	
17-3	성주	安偃驛	역기호	역기호	역기호	역기호 아님	역기호 아님	역 기호	
19-3	곤양	浣紗驛	역참기호	역기호 아님	역기호 없음	역기호 아님	역기호 아님	역 기호	역참기호

18첩 『대동여지도』는 다른 『대동여지도』보다 상당히 소략하다. 위의 〈표 4-19〉에서 알 수 있듯이 9첩 3면의 은산에 기탄(歧灘)이 없고 12첩 3면의 연천에 패윤령(牌喩嶺), 14첩 5면의 아산의 중방포(中方浦), 16첩 4면의 연

산에 사현(沙峴), 16첩 4면의 용안의 풍제(豊堤), 17첩 1면의 경주의 동진(東津) 등의 표기가 없다. 여기 첩 수는 다른『대동여지도』의 첩 수에 맞춘 것이다.

7)『대동여지도』의 판본 수정사항

『대동여지도』의 판본 수정은 목판이기 때문에 어렵지 않다. 수정할 부분을 오려내고 다시 정정한 목판을 상감법으로 붙이면 되는데 이를 '세보(洗補)'라고 한다.

『대동여지도』가 대형지도이고 새겨야 할 지명도 13,188개가 넘기

〈그림 4-19〉『대동여지도』목판 분실카드(국립중앙박물관)

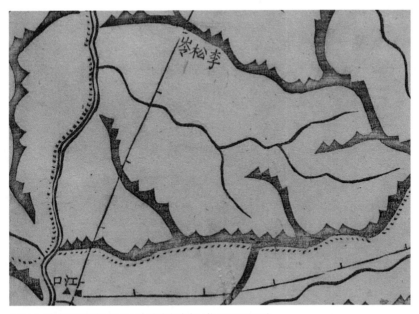

〈지도 4-22〉『대동여지도』의 삼수와 강계의 경계표시(국사편찬위원회)

〈지도 4-23〉『대동여지도』의 신미도 목장 표시(국사편찬위원회)

때문에 많은 오자와 탈자가 있었다. 이것을 찾아내는 작업은 이우형이 선도하였다. 제1첩 지도유설이 보이는 오자 두 곳, 제4첩의 삼수와 장진의 경계수정 상황, 제6첩 황초령의 지형 변화, 제9첩 고원의 통달역 표시 여부, 제17첩 동진고현의 표기사항, 제17첩 성주의 안언역의 표기 등 6곳의 수정사례를 보고하였다.[21]

양보경은 제4책 10만 령 부근 위치조정, 15책의 월송진 지명 기입을 확인하였다.

장상훈은 제4책 강계의 경계수정, 제8책의 신미도 목장기입, 제15책의 보은 인근 사각형 제외, 제17책의 삼학진 지명 오류시정, 제17책의 청도 월경지 경계수정 등 5곳의 수정사항을 추가 제시하였다. 도합 13곳에서 정정사항을 찾아내었다.

양윤정은 성신여대에 소장된 『해좌여도』를 중심으로 제3첩에 부거창과 회수역표시, 제4첩에 상토(上土) 기호 추가, 제5첩에 명천 소사마동 기호표시, 제5첩 장진부가 진보로 표시, 제5첩에 강계에 독산 지명 추가, 제5첩에 파저강 유로 방향, 제7첩에 창성 와룡령 지명, 제10첩에 강원 이천 광복동 추가, 제11첩에 문화에 연양역 추가, 제12첩에 양구 비봉산의 비

21   李祐炯, 1990, 『대동여지도』의 讀圖, 匡祐堂.

㉟자 생략, 장단의 수로 수정, 강북 대위 등 면명 추가 파주에 화석정 표기, 금천에 강음 고현 추가, 개성에 청석고진보 추가, 청석동 지명 추가, 제13첩에 무의도 남쪽에 덕적도 표시, 횡성에 덕고산 태기치 추가, 홍천에 연봉역, 검의산 추가, 제14첩에 아산 동북쪽 반도생략,

〈지도 4-24〉『대동여지도』의 파주 화석정 표시
(성신여자대학교 박물관)

덕적도가 14첩으로 이동 제15첩 보은 귀암산 부근에 경계표시, 봉화 도심역 추가, 제18첩에 창원 서남쪽 군현경계선 실선 제20첩 완도 지명 소략과 지명 추가, 진도에 학(鶴)도 양(壤)도 표기와 생략 등 많은 부분의 수정 사항을 밝혔다.

　최선웅은 9첩의 은산에 왜가산이 위가산으로 표기, 10첩의 양덕현에 하람산이 하풍산으로 표기, 12첩에 패윤령(牌喩嶺) 표기, 14첩 아산에 중방포가 중목포로 오기, 15첩 목천의 납운치가 세운치로 표기, 16첩의 영동에 송천이 공천으로 오기, 16첩 용안의 풍제가 풍시로 오기, 18첩의 칠원에 갈현이 갈시로 오기 등 8곳의 잘못된 부분을 밝혔다. 진도의 대십팔

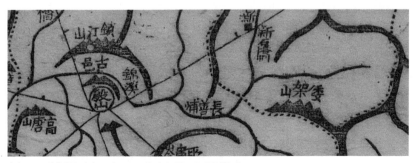

〈지도 4-25〉『대동여지도』의 倭架山 오기 표시(국사편찬위원회)

〈지도 4-26〉『동여도』에서 狼林山을 樂林山으로 오기 표시(서울역사박물관)

리와 소실팔리를 대천팔리 소천팔리라고 주장했는데 이것은 대십팔리와 소십팔리가 바른 지명이고 일부 지도에서 오기한 사례가 있다.

위에서 여러 학자들이 수고하여 잘못된 부분을 밝혀냈지만 아직도 잘못된 부분이 있을 것이다.『동여도』에서는 낭림산(狼林山)을 낙림산(樂林山)으로 오기한 사례도 있다.

8)『대동여지도』의 축척

『대동여지도』는『청구도』·『동여도』와 마찬가지로 100리를 1척(尺)으로, 10리를 1촌(寸)으로 한 백리척(百里尺) 축척의 지도이다. 그러나 당시의 1촌(寸) 1보(步)가 현재의 몇 cm에 해당되는지를 알 수 있으면 쉽게 미터법에 의한 축척을 얻을 수 있겠지만, 이들 지도에 적용한 주척(周尺)의 길이를 정확히 알 수 없기 때문에 해답을 구하기는 쉽지 않다.

『대동여지도』의 축척을 미터법으로 환산한 축척으로는 대체로 1 : 160,000과 1 : 216,000의 두 가지가 있다.

전자는 조선시대의 10리가 현재의 10리와 마찬가지로 4km라는 거리 개념에서 출발하여 계산해 낸 축척이다. 그러나 이 축적은 문제가 있다.『대동지지』에는 "주척(周尺)을 쓰되 6척은 1보이고 360보는 1리이며 3,600보는 10리로 된다"는 기사가 있는데도 이를 유념하지 않은 채 계산한 축척이기 때문이다. 주지하다시피 10리=4km 개념은 조선시대 거리 개념이 아니고 일제가 토지 측량 사업에 사용한 거리 개념이다.

후자는 이우형(李祐炯)·성남해(成南海) 등이 주장하는 거리 개념으로 상당히 설득력이 있다. 이러한 주장의 근거로는 두 가지를 들 수 있다.

첫째, 미터법은 원래 지도의 축척을 통일하기 위하여 탄생된 단위로 지구의 둘레가 40,000km에서 비롯되었으므로 360도로 나누면 1도는 111.11km가 된다. 이를 당시 위도 1도는 200리라고 하였으므로 111.11km를 200리로 나누면 5.5km가 되어 10리는 약 5.5km가 되는 것이다.

둘째, 『속대전(續大典)』과 『대동지지』에는 "주척을 단위로 쓰되 6척이 1보이고 360보가 1리이며, 3,600보가 10리다"라는 기록이 있다. 조선시대 주척의 길이는 31.24cm, 20.8cm, 25cm 등으로 다양하다. 순조 때에는 25cm를 기준으로 한 듯하다. 이를 바탕으로 계산하면 25cm×6=150cm, 150cm×360보=0.54km, 0.54km×10리=5.4km가 된다. 그러므로 조선시대 10리는 4km가 아니고 5.4km이다. 이러한 두 근거에 의해 『대동여지도』의 축척은 약 1 : 216,000이 되는 것이다.

그런데 『대동여지도』를 같은 크기의 현대지도와 면적으로 비교해 보면, 축척이 1 : 162,000임을 알 수 있다. 『대동여지도』의 축척은 좀 더 검토할 사항이다.

9) 『대동여지도』의 특색

『대동여지도』는 김정호의 걸작품인 동시에 우리나라 고지도를 집대성해 놓은 최고의 고지도이다.

이 지도의 특색은 다음과 같다.

첫째, 목판본으로 만들었기 때문에 필사하는 과정에서 발생하는 오류를 막을 수 있으며 대량 생산의 길을 터놓았다.

둘째, 지도표를 사용하여 지도의 주기 내용을 간결화하고 고지도를 근대화시켰다.

셋째, 분합이 자유롭게 22첩으로 만들어 상하를 연결하면 도별지도도 되고 전부 연결하면 전국도가 되도록 제작하여 이용하기 편리하도록 하였으며, 접으면 책 크기만 하여 휴대하고 다니기에 편하도록 제작하였다.

넷째, 전통적인 고지도 제작 양식인 배수의 6체를 사용하고 방안도법을 이용하였으며, 확대 축소할 때에는 서양의 과학기술을 가미하여 고지도의 정확성을 기하였다.

다섯째, 다른 어느 고지도보다 주기 내용이 많아 풍부한 정보량을 담고 있다.

여섯째, 『조선도』(오사카도서관)에서처럼 10리마다 점을 찍어 여행할 때 이정(里程)을 쉽게 알 수 있도록 하였다.

김정호는 『동여편고』, 『동여도지』1, 『동여도지』2, 『여도비지』, 『대동지지』 등 5종의 지리서를 편찬하였으며 『청구도』를 네 차례 제작하였고, 『동여도』를 두 차례 제작하였으며, 이를 바탕으로 14첩, 18첩의 필사본 『대동여지도』를 제작하였고, 이를 1861년에 『대동여지도』로 목판 판각하였다. 그 후 내용을 계속 세보하여 1864년에 갑자본 『대동여지도』를 완성하여 판각하였다. 김정호는 젊어서부터 죽을 때까지 끊임 없이 지리서를 편찬하였고, 꾸준히 지도를 제작하여 『대동여지도』라는 불후의 명작을 남겼다.

【참고문헌】

Ⅰ. 史料

『三國史記』

『高麗史』

『朝鮮王朝實錄』

『經國大典』

『新增東國輿地勝覽』

『增補文獻備考』

『大東地誌』

『輿圖備志』

『東輿圖志』

『東輿便攷』

『備邊司謄錄』

『承政院日記』

『日省錄』

『陽村集』

『山經表』

『五州衍文長箋散稿』

『東國地理誌』

『星湖僿說』

『眉山先生文集』

『輿地圖書』

『仁陵遷奉時禮房謄錄』

朝鮮總督府,『金正浩』,『朝鮮語讀本』卷5, 1934

『國朝曆象考』

『里鄉見聞錄』

『幾何原本』

『大東輿地圖』

『靑邱圖』

『東輿圖』

『朝鮮8道地圖』

『朝鮮方域之圖』

『圓形天下圖』

『混一疆理歷代國都地圖』

『大東方輿全圖』

『東國大地圖』

II. 著書

權五榮, 1999,『崔漢綺의 學問과 思想 硏究』, 集文堂.

金周煥·姜永福, 1980,『地圖學』, 大學敎材出版社.

方東仁, 1985,『韓國의 地圖』, 세종대왕기념사업회.

安輝濬, 1990,『朝鮮繪畫史』, 一志社.

李相泰, 1999,『韓國 古地圖 發達史』, 慧眼出版社.

全相運, 1988,『韓國科學技術史』, 正音社.

鄭寅普, 1955,『薝園國學散稿』, 文敎社.

崔昌祚, 1984,『韓國의 風水思想』, 民音社.

洪以燮, 1949,『朝鮮科學史』, 正音社.

III. 論文

金良善, 1972,「明末淸初耶蘇會宣敎師들이 製作한 世界地圖」,『梅山國學散稿』, 崇實大
　　　學校博物館.

金良善, 1972,「韓國古地圖研究抄」,『梅山國學散稿』, 崇實大學校博物館.

金良善, 1972,「韓國實學發達史」,『梅山國學散稿』, 崇實大學校博物館.

金相洙, 1988,「大東輿地圖 製作의 測地學的 分析」, 延世大學校 産業大學院碩士學位論文.

盧禎埴, 1972,「金正浩 板刻의 地球前後圖에 關한 研究」,『大邱教大論文集』8.

李佑成, 1971,「明南樓叢書 敍傳」『明南樓叢書』, 成均館大 大東文化研究院.

朴寬燮, 1987,「大東輿地圖의 圖法 및 系譜에 關한 歷史地理的 考察」,『朴寬燮華甲紀念論叢』.

朴贊殖, 1987,「申檍의 國防論」, 西江大碩士學位論文.

朴興秀, 1967,「李朝尺度에 關한 研究」,『大東文化研究』4, 成均館大 大東文化研究院.

白　麟, 1972,「『韓國古地圖』」,『도서관보』8-2.

白賢淑, 1984,「崔瑆煥의 顧問備略 解題」,『顧問備略』, 西江大 人文科學研究所.

白賢淑, 1984,「崔瑆煥의 人物과 著作物」,『歷史學報』103.

成南海, 1985,「靑邱圖와 大東輿地圖의 縮尺과 자(尺)의 考察」,『測量』4, 大韓測量協會.

成南海, 1987,「里程考」,『測量』6, 大韓測量協會.

楊普景, 1991,「木版本 東國地圖의 編纂 時期와 意義」,『奎章閣』14.

楊普景, 1992,「18세기 備邊司 地圖의 考察」,『奎章閣』15.

楊普景, 1995,「대동여지도를 만들기까지」,『한국사시민강좌』16.

楊普景, 1995,「郡縣地圖의 發達과 海東地圖」,『海東地圖集 解說』.

楊普景, 1999,「일본 대판부립도서관 소장『조선도』의 고찰」,『서지학연구』17.

吳尙學, 1994,「鄭尙驥의 東國地圖에 關한 研究」,『地理學論叢』24.

吳尙學, 2007,「『조선도』에 표현된 분야설 고찰」,『조선도』해설집.

六堂學人, 1928,「古山子와 大東輿地圖」,『開闢』特輯(朝鮮의 자랑).

양보경·양윤정, 2013,『大東輿地圖』초기본『海左輿圖』의 재발견,『문화역사지리』51.

윤홍기, 1991,「大東輿地圖의 지도 족보론적 연구」,『문화역사지리』3.

이기봉, 2009,「『청구도』이본 4개 유형의 제작시기에 대한 검토」,『한국지역지리학회지』제15권.

이기봉, 2012,「국립중앙도서관에 소장된『동여편고』연구」,『한국지역지리학회지』제18권 제1호.

이기봉, 2004,「김정호의『청구도』제작과정과 지도적 특징에 관한 연구」,『대한지리학회지』제39권 3호.

李丙燾, 1966,「地圖·地誌의 集大成者로서의 古山子 金正浩」,『내가 본 어제와 오늘』, 新光文化社.

李丙燾, 1966,「鄭尙驥의 東國地圖」,『내가 본 어제와 오늘』, 新光文化社.

李丙燾, 1972,「靑邱圖解題」,『靑邱圖』, 민족문화추진회.

李相泰, 1984,「申景濬의 歷史地理認識」,『史學研究』38.

李相泰, 1985,「朝鮮初期의 風水地理思想」,『史學研究』39.

李相泰, 1988,「金正浩의 三大誌志 研究」,『孫寶基博士 停年退任紀念 論文集』.

李相泰, 1990,「古山子 金正浩의 生涯와 身分研究」,『國史館論叢』8.

李相泰, 1991,「古山子 金正浩의 生涯와 思想」,『地理學』26-2, 대한지리학회.

李相泰, 1991,「朝鮮前期의 古地圖」,『實學思想研究』2.

李相泰, 1992,「朝鮮時代 製作된 地圖의 實際와 그 分析」,『박영석교수화갑기념논총(상)』.

李相泰, 1993,「朝鮮時代 제작된 서울 古地圖 研究」,『향토서울』53, 서울시사편찬위원회.

李相泰, 1993,「朝鮮後期에 製作된 關防地圖와 活用」,『남도영박사고희기념논총』, 민족
    문화사.

李相泰, 1994,「北方 國境의 歷史的 考察 : 白頭山」,『韓民族共榮體』2, 해외한민족연구소.

李相泰, 1994,「朝鮮初期 地理志 編纂의 再檢討」,『芝邨金甲周教授華甲紀念史學論叢』.

李相泰, 1995,「歷史 文獻上의 東海 表記에 대하여」,『史學研究』50, 韓國史學會.

李相泰, 1996,「제주의 옛지도 연구」,『제주의 옛지도』, 제주도민족자연사박물관.

李相泰, 1998,「東輿備考 解題」,『東輿備考』, 경북대출판부.

李 燦, 1980,「八道郡縣地圖帖」,『國學資料』37.

李 燦, 1982,「韓國地圖發達史」,『韓國地誌總論』, 國立地理院.

李 燦, 1968,「韓國地理學史」,『韓國文化史大系 Ⅲ』, 高麗大民族文化研究所.

李 燦, 1976,「韓國의 古世界地圖」,『韓國學報』2, 一志社.

李 燦, 1977,「韓國古地圖의 發達」,『韓國古地圖』, 韓國圖書館學會研究會.

李 燦, 1979,「東覽圖의 特性과 地圖發達史에서의 位置」,『震檀學報』46·47.

이태호, 2011,「판화예술로 본 金正浩의「大東輿地圖」」,『한국고지도연구』제3권 제2호.

장상훈, 2008,「대동여지도 판본 비교」,『한국지도학 발달사』, 국토지리정보원.

장상훈, 2007,「조선후기 분첩식 대축척 전국지도의 제작과『조선도』」,『조선지도오사
    카』해설집.

장상훈, 2009,『청구도』이본 비교 시론」,『한국고지도연구』제1권.

장인숙·김기혁, 2021,「국립중앙도서관 소장 필사본 연구」,『韓國古地圖研究』6-2.

鄭杜熙, 1976,「朝鮮初期 地理志의 編纂 Ⅱ」,『歷史學報』제70집.

崔敬淑, 1984,「五洲 李圭景研究」,『東義史學』창간호, 東義大史學會.

韓相復, 1991,「開港 以前까지 外國에서 出版된 朝鮮圖」,『한국의 전통지리사상』, 民音社.

韓永愚, 1995,「朝鮮時代 官撰地圖 製作의 歷史的 背景」,『海東地圖集 解說』.

洪以燮, 1964,「金正浩와 大東輿地圖」,『思想界』10월호.

이상태

연세대학교 문과대학 사학과 졸업
동국대학교 대학원 문학박사 학위 취득
국사편찬위원회 연구편찬실장, 사료조사실장 역임.
일본 동경대학교 교환교수
국제문화대학원대학 석좌교수
문화재청 문화재 위원
건설교통부 국가지명위원회 위원
동해연구회, 독도학회 부회장
한국고지도연구학회 회장
한국영토학회 회장

〈주요 저서와 논문〉
『한국 고지도 발달사』(혜안출판사)
『조선역사바로잡기』(가람기획)
『사료가 증명하는 독도는 한국땅』(경세원)
『독도 수호와 백두산정계비 설치』(한국학중앙연구원)
고지도, 독도, 동해 관련 80여 편의 논문 등.

김정호 연구

2021년 8월 25일 초판 1쇄 발행
2022년 10월 11일 초판 2쇄 발행

지 은 이 이상태
발 행 인 한정희
발 행 처 경인문화사
편 집 부 김지선 유지혜 한주연 이다빈 김윤진
관리·영업부 전병관 하재일 유인순
출 판 신 고 제406-1973-000003호
주   소 파주시 회동길 445-1 경인빌딩 B동 4층
대 표 전 화 031-955-9300   팩 스 031-955-9310
홈 페 이 지 http://www.kyunginp.co.kr
이 메 일 kyungin@kyunginp.co.kr

ISBN 978-89-499-4976-5 93910
값 35,000원